X.media.press

X.media.press ist eine praxisorientierte Reihe zur Gestaltung und Produktion von Multimedia-Projekten sowie von Digital- und Printmedien.

Anita Hermann-Ruess · Max Ott

Das gute Webinar

Das ganze Know How für bessere Online-Präsentationen, ein Praxisratgeber: Online präsentieren und Kunden gewinnen

2. Auflage

Anita Hermann-Ruess
Hermann-Ruess & Partner
Amtzell, Deutschland

Max Ott
Hermann-Ruess & Partner
München, Deutschland

ISSN 1439-3107
ISBN 978-3-658-03858-8
ISBN 978-3-658-03859-5 (eBook)
DOI 10.1007/978-3-658-03859-5

Die Deutsche Nationalbibliothek verzeichnet diese Publikation in der Deutschen Nationalbibliografie; detaillierte bibliografische Daten sind im Internet über http://dnb.d-nb.de abrufbar.

Springer Vieweg
Die erste Auflage des Werkes erschien 2012 unter dem Titel "Das gute Webinar" im Addison-Wesley Verlag (Pearson).

Gedruckt auf säurefreiem und chlorfrei gebleichtem Papier.

Springer Vieweg ist eine Marke von Springer DE. Springer DE ist Teil der Fachverlagsgruppe Springer Science+Business Media
www.springer-vieweg.de

Vorwort

Liebe Leser,

Webinare sind auf dem Vormarsch. Mit scheinbar minimalem Aufwand an Zeit, Kosten und Ressourcen lassen sich Botschaften im Nu zu einem riesigen, globalen Publikum transportieren. Der Return on Invest liegt im vierstelligen Bereich, kein anderes Medium erreicht und beeinflusst so viele Entscheider.

Andererseits führen genau diese Vorteile dazu, dass Webinare unbedacht eingesetzt werden. Schnell wird eine schon vorhandene Präsenz-Präsentation in ein Webinar umgewandelt, ganz nebenbei werden Webinar-Reihen aufgesetzt, Menschen ohne Webinar-Wissen werden zum Webinar-Master befördert. Und so kommt es, dass Webinare oft nicht funktionieren. Viele sind zum Wegklicken langweilig, manche penetrant marktschreierisch, die meisten nichtssagend.

Webinare haben ihre eigenen Gesetzmäßigkeiten. Wer sie kennt, kann dieses neue Medium grandios nutzen und viele Menschen für sich und seine Ideen gewinnen und begeistern. Ein gutes Webinar fesselt das Publikum an den Bildschirm, schafft wahre Begegnungen, indem es den Zuschauer regelrecht in den virtuellen Raum hineinzieht. Ein gutes Webinar fasziniert und berührt die Menschen über Kontinente hinweg, bringt sie zum Schmunzeln, aktiviert ihre Gehirnzellen, lässt sie staunen, mitdenken, mitmachen. Ein gutes Webinar lässt alle vergessen, dass sie alleine vor einem PC sitzen, es vereint viele Individuen vor ihren Bildschirmen zu einem einzigen „Wir".

Diese Kraft haben gute Webinare. Gute Webinare unterscheiden sich von schnell zusammenkopierten Webinaren dadurch, dass sich die Veranstalter mit den Gesetzmäßigkeiten virtueller Kommunikation vertraut gemacht haben. Sie erkennen sowohl die Gemeinsamkeiten, als auch die Unterschiede zu Präsenz-Veranstaltungen an. Sie sehen die Chancen, aber auch die Risiken, die Webinare bieten. Sie umgehen Stolpersteine und tappen nicht in jede virtuelle Falle.

Dieses Buch möchte Ihnen die Gesetzmäßigkeiten guter Webinare verraten. Damit befindet es sich in der machtvollen Tradition der Rhetorik, die seit 2500 Jahren die Gesetze des kommunikativen Erfolgs beobachtet, analysiert und archiviert. Wir schlagen ein neues Kapitel auf, das der virtuellen Rhetorik, und verraten Ihnen, wie Sie auch im virtuellen Raum Ihr Publikum überzeugen, begeistern und fesseln können. Wir zeigen Ihnen, wie Sie PowerPoint beeindruckend nutzen können, wie Sie mit Ihrer Stimme lebendig und packend erzählen können, wie Sie die Online-Tools inspirierend und kreativ nutzen können. Sie erfahren, wie die Technik funktioniert, welche Software für Sie die Richtige ist, wie Sie ein Webinar produzieren, bewerben, halten, aufzeichnen, vermarkten. Sie benötigen kein Vorwissen. Auch wenn Sie Respekt vor dem neuen Medium mit seinen technischen Herausforderungen haben – wir nehmen Sie Schritt für Schritt an der Hand und bereiten mit Ihnen Ihr erstes Webinar vor.

Wenn Sie schon Erfahrung haben mit Webinaren, dann zeigen wir Ihnen, wie Sie es noch packender machen können. Wie Sie die Online-Tools kreativ und faszinierend miteinander kombinieren können, wie Sie Ihr Publikum immer wieder überraschen und aktivieren können, wie Sie sich wohltuend von gewöhnlichen Webinaren unterscheiden können.

Freuen Sie sich auf diese tolle Möglichkeit. Wir leben heute auch in einer globalen, virtuellen Welt. Hier einen guten, nachhaltigen Eindruck zu hinterlassen, wird immer wichtiger. Kultur-, Länder-, ja Kontinentgrenzen jederzeit ohne teure, umweltverschmutzende und aufwendige Reisen zu überwinden, lässt uns alle näher rücken. Gute Ideen lassen sich jedem, der sich für sie interessiert, näher bringen, tolle Inhalte für jeden Lernwilligen aufbereiten – unabhängig von seinen begrenzten Möglichkeiten.

Webinare werden und sollen die realen Begegnungen zwischen den Menschen nicht ersetzen. Ein echter Händedruck, ein tiefer Blickkontakt, eine mühsame Reise – sie sind und bleiben wichtig, um eine vertrauensvolle und gute Beziehung aufzubauen. In der klugen Kombination aus Präsenz- und virtuellen Begegnungen liegt die Zukunft guter Webinare.

Wir wünschen Ihnen nun viel Freude und viele Aha-Erlebnisse beim Lesen und viel Erfolg bei Ihren Webinaren.

Ihre Autoren Anita Hermann-Ruess und Max Ott

Hinführung

Wir leben in einer Zeit, in der wir uns in zwei Welten souverän bewegen müssen: in der virtuellen und in der realen. In beiden Welten kommt es darauf an, sich gut zu präsentieren. In beiden Welten möchten wir sympathisch und kompetent wirken, Entscheidungen herbeiführen, Menschen gewinnen, begeistern und faszinieren. In beiden Welten benötigen wir Wissen darüber, wie wir eine *gute* Präsentation beziehungsweise ein *gutes* Webinar halten. Ihnen anschaulich und praxisnah zu zeigen, wie ein gutes Webinar organisiert, produziert und live durchgeführt wird, ist unser Anliegen.

Mit diesem Buch möchten wir unsere Erfahrungen und unser Wissen über diese Kommunikationsform mit Ihnen teilen. Es gibt Antworten auf die Fragen: Wie können Sie das Format „Webinar" in Ihrem Unternehmen sinnvoll einsetzen? Wie produzieren Sie Präsentationen onlinegerecht? Wie halten Sie ein Webinar überzeugend und fesselnd live? Hierfür haben wir in unserer Kommunikationsberatung Hermann-Ruess & Partner (HRP) effektive Methoden entwickelt, die wir hier an Sie weitergeben.

Das Buch wendet sich an alle Leser, die gute Webinare organisieren, produzieren und halten möchten. Es wendet sich aber auch an die Leser, die diesem Format skeptisch bis kritisch gegenüberstehen. Denn das waren wir am Anfang auch. Als wir den ersten Auftrag erhielten, ein Webinar zu halten, fragten wir uns, ob wir unser Publikum auch wirklich erreichen, wenn wir mit einem leblosen Bildschirm statt mit lebendigen Menschen sprechen. Wir kommen nicht aus der Welt der Technik und der IT und wussten am Anfang nicht, wie wir die Tools und Programme sinnvoll und rhetorisch klug nutzen sollen. Gleichzeitig fanden wir die Idee einer „Rhetorik im Netz" unglaublich aufregend und spannend.

Wer sind wir? Ich bin Präsentations- und Rhetorikexpertin. Seit vielen Jahren schreibe ich Bücher über wirkungsvolles Präsentieren und fesselnde Rhetorik. In Seminaren unterstütze ich meine Teilnehmer dabei, sicher, kompetent und ansprechend zu präsentieren. Koautor Max Ott ist der Spezialist für visuelle Kommunikation. Er findet für unsere Kunden die richtige Bildsprache, illustriert komplexe Zusammenhänge und gestaltet PowerPoint-Charts nach den neuesten Erkenntnissen aus Rhetorik und Design. Inzwischen nutzen wir immer häufiger Webinare. Unser Institut berät Unternehmen in allen Fragen überzeugender Businesskommunikation, angefangen von den richtigen Worten bis hin zur Wahl der richtigen Kommunikationskanäle, die heute eine immer wichtigere Rolle spielen.

Inzwischen sind wir vom virtuellen Präsentieren und Trainieren als Ergänzung zu unseren Präsenzpräsentationen und -trainings überzeugt. Wir präsentieren online, zum Teil vor über 500 Teilnehmern, wir trainieren online, wir arbeiten online zusammen. Und wir unterstützen unsere Kunden und Teilnehmer darin, dieses virtuelle Format so sinnvoll wie möglich zu nutzen.

Wie ist es zu diesem Buch gekommen? Da es wenig Literatur dazu gab und gibt, wie man ein gutes Webinar macht, waren wir auf uns allein gestellt. Wir machten uns mit der Technik vertraut und stellten erleichtert fest, dass die heutige Software intuitiver und einfacher zu bedienen ist als befürchtet. Als Rhetorik- und Präsentationsexperten gehört es zu unseren täglichen Aufgaben, Präsentationen zu analysieren und zu sehen, was funktioniert und was nicht. Wir erkannten schnell, dass gute Webinare gewissen Gesetzmäßigkeiten folgen: Sie brauchen zum Beispiel einen starken Einstieg, sie benötigen eine viel schnellere Abfolge von bildhaften Charts, sie müssen von Beginn an spannend und interessant sein, sonst schalten die Teilnehmer ab oder klicken weg. Wir integrierten interaktive Elemente wie Umfragen, Chats, Hand-hoch-Abfragen, Quiz und Diskussionen, um die Präsentation lebendig zu gestalten und eine Beziehung zu unseren unsichtbaren Teilnehmern aufzubauen. So entstand ein interner Leitfaden mit Ideen und Highlights für unsere Onlinepräsentation, und daraus entstand die Idee zu diesem Buch.

Was benötigen gute Webinare? Im Vergleich zu Präsenzpräsentationen gilt für virtuelle Präsentationen:

- Sie benötigen viel mehr Abwechslung, deshalb sollte mindestens alle 1 bis 2 Minuten das Chart wechseln.
- Webinar-Charts sollten bildreich, emotional und anziehend sein, Textfolien sind für Webinare nicht geeignet.

- Sie benötigen viele Highlights – alle 5 bis 8 Minuten sollte ein spannendes rhetorisches Highlight die Aufmerksamkeit der Zuhörer fesseln.
- Sie benötigen regelmäßig interaktive Elemente – Chats, Schätzungen, Quiz, Gruppenarbeit, Einzelarbeit …
- Sie benötigen eine sichtbare, nachvollziehbare und logische Struktur, die Ihnen und den Zuhörern Orientierung im virtuellen Raum bietet.
- Sie benötigen stimmliche und stilistische Abwechslung, um die Aufmerksamkeit aller Zuhörer zu halten.

Was zeichnet gute Webinare aus? Gute Webinare verbinden immer Technik und Emotion. Gute Webinare bieten den Zuhörern Wissen, Nutzen, Mehrwert und eine interessante gemeinsame Zeit. Virtuelle Präsentationen sind genauso „real" wie konventionelle Präsentationen. Auch in den virtuellen Räumen treffen echte Menschen auf echte Menschen mit echten Zielen oder Problemen. Menschen haben Sehnsüchte, Wünsche, Ängste – wenn wir diesen emotionalen Aspekt der Kommunikation im virtuellen Raum nicht berücksichtigen, dann nützt uns die ganze Technik nichts. Im Gegenteil, sie kann die Beziehungsebene der Kommunikation belasten und die Zusammenarbeit erschweren. Gute Webinare nutzen die Technik als effektives Hilfsmittel für einen reibungslosen und freien Austausch von Ideen. Der Anspruch, den wir uns gesetzt haben, ist, Tools nicht nur anzuwenden, sondern sie auch wirkungsvoll, lebendig, berührend, motivierend, inspirierend zu nutzen. Virtuelle Präsentationen können genauso gut beziehungsweise genauso langweilig sein wie konventionelle. Es stellt sich nicht die Frage: „Was ist die bessere Art zu präsentieren: konventionell oder virtuell?" Vielmehr geht es darum: „Wie können wir beides gut machen, und was passt in dieser Situation am besten?"

Wo sind die Grenzen guter Webinare? Nicht immer passen Webinare. Immer dann, wenn die Beziehungsebene eine ganz wichtige Rolle spielt, sollten wir auf dieses Format verzichten. Vertrauen aufbauen lässt sich immer noch am besten, wenn wir Menschen in die Augen sehen und ihnen die Hand geben. Wertschätzung lässt sich am sichtbarsten zeigen, wenn wir jemanden persönlich besuchen.

Aber auch Präsenzpräsentationen eignen sich nicht immer. Vielleicht ist der Kunde zu weit weg, um sie persönlich zu besuchen, oder der logistische Aufwand ist einfach zu hoch für alle Beteiligten. Statt nur zum Telefon zu greifen oder die Veranstaltung ganz ausfallen zu lassen, sind jetzt Webinare das Mittel der Wahl. In der genauen Feinabstimmung und sinnvollen Ergänzung zwischen Offline- und Onlineformaten liegt der wahre Schlüssel zum Erfolg.

Wie ist dieses Buch aufgebaut? In sechs Kapiteln führen wir Sie in die Welt der Webinare ein. Im **Anhang** erhalten Sie viele Materialien, Checklisten, Pläne und Inspirationen, die Sie für Ihre Vorbereitung benötigen. Auf einer extra Website zum Buch erhalten Sie die wichtigsten Vorlagen zum Herunterladen, ein Bonuskapitel zum Thema Onlinemarketing, Beispiel-Webinare zum Anschauen und viele weitere Informationen. Die kostenlosen

Downloads finden Sie auf der Website zum Buch (www.dasgutewebinar.de). Das Passwort für den Bereich lautet *web*. Schauen wir uns die Kapitel im Einzelnen an, um uns einen Überblick über das Buch zu verschaffen.

Im **1. Kapitel** erfahren Sie, was Webinare überhaupt sind, und wir klären den Begriff Webinar. Wir schauen uns dann Gemeinsamkeiten und Unterschiede zu konventionellen Präsentationen an und gehen auf die Risiken, Chancen und Vorteile von Webinaren ein. Zum Schluss zeigen wir Ihnen, was Sie benötigen, um ein wirklich gutes Webinar zu halten.

In **Kap. 2** lernen Sie die Software und deren Nutzung kennen. Wir stellen Ihnen die vier wichtigsten Anbieter von Übertragungsprogrammen im Detail vor und leiten Sie schrittweise bis zum sicheren Beherrschen der Onlinemethodik anleiten.

Kapitel 3 zeigt Ihnen dann, wie Sie ein Webinar organisieren, bekannt machen und produzieren. Gemeinsam bereiten wir ein Webinar auf strategischer, organisatorischer und rhetorischer Ebene vor. Sie bekommen eine von uns speziell für Webinare entwickelte Methode, mit der Sie Ihr Webinar systematisch produzieren können. Der Visualisierungsexperte Max Ott zeigt Ihnen anschaulich, wie Sie mit PowerPoint onlinegerechte, bildhafte und ansprechende Charts gestalten.

In **Kap. 4** zeigen wir Ihnen an einem konkreten Beispiel, wie Sie Ihr Webinar fesselnd und lebendig durchführen, sodass die Teilnehmer regelrecht in den virtuellen Raum hineingezogen werden.

In **Kap. 5** stellen wir Ihnen Onlinetools unter methodisch-didaktischen Gesichtspunkten vor. Wir gehen auf die Fragen ein, wie viel Online-Methodik nötig ist und welche Online-Tools unbedingt benötig werden. Außerdem finden Sie in diesem Kapitel Ideen für kreative Einsatzmöglichkeiten der vorgestellten Optionen.

In **Kap. 6** stellen wir Ihnen Unternehmen vor, die Onlinepräsentationen schon nutzen. Dabei gehen wir nicht so sehr auf die Onlinepräsentationen an sich ein, sondern nutzen das Kapitel, um den Horizont zu erweitern für die vielen Möglichkeiten virtueller Kommunikation. An dieser Stelle geht unser Dank an all die Unternehmen, die uns hier an ihren Erfahrungen teilhaben lassen.

In **Kap. 7** zeigen wir Ihnen den unternehmerischen und finanziellen Mehrwert von Webinaren auf und gehen auf die immensen Vorteile bei der Leadgenerierung ein.

Im **Anhang** bekommen Sie viele Extrainformationen, Exkurse, Checklisten, Materialsammlungen und Inspirationslisten. Diese sollen Sie im Detail bei der Implementierung, Organisation und Produktion von Webinaren unterstützen.

Ein detailliertes **Literatur- und Linkverzeichnis** zeigt Ihnen, wo Sie bei Bedarf weitere Unterstützung zu bestimmten Themen finden.

Die **Website zum Buch** schließlich ermöglicht Ihnen, aufgezeichnete Webinare anzuschauen, die Strukturpläne und Checklisten für den sofortigen Gebrauch auszudrucken, sodass Sie schnell und effektiv arbeiten können. Schauen Sie öfters vorbei, denn wir werden die Site immer wieder aktualisieren und wichtige Weiterentwicklungen, Anschauungsmaterial und gute Tipps für Sie bereitstellen.

Nun wünschen wir Ihnen viele neue Erkenntnisse beim Lesen, viel Freude beim Produzieren und viele begeisterte Zuhörer bei Ihrem guten Webinar!

Danksagung

Mit herzlichem Dank an Vanessa Engber für die hervorragende Unterstützung bei der Überarbeitung der 2. Auflage.

Inhaltsverzeichnis

Anhang

1 Die Grundlagen guter Webinare

Webinare werden für Unternehmen und Selbstständige immer wichtiger: Sie können damit schnell, kostengünstig und global sehr viele Kunden gewinnen und binden. Virtuelle Echtzeitkommunikation ist ein rasant wachsender dynamischer Markt, dessen Potenziale sich erst jetzt einem großen Kreis erschließen. Die dazu benötigte Software hat in den vergangenen Jahren eine enorme Entwicklung hin zu Stabilität und Nutzerfreundlichkeit gemacht und erreicht nun auch die große Masse der Nutzer und Anwender. Während früher nur Topmanager in den Genuss von Telekonferenzen kamen, die teuer, hardware- und supportlastig waren, steht diese inzwischen kostengünstige, softwarebasierte Technik heute allen Personen, die einen PC mit Internetverbindung haben, zur Verfügung.

Gesellschaftliche Entwicklungen verstärken die Tendenz zum virtuellen Präsentieren: Globalisierung, Kosten- und Zeitdruck, härterer Wettbewerb, Diversifizierung durch Nutzung eines neuen Mediums, Work-Life-Balance, ökologisches Bewusstsein – um nur einige zu nennen. Die Vorteile liegen auf der Hand: Bequem vom eigenen Büro können wir Hunderte von Teilnehmern auf aller Welt erreichen. Wir können ihnen unsere Präsentation vorführen, uns live mit ihnen austauschen und mit ihnen interagieren. Wir können den Teilnehmern unsere Konzepte oder Ideen nahebringen, Fragen sofort klären und Entscheidungen beschleunigen oder sogar herbeiführen. Wir können unser Mitarbeiter und

A. Hermann-Ruess und M. Ott, *Das gute Webinar*, X.media.press,
DOI 10.1007/978-3-658-03859-5_1, © Springer Fachmedien Wiesbaden 2014

Kunden schnell und einfach informieren und trainieren. Dabei schonen wir die Umwelt und helfen den CO_2-Ausstoß weltweit zu verringern.

In diesem Kapitel bieten wir allen Anfängern auf diesem Gebiet eine anschauliche Einführung in das Thema „Webinare". Zuerst zeigen wir Ihnen an einem Beispiel, wie ein Webinar aussehen kann. Dann klären wir den Begriff Webinar und werden feststellen, dass er in unterschiedlichen Kontexten ganz unterschiedlich verwendet wird. Wir beantworten die Frage, worin sich virtuelle von konventionellen Präsentationen unterscheiden, gehen auf die Risiken und Chancen von Onlinepräsentationen ein und geben zum Schluss einen Überblick über die Skills und Tools, die Sie benötigen, um ein gutes Webinar zu halten.

1.1 Was genau sind Webinare?

One-to-many-Prinzip, virtueller Vortrag, die Rede im Netz, Onlinepräsentation, virtuelle Präsentation, virtuelle Rhetorik, Webinar, Onlinetraining, E-Learning, Collaboration – alles Bezeichnungen, die uns im Verlauf unserer Recherche zu diesem Buch begegnet sind. Es gibt keine klare Verwendung der Begriffe, vor allem der angesagte Begriff Webinar wird widersprüchlich und in verschiedenen Kontexten unterschiedlich verwendet. Bevor wir die Begriffe klären, möchten wir Ihnen, vor allem wenn Sie noch ganz wenig Erfahrung mit Webinaren haben, ganz anschaulich zeigen, worum es in diesem Buch gehen wird.

1.1.1 Ein Beispiel zur Verdeutlichung

Stellen Sie sich vor, Sie sitzen vor Ihrem PC oder Notebook. Sie haben ein Headset auf. Über einen Link haben Sie sich in das Webinar eingewählt.

Nun sehen Sie auf Ihrem Bildschirm eine Willkommensfolie und eine Uhr, die Ihnen anzeigt, wie lange es noch dauert, bis die Präsentation anfängt. Pünktlich begrüßt ein Moderator Sie und die anderen herzlich. Die erste Folie der Präsentation erscheint. Nachdem der Moderator sich selbst, den präsentierenden Experten und das Thema kurz vorgestellt hat, werden Sie schon aufgefordert, etwas zu tun.

Der Moderator möchte wissen, von wo aus Sie heute zusehen und wie das Wetter bei Ihnen ist. Er bittet Sie, hierzu den Chat zu benutzen. Eine neue Folie erscheint auf Ihrem Bildschirm, die genau visualisiert, wie Sie das Chatfenster nutzen können.

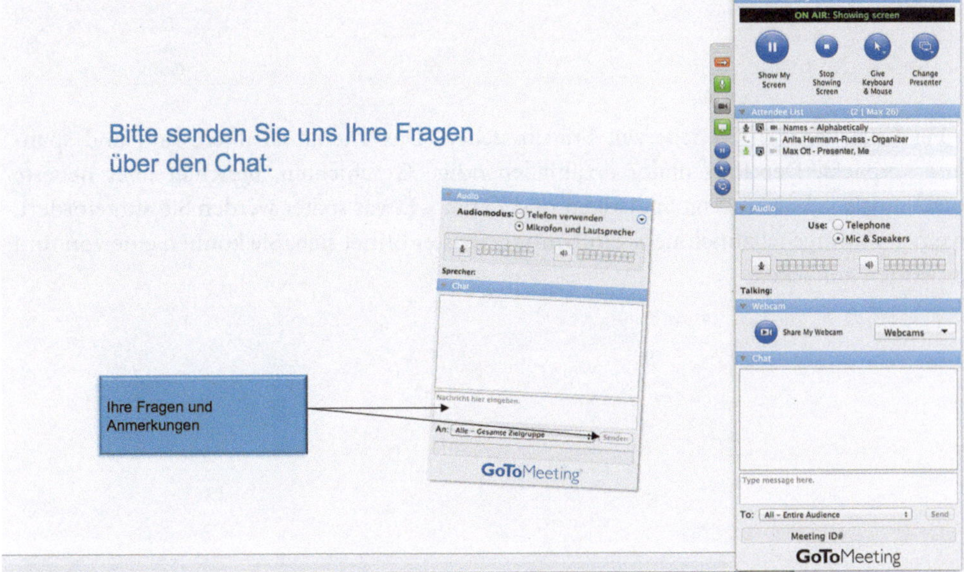

Sie tippen in das Chatfenster den Namen „München“ und „Schneegestöber“ ein. Sie sind schon ganz gespannt, von wo die anderen Teilnehmer heute zuhören. Der Moderator liest einige Städte vor, und Sie erfahren, dass Teilnehmer aus dem ganzen deutschsprachigen Raum dabei sind. Einige sitzen im benachbarten Ausland, und einer meldet sich sogar aus Südamerika! Sie erfahren auch, dass heute über 500 Leute teilnehmen. Und Sie erfahren, wie unterschiedlich das Wetter in Deutschland sein kann.

Der Moderator gibt nun dem Präsentator das Wort. Auch er begrüßt Sie und steigt dann direkt und engagiert in seine Präsentation ein. Sie sehen seine bildhaften Charts und hören über das Headset seine Stimme.

Per Chat könnten Sie jederzeit Fragen stellen. Das Thema ist interessant und spannend verpackt. Der Präsentator erzählt lebendige Geschichten, berichtet über neueste Forschungsergebnisse, zeigt Statistiken und Zahlen. Etwas später werden Sie aufgefordert, an einer Umfrage teilzunehmen. Ein Umfragefenster öffnet sich. Sie können eine von fünf Antworten anklicken.

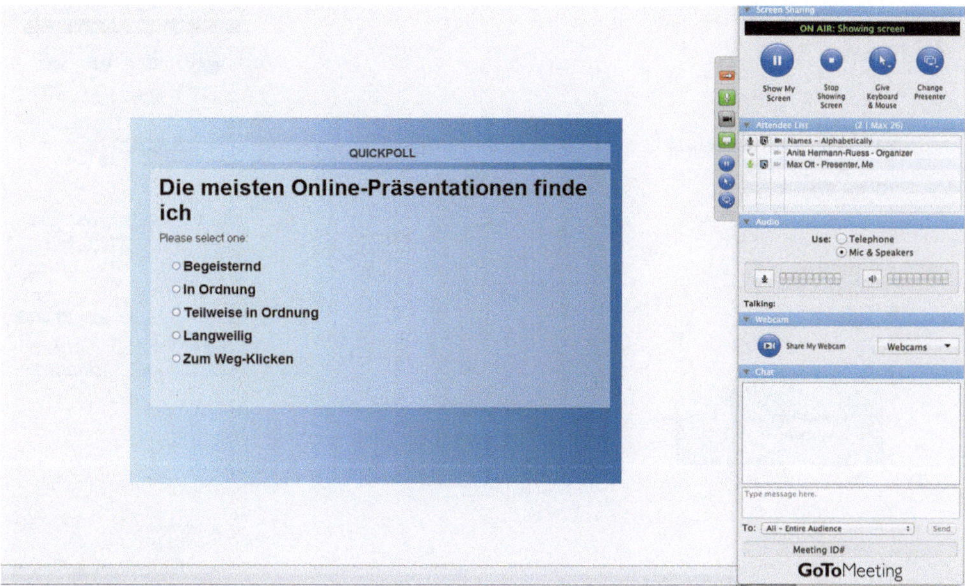

Nachdem Sie Ihre Antwort abgegeben haben, schließt der Moderator die Umfrage. Ganz gespannt warten Sie auf das Ergebnis, das dann auch sofort auf Ihrem Bildschirm erscheint, visualisiert als Balkendiagramm mit genauen Prozentangaben.

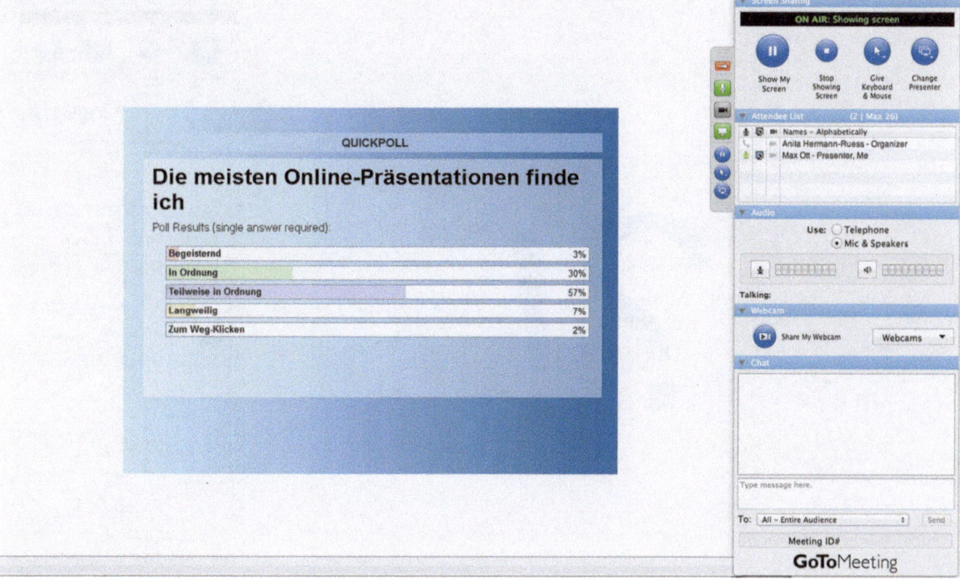

Die Präsentation ist spannend und fesselnd. Immer wieder werden Sie aufgefordert, zu chatten, abzustimmen, selbst etwas zu tun, zu schätzen …

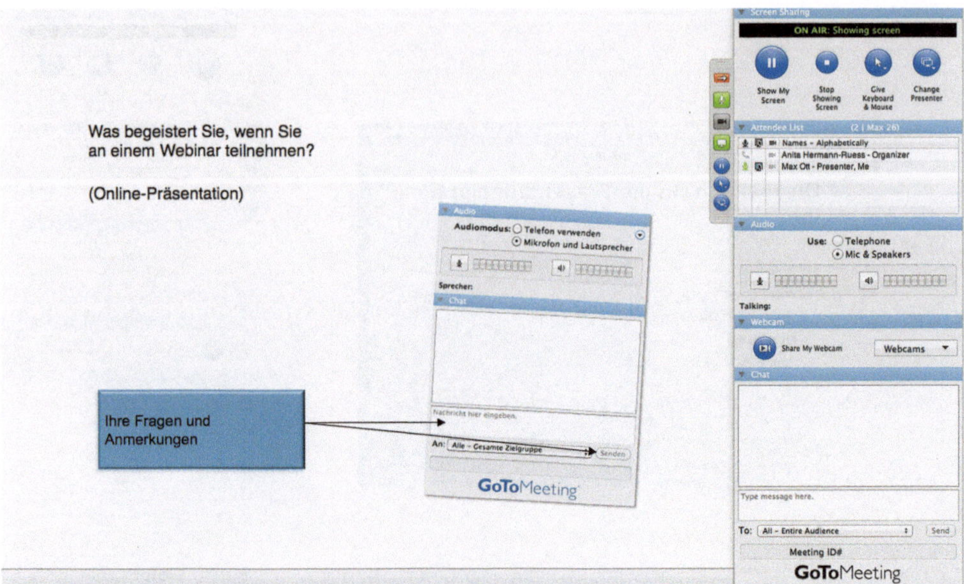

Zum Schluss fordert der Moderator noch einmal alle Teilnehmer auf, Fragen zu stellen. Sie tippen eine Frage, die Ihnen schon die ganze Zeit auf den Nägeln brannte, ins Chatfenster. Der Moderator reicht die Frage an den Experten weiter, der sie kompetent beantwortet.

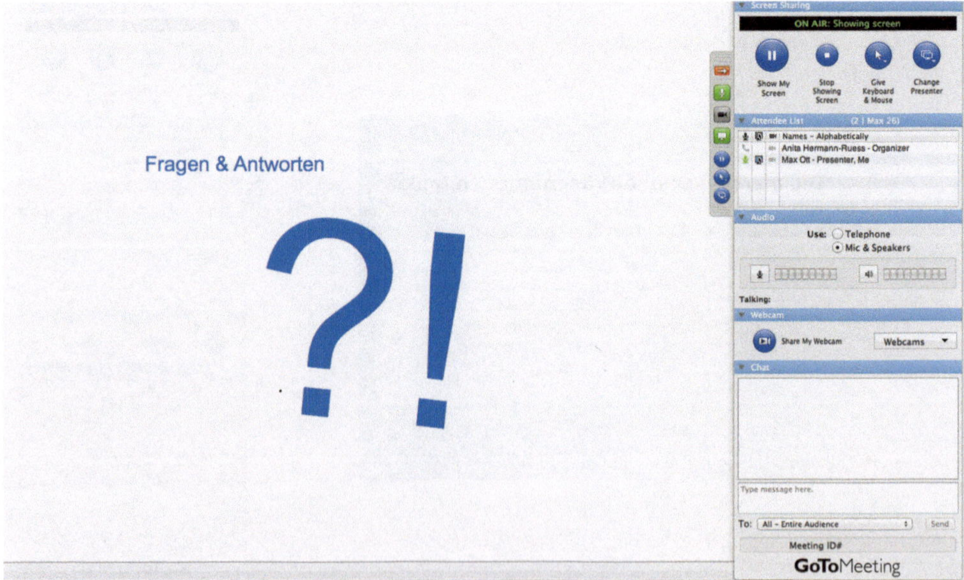

Zum Schluss wiederholt der Präsentierende noch einmal seine zentralen Botschaften und endet mit einem Highlight. Der Moderator übernimmt wieder und verweist noch auf die Folgemail, mit der Sie das Whitepaper und die Aufzeichnung der Präsentation erhalten. Er verabschiedet sich. Sie beenden das Programm und verlassen den virtuellen Präsentationsraum. Ein Fenster mit einer kurzen Umfrage öffnet sich. Sie werden gebeten, das Webinar zu bewerten, was Sie schnell mit einigen Klicks erledigen.

Am nächsten Tag erhalten Sie wie versprochen die Folgemail mit den Dokumenten. Nun können Sie sich in Ruhe das Whitepaper mit weiteren Details und Hinweisen durchlesen. Die Präsentation können Sie, wann immer Sie wollen, noch einmal ansehen oder an Ihre Kollegen weiterleiten. Sie sind begeistert. Denn Sie haben etwas Neues gelernt, das Sie weiterbringt, und Sie hatten eine gute Zeit – und das alles, ohne Ihr Büro zu verlassen, ohne Zeit zu verschwenden, ohne Reisekosten.

▸ **Tipp** Auf unserer Website www.dasgutewebinar.de finden Sie zwei unserer Webinare und Links zu weiteren Webinaren, die Sie kostenlos einsehen können.

Schauen wir uns nun an, was der Begriff genau bedeutet und wie er heute in unterschiedlichen Kontexten verwendet wird.

1.1.2 Was genau bedeutet „Webinare"?

Das One-to-many-Prinzip Am treffendsten lassen sich Webinare durch das **One-to-many-Prinzip** beschreiben: Es gibt einen Vortragenden und viele Zuhörer. Der Vortragende sitzt vor seinem Bildschirm und teilt diesen über eine Software mit seinen Zuhörern (Screensharing). Diese sehen auf ihren Bildschirmen und hören über Telefon oder VoIP (Internettelefonie) die Präsentation des Vortragenden.

Über bestimmte Tools, die Sie in den nächsten Kapiteln genauer kennenlernen, wie Chat, Umfragen, Whiteboard, Applaus, Handheben, Webcam, und Screensharing können die virtuellen Teilnehmer mit dem Präsentierenden interagieren und kommunizieren. Die

Präsentation wird von ihm präzise vorbereitet und nicht ad hoc gehalten. Er steuert den gesamten vordefinierten Prozess. Im Gegensatz zur One-to-many-Kommunikation bedeutet Many-to-many-Kommunikation, dass alle Beteiligten sich untereinander austauschen, beispielsweise in einem ad hoc einberufenen virtuellen Meeting.

Many-to-many-Kommunikation findet immer dann statt, wenn sich Menschen zur Zusammenarbeit im virtuellen Raum treffen. Many-to-many- und One-to-many-Kommunikation nutzen dieselbe Software und dieselben Tools, die wir Ihnen in Kap. 2 genauer vorstellen. Das bedeutet, wenn Sie sich für eine Webinar-Software entscheiden, dann können Sie sie auch nutzen, um mit internen oder externen Partnern zusammenzuarbeiten. Der Überbegriff für Many-to-many- und One-to-many-Kommunikation heißt Collaboration, die Software heißt Collaboration-Software. Collaboration meint jede Form von virtueller Zusammenarbeit.

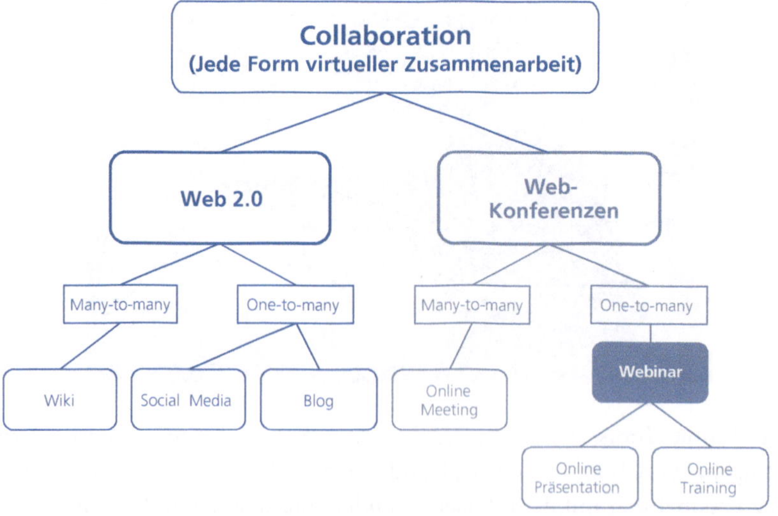

Die zwei Bedeutungen von „Webinar" Wie wir in der folgenden Abbildung sehen können, hat der Begriff „Webinar" heute zwei Bedeutungen: einerseits Onlinepräsentation und andererseits Onlinetraining. „Webinar" bedeutet **nicht** immer Onlinetraining, was das Wort Webinar (Seminar im Web) nahelegt. Wenn heute ein Webinar angekündigt wird, können Sie davon ausgehen, dass es sich meist um eine interaktive Onlinepräsentation hauptsächlich zu Marketingzwecken handelt. Der Unterschied zum Onlinetraining liegt in der Zielsetzung: Beim Onlinetraining wird **Können** vermittelt, und nur Referenten mit didaktisch-methodischer Ausbildung sind hierzu wirklich befähigt. Eine Onlinepräsentation hingegen kann jeder halten, der präsentieren und verkaufen kann, da es hier darum geht, Menschen für seine Ideen, Konzepte und Produkte zu gewinnen. Das Ziel ist also **Kennen**, „Kennenlernen" statt „Können". Onlinepräsentationen können mit Tausenden von Zuhörern durchgeführt werden, bei Live-Onlinetrainings geht das nicht.

Die Unschärfe des Begriffs Webinar als Onlinetraining einerseits und Onlinepräsentation anderseits wird verstärkt durch die Tatsache, dass beide dieselben Programme und Tools nutzen (Kap. 2) und die Grenze zwischen „nachhaltig etwas kennenlernen" (Präsentation) und „nachhaltig etwas können" (Training) fließend ist. Meist ist ein Onlinetraining kostenpflichtig, Marketing-Webinare sind es in der Regel nicht.

Je mehr wir uns von der ONLINEPRÄSENTATION zum ONLINETRAINING begeben, umso weniger werden wir **frontal** präsentieren – umso mehr **interaktive** Elemente werden wir einsetzen. Das ist ähnlich wie beim konventionellen Präsentieren: Auch hier nutzen Sie Vorträge, Präsentationen, Seminare – je nachdem, mit welchem Format Sie Ihr Ziel am besten erreichen.

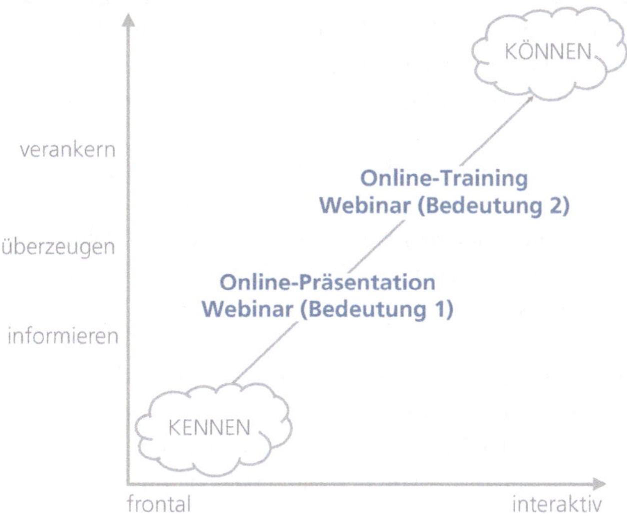

Der Fokus in diesem Buch liegt auf der ersten Bedeutung des Begriffs Webinar. Da wir auch auf interaktive Elemente eingehen werden und die Grenze zwischen Kennen und Können fließend ist, werden wir immer wieder Hinweise für Onlinetrainings geben. Somit ist dieses Buch auch für alle Onlinetrainer und E-Learning-Dozenten geeignet. Sie brauchen dieselben Skills, Programme und Tools und zusätzlich eine didaktische Ausbildung (die dieses Buch nicht bieten kann).

Wenn Sie als Trainer vorhaben, Live-Onlineveranstaltungen zu halten, dann nutzen Sie für Trainings lieber den Namen Live-Onlinetraining und setzen Sie Webinar in Klammern. So erkennen die Teilnehmer den Mehrwert, und Sie können eher ein kostenpflichtiges Seminar veranstalten, da Webinar oft „Freebinare" sind, also kostenlos als Marketinginstrument eingesetzt werden. Kostenlose Webinare können Sie nutzen, um Ihr Unternehmen oder Ihre Produkte einem großen Teilnehmerkreis zu präsentieren oder um einen neuen Kunden zu akquirieren, ohne Ihr Büro verlassen zu müssen.

Wir werden den Begriff Webinar in diesem Buch dann nutzen, wenn wir Tools und Methoden vorstellen, die für beide Formen relevant sind. Wir werden immer dann von Onlinepräsentation oder Onlinetraining sprechen, wenn eine differenzierte Betrachtungsweise notwendig ist oder wir vom Herzstück jedes Webinars, der Onlinepräsentation an sich, sprechen.

Exkurs: Zusammenhang Webinar und E-Learning
Unter E-Learning versteht man das Lehren und Lernen mittels verschiedener elektronischer Medien. Das können beispielsweise Apps, elektronische Lernspiele, Lernsoftware auf DVD oder CD, YouTube-Universitys, Blogs, Wikis, Blended Learning oder Onlinekurse sein.

Webinare können Teil eines E-Learning-Konzepts sein. Sie sind das virtuelle Pendant der klassischen Vorlesung oder des Referats an der Universität (One-to-many).

Webinar als geschlossene Einheit Ein Webinar ist eine in sich geschlossene Einheit, ein angekündigtes Onlineevent, das wie ein Produkt vermarktet wird. Es werden alle Marketingkanäle genutzt, um das Event zu bewerben: Blogs, Social Media, Pressearbeit etc. Diese schaffen schon im Vorfeld Aufmerksamkeit für das Thema des Webinars und sind somit Teil des Ganzen.

Herzstück dieses Onlineevents ist die Live-Onlinepräsentation. Diese sollte onlinegerecht, überzeugend und fesselnd sein – sonst ist der Erfolg der Gesamtveranstaltung schnell gefährdet. Wenn die Teilnehmer sich langweilen oder keinen Mehrwert erkennen, dann unterstützt die Anonymität des Formats die Möglichkeit, sich einfach aus dem Webinar „wegzuschleichen" und auszuklicken.

Synchrone und asynchrone Form von Webinaren Webinare können live – synchron – stattfinden, dann verabreden sich Redner und Teilnehmer zu einem bestimmten Termin im Netz. Onlinepräsentationen können aber auch aufgezeichnet werden, dann können sie jederzeit und überall – asynchron – von den Interessenten angesehen werden.

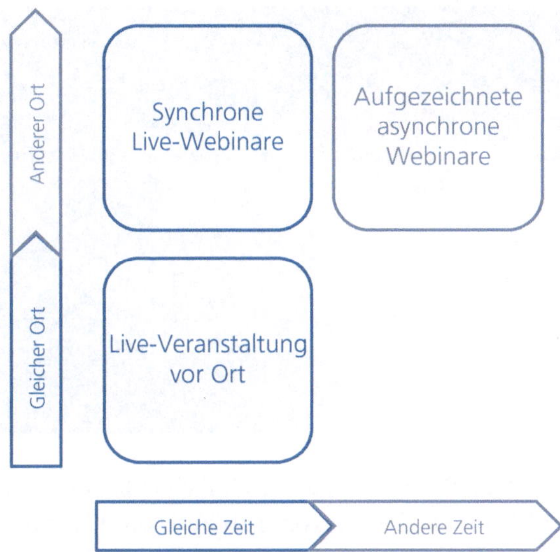

Man spricht vom „asynchronen Nutzen“ virtueller Veranstaltungsformen. Viele sehen darin einen der größten Vorteile im Vergleich zu konventionellen Präsentationen. Sie können virtuelle Präsentationen problemlos aufzeichnen, wiederverwenden, im Internet verbreiten oder als Produkt „on demand“ weitervermarkten. Schauen wir uns im Folgenden noch weitere Unterschiede, Vorteile und Nachteile gegenüber Präsenzveranstaltungen an.

1.2 Worin unterscheiden sich virtuelle von konventionellen Präsentationen?

Unserer Meinung nach haben persönliche und virtuelle Präsentationen mehr Gemeinsamkeiten als Unterschiede. Die Unterschiede haben es jedoch in sich, da man wirklich neue Techniken und Prozesse in sein Repertoire integrieren muss. Das ist so ähnlich, als ob Sie jahrelang Ski gefahren sind und nun auf das Snowboard umsteigen.

Vieles ist gleich (Skigebiet, Schnee ...), vieles ähnlich (Kleidung, Liften ...) und manches ganz anders (Board, keine Stöcke ...). Wenn Sie nun von Ski auf das Board umsteigen, sind Sie auch als sehr guter Skifahrer unsicher. Sie machen Fehler, Sie stürzen, Sie stehen wieder auf, Sie üben. Sie müssen neue Bewegungsabläufe einstudieren, neue Muskeln trainieren und im Gehirn neue synaptische Pfade anlegen. Genauso ist es mit dem Umstieg auf Onlinepräsentationen. Manches aus Ihrem konventionellen Präsentationsleben werden Sie 1:1 übernehmen können, anders adaptieren, manches verwerfen und manches neu dazulernen. Wenn Sie viele Erfahrungen haben im traditionellen Präsentieren, wird Ihnen das auf alle Fälle helfen, sich schneller auf der „Onlinepiste" zu bewegen. Sollten Sie noch gar keine Erfahrung im Präsentieren haben, macht das auch nichts – dann lernen Sie einfach von Anfang an „snowboarden". Ihnen werden dann diese Erkenntnisse nützlich sein beim Umstieg auf persönliche Präsenzpräsentationen, also beim Skifahren. Wenn Sie beides beherrschen, sind Sie bestens gewappnet für unser hybrides Zeitalter.

Die wichtigsten Unterschiede zu konventionellen Präsentationen In einer Präsentation zum Thema Webinar fanden wir das treffende Bild: „Imagine making a business presentation where your audience is standing behind a wall!"[1]

[1] „Virtual presentations" auf www.slideshare.net/metamorph/better-virtual-presentations.

Schauen wir uns die **Unterschiede** der virtuellen Präsentation zur konventionellen Kommunikation an:

- **Die Abwesenheit des Körpers.** Wir können unsere Teilnehmer nicht sehen, nicht „beschnuppern", ihnen nicht die Hand schütteln. Wir bekommen kein Gefühl dafür, wer sie sind, was sie bevorzugen, was sie ablehnen. Unsere intuitive Menschenkenntnis läuft ins Leere. Die Abwesenheit des Körpers hat für eher introvertierte Redner Vorteile: Da der Fokus virtuell mehr auf die Botschaft statt auf den Präsentierenden gelenkt ist, trauen sich auch eher zurückhaltende Menschen ans virtuelle Rednerpult.
- **Das Fehlen des Blickkontakts.** Der vielleicht bedeutendste Unterschied ist der fehlende Blickkontakt. Wie oft schauen wir in persönlichen Präsentationen unser Publikum an, um über den Blick eine Beziehung aufzubauen, um zu prüfen, ob unsere Worte verstanden wurden, ob sie gut angekommen sind oder ob sich unsere Teilnehmer zurücklehnen, die Stirn runzeln und die Arme vor dem Körper verschränken. Virtuell fehlt uns dieses Feedback, und wir können unsere Präsentation nicht flexibel und spontan feinjustieren.
- **Die Unsichtbarkeit der Teilnehmer.** Wir können unser Publikum nicht sehen und somit nicht kontrollieren. Wir sehen nicht, ob sie träumend zum Fenster schauen, E-Mails checken oder sich schon längst abgewendet haben. Online ist die nächste Ablenkung meist nur einen Klick von unserer Präsentation entfernt.
- **Unterschiedliche Räume.** Wenn es einen fundamentalen Unterschied gibt, dann ist es dieser. Während wir bei konventionellen Präsentationen uns mit unserem Publikum zur selben Zeit in einem „realen" Raum treffen, treffen wir uns bei einer virtuellen Präsentation räumlich gar nicht und zeitlich nur bei Livepräsentationen. Live sind wir lediglich via Internet und/oder Telefonleitung verbunden. Die eigene Bildschirmoberfläche wird zum „virtuellen Raum". Diesen können Sie „einrichten", indem Sie z. B. ein Fenster für Chats öffnen, ein Fenster für die Webcam, ein Fenster für Fragen, ein größeres Fenster für Ihre Präsentation, ein kleines Fenster für Downloads usw.

- **Unterschiedliche Präsentationsmedien.** Während Sie bei der persönlichen Präsentation Beamer, Flipchart und Moderationswand einsetzen, nutzen Sie bei der virtuellen Präsentation Desktopsharing (Beamer) und Whiteboard (Flipchart/Moderationswand).
- **Unterschiedliche Präsentationsmethoden.** Viele Präsentationsmethoden können nicht 1:1 adaptiert werden. Nehmen wir zum Beispiel die Möglichkeit, spontan Fragen während einer Präsentation zuzulassen. Während der persönlichen Präsentation sehen Sie, wann ein Teilnehmer seine Hand hebt, um eine Frage zu stellen. Während einer virtuellen Präsentation müssen Sie hierfür das Chatfenster beobachten oder die Teilnehmerliste. Es gibt ein Symbol für „Hand heben", das auftaucht, wenn ein Teilnehmer eine Frage stellen möchte. Ein anderes Beispiel: Während einer konventionellen Präsentation können Sie zwar eine Abstimmung machen (Hand hoch/Punkten auf Moderationswand), aber es erscheint keine präzise statistische Auswertung wie mit dem Umfragetool einer virtuellen Präsentation (Näheres zum Umfragetool in Kap. 2).
- **Vermehrte Teamarbeit – neue Rollen.** Da virtuelle Präsentationen noch stärker als persönliche eine Verbindung aus Technik und Emotionen sind, wird es wenig Präsentierende geben, die beides perfekt beherrschen. Eine Zusammenarbeit mit der IT-Abteilung kann sinnvoll sein. Während Sie präsentieren, kümmert sich ein IT-Mitarbeiter um die Technik und unterstützt Sie und die Teilnehmer bei technischen Fragen und Problemen. Da Sie beim virtuellen Präsentieren einerseits präsentieren und zeitgleich das Chatfenster beobachten müssen, ist es sinnvoll, zu zweit zu präsentieren. So kann der eine die Rolle des Moderators und der andere die Rolle des Präsentators übernehmen. Eine weitere Rolle ist die des Veranstalters, der sich um die Organisation und Vermarktung des Webinars kümmert.
- **Asynchroner Nutzen durch Aufzeichnung.** Sie können virtuelle Präsentationen bequem aufzeichnen und immer wieder verwenden. Hier liegt einer der größten Vorteile der virtuellen Präsentation gegenüber der persönlichen. Die Aufzeichnung im weltweiten Netz kursieren zu lassen ist ein machtvolles Werkzeug, um Ihre Ideen mühelos zu verbreiten, Ihren Bekanntheitsgrad zu steigern oder Interessentenströme auf Ihre Internetseite zu leiten.
- **Produktcharakter.** Sie können aus Ihrem gehaltenen Webinar ein Produkt machen und es vermarkten. Ihr Webinar auf DVD mit einem schönen Booklet, weiteren Checklisten und Bonusmaterial – und voilà, Sie haben ein neues Produkt, um Ihr Einkommen zu erhöhen oder den Wert Ihrer Internetseite zu steigern, falls Sie es zum kostenlosen Download anbieten wollen.

▸ **Tipp** In **Anhang A** erhalten die Trainer oder Institute, die Webinare in ihr Produktportfolio einschließen möchten, Empfehlungen, wie sie diese gegenüber den kostenlosen Marketingevents am besten abgrenzen können.

1.3 Risiken und Chancen von Onlinepräsentationen

Es ist sehr wichtig, sich vorher gut zu überlegen, wann virtuelle Präsentationen Sinn machen und wann nicht. Sie werden nie den persönlichen Kontakt ersetzen, denn Vertrauen und Bindung werden immer noch über Augenkontakt hergestellt. Es ist ein Zeichen der Wertschätzung, lange Anfahrtszeiten auf sich zu nehmen und den Kunden persönlich zu besuchen. „Du bist mir wichtig!" ist die implizite Botschaft, wenn wir persönlich anreisen. Virtuelle und persönliche Präsentationen schließen sich nicht aus. Im Gegenteil, sie ergänzen und bereichern sich. Wenn wir den Kunden mit einem Webinar begeistern, können wir ihn danach persönlich anrufen und besuchen. Wenn wir uns lange kennen, spricht nichts dagegen, einige Kundenbesuche durch virtuelle Treffen zu ersetzen.

Auch in anderen Kontexten können sich virtuelle und konventionelle Präsentationen ergänzen: Wenn Sie mit Ihren Inhalten online Aufmerksamkeit erzeugen, werden Sie vielleicht zum nächsten Kongress eingeladen. Wenn Sie eine „reale" Präsentation halten, können Sie das passende Webinar zur Vertiefung anbieten.

1.3.1 Die Risiken von Onlinepräsentationen

Onlinepräsentationen bergen drei Hauptrisiken. Erstens können sie falsch eingesetzt werden, zweitens kann die Technik Probleme machen, und drittens können sie schnell zum Wegklicken langweilig sein. Überlegen Sie immer sehr genau, bevor Sie eine Präsenzveranstaltung ersetzen. Kosten auf der Beziehungsebene lassen sich buchhalterisch nicht so schön auflisten wie eingesparte Reisekosten. Schnell ist ein Kunde enttäuscht oder ein Mitarbeiter demotiviert – und viel Zeit und Aufwand wird benötigt, um das wiedergutzumachen. Hochsensible, kritische, persönliche Themen sollten Sie nicht online präsentieren – ebenso wenig wie schlechte Nachrichten übermitteln. Missverständnisse und Verletzungen bis hin zu Konflikten sind vorprogrammiert. Für schwierige Themen eignet sich ein persönliches Auftreten mit Blickkontakt besser, um sensibel auf die Beziehungsebene einzugehen. Auch Kundenkontakte sollten nie ausschließlich auf den virtuellen Raum verschoben werden, die Beziehung würde darunter leiden.

Wenn Sie auf Onlinepräsentationen umsteigen, finden Sie die Projekte, wo der Nutzen am höchsten und das Risiko am geringsten ist:

- Welche Treffen kann ich virtuell abhalten, ohne Kosten auf der Beziehungsebene zu bezahlen?
- Wie kann ich virtuelle und konventionelle Events sinnvoll kombinieren und Synergien am besten nutzen?
- Welche Schritte in Prozessen kann ich virtuell definieren?
- Wie kann ich die Nachteile von virtuellen Begegnungen wettmachen?
- Welche Kunden kann ich mit Webinaren begeistern?
- Wo würde der Umstieg den höchsten „Return on Event" bringen?

- Auf welchen Ebenen und in welchen Abteilungen lassen sich Webinare sinnvoll nutzen?
- Welche Schulungsinhalte lassen sich auch virtuell weitergeben?

1.3.2 Die Chancen von Onlinepräsentationen

Veränderungen sind immer auch Chancen. Schauen wir uns die vielen Vorteile dieses neuen Formats einmal genauer an:

1. **Wichtige Zielgruppen werden viel leichter erreicht**
   - **Effektives Format erreicht auch wichtige Entscheider.** Wichtige Entscheider haben eines gemeinsam: Sie haben sehr wenig Zeit. Diese Menschen können Sie mit einem hochwertigen Webinar heute wieder erreichen, wenn diese erkennen, dass sie maximalen Nutzen mit minimalem Aufwand erzielen können.
   - **Kostengünstiges Format hilft Zielgruppe zu erreichen, die anderweitig nicht erreichbar wäre.** Auch Mitarbeiter, die aus Kostengründen nie zu einem Seminar geschickt werden oder die an entfernteren Standorten arbeiten, erreichen Sie effizient mit Webinaren. Auch Kunden, bei denen sich eine Anreise nicht lohnen würde, können nun persönlich betreut werden.
   - **Neues Format lockt auch verwöhnte Teilnehmer.** Da das Format noch relativ neu ist, können Sie auch Ihre extravaganteren Zielgruppen mit etwas „anderem" und „Neuem" faszinieren. Mit einem kreativen und inspirierenden Webinar können Sie sich heute noch gut ins Gespräch bringen.
   - **Einbinden hochkarätiger Experten gelingt leichter.** Auch für hochkarätige und teure Experten wird es leichter, Ihnen eine Zusage zu geben, müssen sie doch ihr Büro nicht verlassen und nur eine Stunde Zeit investieren (manchmal noch weniger, wenn sie nur zugeschaltet werden). Mühelos können auch weitere (internationale) Experten hinzugefügt werden. Auch interne Entscheider lassen sich gewinnen, sich für wenige Minuten dazuzuschalten, um Entscheidungsprozesse zu beschleunigen.

2. **Asynchroner Nutzen durch Aufzeichnung des Events**
   - **Möglichkeit, die Aufzeichnung den Personen zu schicken, die live keine Zeit hatten.** Sie erreichen auch die Teilnehmer, die bei Ihrer Präsentation aus Zeitgründen nicht dabei sein können, indem Sie die Präsentation aufzeichnen und die Aufzeichnung per Mail versenden. Sie haben die Möglichkeit, auch mobile Teilnehmer zu erreichen. Ihre Mitarbeiter oder Kunden sind unterwegs? Kein Problem, über ihre Smartphones oder Tablets erreichen Sie diese überall und immer.
   - **Möglichkeit, eine Präsentation immer wieder zu verwenden und zu verschicken:** Sie können eine einzige Präsentation aufzeichnen und dann immer wieder versenden, zum Beispiel eine Präsentation über eine Produkteinführung an unterschiedliche Kunden, Mitarbeiter, Journalisten. Das spart Zeit, Geld und Nerven.
   - **Möglichkeit, aus einem Webinar ein Produkt zu machen.** Da sich Webinare aufzeichnen lassen, lassen sie sich zum Produkt formatieren. Sie können sie auf eine DVD brennen, mit einem weiteren Booklet oder Buch aufwerten, ein Whitepaper und Checklisten dazutun. Ein weiterer Vorzug ist die Möglichkeit, ganze Webinar-Reihen im Abo oder per Flatrate anzubieten.

3. **Unterstützung im Kunden-Akquiseprozess**
   - **Einfach viele Kontakte/Leads generieren.** Bieten Sie in Ihrer Präsentation Bonusmaterial an, das Ihre Teilnehmer per Mail anfordern können. So schaffen Sie eine Win-win-Situation. Sie erhalten die Adressen der Interessenten, die Interessenten erhalten exklusives Zusatzmaterial. Oder Sie laden Interessenten über soziale Netzwerke zu einem aufgezeichneten Webinar auf Ihre Internetseite ein, die eine Registrierung erfordert.
   - **Vereinfacht und beschleunigt den Akquiseprozess:** Sie können Anfragende zu einem Webinar einladen. Hier lernen Ihre zukünftigen Kunden Sie, Ihre Arbeitsweise und Ihr Angebot „live" kennen. Das senkt die Hemmschwelle für den nächsten Schritt, den persönlichen Besuch mit Geschäftsabschluss.

4. **Hilfreicher Bestandteil des Vertriebsprozesses**
   - **Up-Selling und Cross-Selling.** Webinare eignen sich hervorragend, um nächste Schritte einzuleiten und beispielsweise ein Seminar zum Webinar anzubieten. Sie können aber auch gut auf andere Produkte oder Dienstleistungen verweisen oder Zusatzprodukte zum Webinar anbieten (Bücher, DVDs …).
   - **Potenziert Möglichkeit des Empfehlungsmarketings** (Mund-zu-Mund-Propaganda). Sie können an unterschiedlichen Stellen des Webinar-Prozesses Ihre Teilnehmer auffordern, Ihr Webinar weiterzuempfehlen. Da kann schon in der Einladung eine Aufforderung stehen, diese Einladung auch an andere Kollegen oder Bekannte weiterzuleiten. Während des Webinars können Sie Ihre Zielgruppe bitten, Sie aktiv weiterzuempfehlen, wenn ihnen Ihr Webinar gefallen hat. In der Follow-up-Mail können Sie die Teilnehmer bitten, den Link mit der Aufzeichnung auch an Kollegen und Partner zu versenden.

5. **Sehr viele Menschen auf der ganzen Welt gleichzeitig und in Echtzeit ansprechen**
   - **Gleichzeitig bis zu 80.000 Menschen weltweit ansprechen.** Auch wenn das eher die Ausnahme sein und den CEOs oder Vorsitzenden vorbehalten sein wird, die vor der gesamten weltweiten Belegschaft oder allen Stakeholdern sprechen – mit Webinaren erreichen Sie eindeutig mehr Mitarbeiter und Kunden gleichzeitig und überall.
   - **Eine Idee um die Welt schicken.** Wir sind heute weltweit vernetzt, und Englisch hat sich als Businesssprache durchgesetzt. Nichts hindert Sie daran, Ihre Onlinepräsentation auf Englisch zu halten und internationale Netzwerke wie LinkedIn zu nutzen, um Ihre Idee um den Globus zu schicken, wenn das, was Sie anbieten, für ein internationales Publikum interessant sein könnte.
   - **Sichert Schnelligkeit im internationalen Business**. Es gibt keinen direkteren Weg, Informationen schnell an viele Teilnehmer zu übermitteln, als Onlinepräsentationen. Sie können Rechts- und Verfahrensänderungen oder Branchentrends in Echtzeit allen wichtigen Zielgruppen übermitteln.

6. **Einfache Vermarktung durch Nutzen der gesamten virtuellen Infrastruktur**
   - **Einbindung in Social Media.** Webinare lassen sich sowohl in sozialen Netzwerken ankündigen, um Teilnehmer zu gewinnen, als auch, um Ströme auf Ihre Internetseite zu lenken.
   - **Aufzeichnungen im Netz verbreiten.** Aufzeichnungen lassen sich auf Webseiten wie Slideshare (www.slideshare.net), Vimeo (http://vimeo.com) und YouTube (www.youtube.com) einbinden, um sie mit der ganzen Web-Community zu teilen. Blogs, Newsletter, E-Mails, Twitter, Xing – Sie können alle Kanäle nutzen, um auf Ihr Webinar aufmerksam zu machen.

7. **Einfache Organisation des Gesamtevents durch Softwareschnittstellen**
   - **Integration mit Outlook und anderen Programmen.** Die meisten Programme, die Sie benötigen, um eine Onlinepräsentation zu halten (siehe Kap. 2), sind mit Outlook und manche sogar mit Word und PowerPoint verknüpft. So können Sie effektiv einladen, vorbereiten und präsentieren.
   - **Automatisiertes Eventmanagement.** Die meisten Programme nehmen Ihnen auch im Organisatorischen viel Arbeit ab, sodass Sie sich um Wichtiges kümmern können. Automatische Einladungen und Erinnerungsmails, Abrechnung, Evaluation (Feedback) und Dokumentation erleichtern Ihnen die Organisation Ihres Webinars.

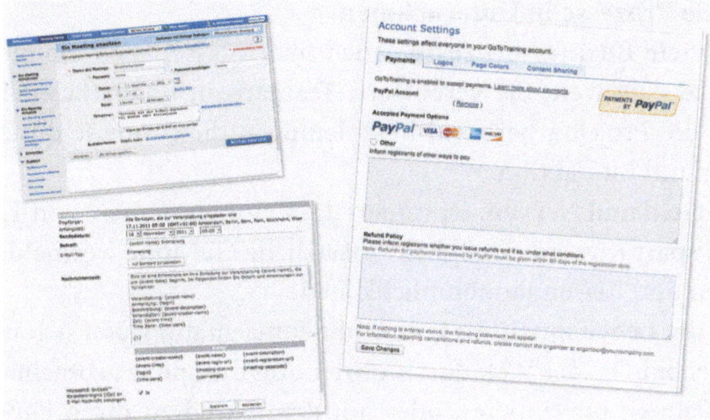

8. **Hilfreiche Ergänzung im Schulungskontext**
    - **Absolute Konzentration der Teilnehmer auf Ihre Botschaft.** Bei einem guten Webinar sitzen Ihre Teilnehmer höchst konzentriert vor dem Bildschirm und lauschen Ihren Ausführungen. Ihre Worte gehen über das Headset auf kürzestem Weg ins Gehirn.
    - **Unterstützt Gedächtnis** (asynchroner Nutzen). Da unser Gedächtnis sehr begrenzt ist, kommt es dem Gedächtnis Ihrer Teilnehmer sehr zugute, das Webinar immer wieder ansehen zu können.
    - **Vermittelt Wissen, das sofort einsetzbar ist.** Forscher haben herausgefunden, dass wir dann am besten lernen, wenn der Lerninhalt uns in kleinen Häppchen und kontextrelevant angeboten wird. All das kann ein Webinar optimal leisten und das Publikum nachhaltig begeistern.
    - **Fördert das Verständnis:** Teilnehmer können Ihre Inhalte sehen, hören, ausprobieren, wiederholen – all das fördert die Nachhaltigkeit des Lernens und gräbt sich ins Gedächtnis ein.

9. **Verbessert viele Prozesse in Unternehmen**
   - **Optimiert viele Businessprozesse.** Auch intern lassen sich Onlinepräsentationen hervorragend einsetzen. Sie verbessern Teamarbeit, unterstützen Führungskräfte, optimieren die Projektarbeit und beschleunigen die Prozesse durch Echtzeitkommunikation und Interaktion.
   - **Spart Zeit, Geld und Nerven.** Optimiert das Zeitmanagement von Teilnehmern und Referenten, spart Kosten, ermöglicht zusätzliche Gewinne, vermeidet unnötige Geschäftsreisen und Reiseunannehmlichkeiten.
   - **Verbessert die Lebensqualität.** Eine Onlinepräsentation lässt sich jederzeit und bequem von jedem Ort der Welt durchführen. Auf die Spitze gebracht, können Sie von unter den Palmen präsentieren oder mit dem Hund zu Ihren Füßen vom Home-Office aus. Dies unterstützt Sie bei der Idee, weniger und effektiver zu arbeiten.
   - **Gelebte Corporate Social Responsibility.** Onlinepräsentationen verringern den CO_2-Ausstoß maßgeblich, da weder Teilnehmer noch Referenten reisen müssen. Wenn Ihnen nachhaltiges Wirtschaften wichtig ist, dann können Onlinepräsentationen das Mittel Ihrer Wahl sein.

▸ **Tipp** In **Anhang B** erhalten Sie eine Auflistung der Möglichkeiten, wie Webinare in Organisationen, Unternehmen und Verbänden genutzt werden können.

1.4 Was brauchen Sie für gute Webinare?

Viele Ressourcen, die wir Ihnen in diesem Kapitel vorstellen, benötigen Sie nicht nur für gute Webinare, sondern auch für gute Präsentationen im Allgemeinen. Doch die Themen, die wir in diesem Kapitel aufzeigen, sind online noch viel wichtiger, bekommen eine noch größere Bedeutung durch die Besonderheiten des virtuellen Raumes. Sie benötigen folgende sechs Zutaten für ein gutes Webinar:

1. Gute Charts
2. Gute Rhetorik

3. Ein gutes Persönlichkeitsmodell
4. Eine gute Stimme
5. Gute Onlinemethoden
6. Gute Technik

Im Folgenden erklären wir, warum diese sechs Punkte so wichtig sind und welche Ansprüche ein gutes Webinar an Sie stellt.

1.4.1 Gute Charts

Erinnern Sie sich an Ihre letzte konventionelle Präsentation. Wer war der Mittelpunkt dieser Präsentation? Auf wen haben Sie die meiste Zeit geschaut? Wahrscheinlich auf den Präsentierenden. Wir Menschen sind darauf programmiert, Gesichter und Menschen anzusehen, wir geben ihnen immer den Vorzug gegenüber leblosen und statischen Objekten. Das ist evolutionär bedingt, denn alles, was sich bewegt, konnte entweder gefährlich (Raubtiere, Feinde) oder wichtig (sozialer Austausch, Unterstützung der Sippe) oder angenehm (Freunde, Liebesbeziehungen) sein. Deshalb bevorzugen wir bis heute alles Lebendige und Bewegte. Unser Gehirn liebt Gesichter, eine Tatsache, die die Gehirnforschung durch bildgebende Verfahren eindrücklich belegt. Wenn Menschen attraktive Gesichter sehen, leuchtet der Nucleus accumbens, unser Belohnungssystem, im Gehirn auf dem Bild stark auf.

Und nun erinnern Sie sich an Ihre erste Onlinepräsentation als Teilnehmer. Wer war hier der Mittelpunkt? Wen schauten Sie hier die meiste Zeit an? Genau, die Charts auf Ihrem Bildschirm! Das bedeutet, die Charts sind die Hauptpersonen und der Mittelpunkt jeder Onlinepräsentation. Sie übernehmen eine so tragende und wichtige Rolle, denn sie müssen den nicht die ganze Zeit sichtbaren Präsentierenden kompensieren. Sie dürfen also nicht leblos, statisch und unattraktiv sein – sondern so **lebendig, bewegt** und **anziehend** wie möglich. Damit ist klar: Textfolien, Bleiwüsten und Bullet-Charts haben in Onlinepräsentationen nichts verloren. Stellen Sie sich vor, Sie nehmen an einer Onlinepräsentation mit dem Thema „Kundenbegeisterung" teil. Der Referent zeigt nun das unten abgebildete Bullet-Chart und geht Punkt für Punkt die einzelnen Bullets durch.

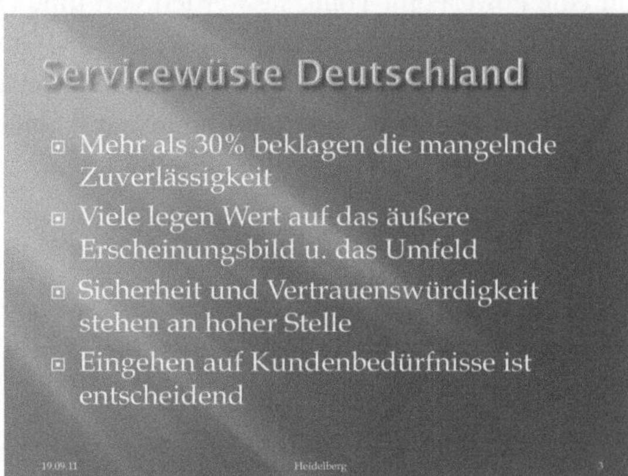

Sie haben längst mit einem Blick erfasst, was diese Folie aussagt. Und nun müssen Sie reglos ausharren und dürfen Ihren statischen Bildschirm anstarren, um noch einmal zu *hören*, was Sie längst visuell erfasst haben. Das ist Ihrem Intellekt gegenüber respektlos, ist ineffizient und vor allem langweilig. Wenn man das Gehirn dieser Zuhörer nun mit dem Computertomografen analysiert, leuchtet nicht das Belohnungssystem auf, sondern ihr Bestrafungssystem. Ihnen ist wahrscheinlich langweilig, sie verspüren eine leichte Unruhe oder gar einen heftigen Widerstand, ihre Gedanken schweifen eventuell ab. Da der Presenter und die anderen Teilnehmer sie bei diesen negativen Reaktionen nicht sehen, könnten sich die gelangweilten Teilnehmer durch das Ausbleiben der sozialen Kontrollmechanismen getrost einer Parallelbeschäftigung widmen und E-Mails checken oder an ihrem Dokument weiterarbeiten. Das ist leider die Realität schlecht gemachter Onlinepräsentationen.

Ersetzen Sie Textfolien durch Bilder und Grafiken. Menschen behalten **48,5 %** mehr von einer Präsentation über eine Kombination von Text und Bild als über Text allein.[2] Meiden Sie also Textfolien. Das führt zu einer Dopplung (Redundanz) von Text. Suchen Sie unterstützende *Bilder*, die Sie **zeigen**, und **sprechen** Sie Ihren *Text* hierzu:

Wählen Sie ein einfaches, einheitliches und ansprechendes Design für Ihre Präsentation. Texte gehören nicht auf eine PowerPoint-Folie, sie werden von Ihnen parallel zur dargestellten Folie gesprochen. Visualisiert werden nur Bilder, also Fotos, Grafiken, Diagramme oder vielleicht kurze Videosequenzen. Jede Folie (jedes Bild) veranschaulicht eine einzige Aussage, die auf den ersten Blick erfassbar sein und unmittelbar einleuchten sollte – denn das ist ihre Funktion. Prüfen Sie regelmäßig, ob die Präsentation auch in gut verdauliche Häppchen portioniert worden ist.

[2] Vgl. Mayer, Richard (2005).

Nutzen Sie viel mehr Charts und Animationen als in konventionellen Präsentationen. Sorgen Sie für Bewegung auf dem Bildschirm Ihrer Teilnehmer. Und noch ein letzter Tipp: Zeigen Sie immer wieder Fotos von Menschen, vor allem glückliche und schöne Gesichter – denn die haben auch nach Jahrmillionen Evolution immer noch das höchste Belohnungspotenzial.

Da Ihre Charts der Mittelpunkt Ihrer Onlinepräsentation sind, lohnt es sich, diese so anziehend, so überzeugend und so wirkungsvoll wie möglich zu gestalten. Weil die Wirkung so zentral ist, strahlen schlecht gemachte Charts leider auch auf den Inhalt und die Person des Präsentierenden zurück. In Kap. 3 erhalten Sie detaillierte Anweisungen, wie Sie die Charts Ihrer Präsentation gestalten können. Unser Ziel ist es, Ihnen **ganz einfache, umsetzbare Designtechniken** an die Hand zu geben, die die Wirkung Ihrer Charts im Nu außerordentlich steigert.

1.4.2 Gute Rhetorik

Während unsere Teilnehmer nun die wirkungsvollen und schönen Charts anschauen, hören sie über Headset unseren Ausführungen zu. Und genau wie Bilder können auch Worte starr und leblos sein. Und genau wie mit schlecht gemachten Charts können wir mit einer blutleeren, abstrakten Sprache unser Publikum verlieren.

M.O.V.E bietet Ihnen:

- Konzeption und Realisierung von Businessanwendungen ausgerichtet auf Ihr Geschäft
- Entwicklung langlebiger, skalierbarer Softwarearchitekturen
- Design und Entwicklung von Geschäftslösungen, individuell
- Durchführung von Application Integration (z.B. SAP-Anbindung) zur Vernetzung von Systemlandschaften
- …

Referent: Jochen Müller 23.September 2007 >>InnoTech GmbH

Die Alternative lautet auch jetzt wieder: Präsentieren Sie online lebendig, fesselnd und überzeugend. Berühren und bewegen Sie Ihr Publikum auch virtuell mit Ihren Worten. Wie das funktioniert, untersucht seit mehr als zweitausend Jahren die Disziplin der Rhetorik. Sie sammelt die kommunikativen Muster, die hohe Überzeugungskraft und hohes Belohnungspotenzial haben. Sie sammelt also Argumentationstechniken und Begeisterungsstrategien, die funktionieren. So ist ein machtvolles Regelwerk entstanden, das uns bei unserem Ziel unterstützt, ein gutes Webinar zu halten.

Rhetorische Techniken benötigen wir immer dann, wenn wir mit unseren Worten **etwas ganz Bestimmtes** erreichen möchten.

- Wenn wir uns zum Ziel gesetzt haben, **lebendig** zu sprechen, benötigen wir die Techniken, die uns dabei unterstützen, eine lebendige Wirkung zu erzeugen: Storytelling, direkte Rede, Verben statt Substantive, Präsens statt Perfekt, kurze statt lange Sätze, mündlicher Stil statt schriftlicher usw.
- Wenn wir uns als Ziel gesetzt haben, besonders **spannend** zu präsentieren, benötigen wir rhetorische Techniken, die Spannung erzeugen: die Lösung nicht sofort verraten, Quiz und Schätzungen, verblüffende Studien und bahnbrechende Experimente, Wortspiel, Wortwitz, Ironie usw.
- Wenn wir uns als Ziel gesetzt haben, **Sicherheit** und **Vertrauen** aufzubauen, benötigen wir rhetorische Techniken, die Vertrauen erzeugen: eine nachvollziehbare Struktur, die im virtuellen Raum wie ein Treppengeländer Sicherheit gibt, Referenzgeschichten und Testimonials, Testergebnisse und Demonstrationen, konkrete Beispiele usw.
- Und wenn wir uns als Ziel gesetzt haben, **kompetent und überzeugend** zu wirken, benötigen wir rhetorische Techniken, mit denen wir Kompetenz und Glaubwürdigkeit erzeugen: eine logische Struktur mit zwingender Argumentation, Beweise und Belege mit Studien, Forschungsergebnisse, sauber recherchierte Zahlen, Daten, Fakten mit Quellenangabe usw.

Von der großen Menge von rhetorischen Techniken und Methoden haben wir die wichtigsten ausgesucht, die für gute Onlinepräsentationen relevant sind. Dabei legen wir den Fokus auf vier Wirkabsichten:

- kompetent und glaubwürdig
- sicher und vertrauenswürdig
- lebendig und menschlich
- fesselnd und motivierend

In Kap. 3 und 4 werden wir Ihnen rhetorische Strategien vorstellen, um eine überzeugende, lebendige und fesselnde Präsentation zu halten und um die Wirkung Ihrer Worte zu präzisieren und zu verfeinern.

1.4.3 Ein gutes Persönlichkeitsmodell

Der Unterschied zwischen dem richtigen Wort und dem beinah richtigen Wort ist der gleiche wie der zwischen dem Blitz und dem Glühwürmchen (Mark Twain).

Wir präsentieren vor Teilnehmern, die wir noch nie gesehen haben und die wir auch während des gesamten Webinars nicht sehen werden. Oft werden wir vor Hunderten von unbekannten Teilnehmern präsentieren. Und häufig haben wir keine Möglichkeit, im Vorfeld mit ihnen Kontakt aufzunehmen und sie nach ihren Zielen, Problemen und Vorlieben zu fragen. Damit ein Webinar begeistert, müssen wir den Nerv des Publikums treffen. Da wir unser Publikum aber oft nicht (er)kennen, wird es schwierig, den Nerv zu treffen. Hier können uns die Erkenntnisse der Neurokommunikation weiterhelfen. Inzwischen ist bekannt, was der „Nerv“ ist (das Belohnungssystem im limbischen System unseres Gehirns) und wie Kommunikation sein muss, damit sie das Publikum begeistert (sie muss, um in der Sprache der Neurorhetorik zu bleiben, auf das Belohnungssystem „einzahlen“).

Wie also können wir alle unterschiedlichen Menschen für unsere Ideen gewinnen? Dies ist die zentrale Frage meiner Forschungen, Bücher, Seminare und Beratungen, zusammengefasst im *Limbischen Kommunikationsmodell* (LKM) [vgl. Hermann-Ruess 2006 ff.]. Wir brauchen neue Instrumente, die uns schnell, einfach und vorausschauend die Kommunikationsvorlieben und Entscheidungskriterien der Zuhörer erkennen lassen – vor allem wenn wir wie so häufig im virtuellen Raum unsere Zuhörer nicht kennen und nicht sehen.

Das Limbische Kommunikationsmodell kann Ihnen mit großer Sicherheit und Wahrscheinlichkeit erklären:

- wie Ihr Gegenüber fühlt, denkt, entscheidet
- was Ihr Gegenüber erfreut, was es begeistert, was es regelrecht fesselt
- welche Worte, welche Argumente, welches Design, welche rhetorische Inszenierung es überzeugen

Nutzen Sie das Limbische Kommunikationsmodell bei der Produktion und Vorführung Ihrer Onlinepräsentationen, um *alle* vielfältigen, *unterschiedlichen* und vielleicht *unbekannten* Teilnehmer zu erreichen, zu überzeugen und zu fesseln.

Im menschlichen Gehirn, genauer im limbischen System, werden Entscheidungen gefällt – für oder gegen Sie. Also lohnt es sich, sich mit den limbischen Programmen und der limbischen Kommunikation vertraut zu machen (vgl. Häusel 2003). Das limbische System ist ein sehr alter Teil des Gehirns, in dem Informationen gefiltert und emotional bewertet werden. Stellen Sie es sich wie einen strengen Wächter vor dem Großhirn vor. In einer ersten Prüfung bewertet er, welche Botschaften überhaupt zum Großhirn vorgelassen werden und somit ins Bewusstsein gelangen. Er decodiert die Botschaft auf ihre limbische Bedeutung hin. In einem zweiten Prüfschritt bewertet er, ob es sich um eine positive oder negative Botschaft handelt, und markiert die Botschaften mit Gefühlsmarkern, den sogenannten somatischen Markern – als ob das limbische System Ihren Botschaften kleine Post-its anheftet, auf denen beispielsweise „langweilig", „spannend", „verdächtig", „vertrauenswürdig", „ärgerlich" oder „erfreulich" steht. Das limbische System entscheidet also darüber, ob Ihre Botschaft, Ihr Webinar mit positiven oder negativen Emotionen markiert im Großhirn und im Gedächtnis Ihrer Zuhörer ankommt.

Nützlich oder wichtig ist für das limbische System nur, was uns hilft, möglichst gut zu überleben. Folgende unbewusste Nutzenfragen werden also durch die limbischen Hintergrundprogramme, die limbischen Instruktionen (Häusel 2003), ständig ausgelöst:

- Gewinn: Macht es mich stärker, besser, erfolgreicher als andere?
- Sicherheit: Macht es mein Leben sicherer, verlässlicher, vorhersehbarer?
- Verbundenheit: Bringt es mir soziale Geborgenheit und harmonische Verbundenheit?
- Entdeckung: Hilft es mir, Neues zu entdecken? Ist es spannend und abwechslungsreich?

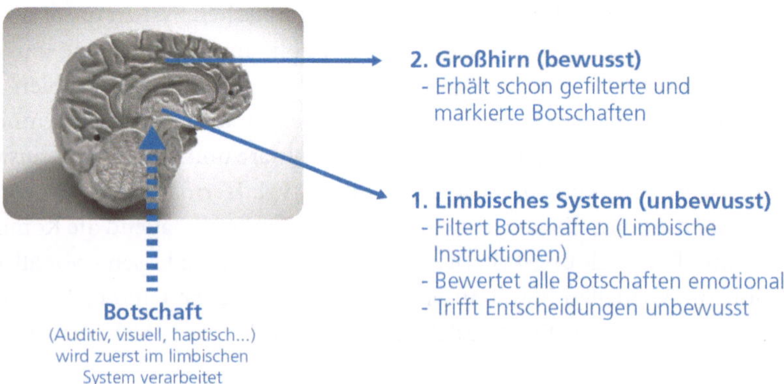

Das Limbische Kommunikationsmodell bringt die Welt der Rhetorik mit den Erkenntnissen der Neurowissenschaften zusammen. Die Neurowissenschaft fragt: „Wie denken, fühlen, entscheiden Menschen?", und die Rhetorik fragt: „Mit welchen Mitteln kann ich Menschen wirkungsvoll überzeugen und gewinnen?" Beide zusammen können Ihnen die geeigneten Überzeugungsmittel, Formulierungen und Worte zur Verfügung stellen, damit Sie Entscheidungen für Ihre Ideen, für Ihr Produkt oder Ihre Dienstleistungen positiv steuern können.

Wir wissen heute also, dass es unterschiedliche „Gehirntypen" gibt und wie sich diese unterscheiden. Das bedeutet: Es gibt auch vier sehr unterschiedliche Präsentationsstile, die Onlinepräsentierende kennen sollten, wenn sie Erfolg haben wollen. Ausgehend von den vier Denkstilen und den limbischen Instruktionen[3] lassen sich vier limbische Kommunikationscodierungen herausschälen. Je nachdem, welche Codierung am stärksten ausgeprägt ist, ergeben sich vier Teilnehmertypen:

- der logische Teilnehmer
- der strukturierte Teilnehmer
- der gefühlvolle Teilnehmer
- der experimentelle Teilnehmer

Mit diesem Wissen können wir unser Webinar genau auf unsere Zuhörer abstimmen. Da bei einem Webinar oft sehr viele Menschen anwesend und wir alle im Besitz aller Instruktionen sind (nur in unterschiedlich starker Ausprägung), empfiehlt es sich, **möglichst alle limbischen Instruktionen anzusprechen.** Positiver Nebeneffekt: Ihr Webinar wird dadurch auch rhetorisch interessant und abwechslungsreich.

1.4.4 Gute Stimme

Nun haben wir anziehende Charts, eine wirkungsvolle Sprache, für jeden die richtigen (belohnenden) Worte und Inszenierungen – und trotzdem ist die Gefahr eines mittelmäßigen Webinars noch nicht ganz gebannt. Stellen Sie sich vor, Sie lauschen wieder unserem Referenten bei seinen Ausführungen zum Thema Kundenbegeisterung. Doch der Referent spricht mit monotoner, einschläfernder Stimme. Viele „Ähs" und „Ähms" unterbrechen den Redefluss; Sie hören seinen zischenden Atem, und viele Wörter können Sie nicht wirklich verstehen, da der Referent sie undeutlich ausspricht und ganze Silben verschluckt. Es hört sich an, als ob er spricht und gleichzeitig Knödel essen würde. Manchmal wird sein Ton oberlehrerhaft und besserwisserisch, vor allem wenn er sich in seinem Fachgebiet verliert. Dass er so auch sein ganzes Publikum verliert, bemerkt er nicht, wir sind ja in einer virtuellen Umgebung ohne Blickkontakt.

Auch die Stimme hat einen großen Einfluss darauf, ob wir ein gutes Webinar halten. Auch sie sollte lebendig und fesselnd sein. Sie sollte sicher klingen und Kompetenz ausstrahlen – ähnlich wie Ihre Charts und Ihre Worte. Es gibt keine Untersuchung zum Thema, wie viel Prozent Anteil die Stimme an der Gesamtwirkung eines Webinars hat. Wir wissen

[3] Das LKM beruht auf den limbischen Instruktionen von Hans Georg Häusel, und die Denkstilanalyse stammt von Ned Herrmann.

aber aus Studien zum erfolgreichen Telefonieren, dass die Stimme bis zu 88 % ausmachen kann. Während einer konventionellen Präsentation nimmt sie nur 38 % der Gesamtwirkung ein, weil die Körpersprache mit 55 % den größten Teil ausmacht.[4]

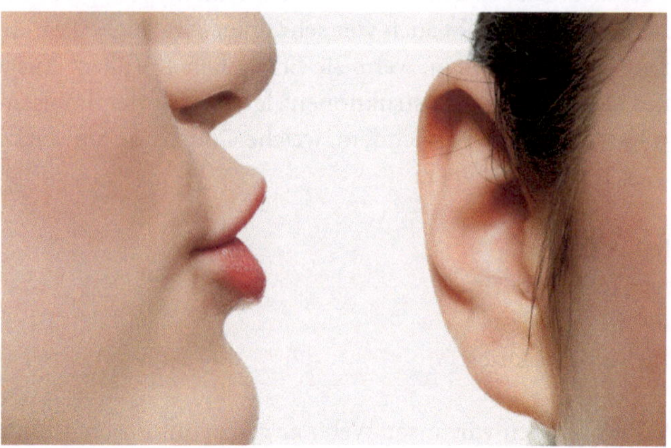

Ähnlich wie bei den Charts übernimmt die Stimme eine zentrale und tragende Funktion, um Emotionen zu übertragen. Wir Menschen sind primär emotionale und sekundär rationale Wesen. In dieser Reihenfolge arbeitet unser Gehirn, ob es uns gefällt oder nicht. „Wer das Ohr beleidigt, dringt nicht bis zur Seele vor"[5], wusste die Rhetorik schon vor 2000 Jahren. Stimmen, die uns unangenehm sind, sind uns unsympathisch. Stimmen, die uns angenehm sind, sind uns sympathisch. Eine sympathische Stimme versetzt uns in eine gute Stimmung, sie findet Anklang, sie findet Zustimmung, sie bestimmt. Ein Präsentierender, der gut sprechen kann, dem kann man gut folgen, der wirkt interessant, der fesselt mit seiner lebendigen Vortragsweise seine Zuhörer.

Sprechen Sie so lebendig wie möglich in einer Onlinepräsentation. Sprechen Sie so, als ob Sie sich mit Ihrem Publikum unterhalten würden. Nutzen Sie eine abwechslungsreiche Stimme. Machen Sie Pausen an der richtigen Stelle, betonen Sie wichtige Passagen durch stimmliche Markierungen. Zeigen Sie mit der Stimme Ihre Begeisterung für Ihr Thema und reißen Sie Ihre Zuhörer mit. Werden Sie ab und an lauter, um die Aufmerksamkeit zu fesseln, werden Sie ab und an leiser, um Spannung zu erzeugen. Spielen Sie mit Ihrer Stimme. Das geht nur, wenn Sie Ihren Vortrag gut können und geübt haben. Wenn Sie innerlich damit beschäftigt sind, die richtigen Sätze zu formulieren, können Sie sich nicht auf die stimmliche Interpretation konzentrieren. Nutzen Sie ein gutes Manuskript, das weder zu ausführlich noch zu lückenhaft ist. Das eine würde zum Ablesen verleiten, das andere zu stotternden „Ähs" und „Ähms", weil Sie zu wenig Sicherheit haben. Wie viel Text Sie in Ihrem Manuskript benötigen, sollten Sie ausprobieren. Manche benötigen ganze Sätze, andere nur ganz wenige Stichworte (siehe hierzu Kap. 3).

[4] Vgl. Mehrabian, Albert (1981): Silent Messages: Implicit Communication of Emotions and Attitudes (2nd ed.). Belmont, CA: Wadsworth.

[5] Quintilian (2011): Ausbildung des Redners, Darmstadt.

1.4.5 Gute Methoden

Nun haben wir gute Charts, unsere Sprache ist wirkungsvoll und unsere Stimme lebendig. Reicht das aus, um ein gutes Webinar zu halten, oder fehlt noch etwas? Versetzen wir uns wieder in die Lage eines Teilnehmers und schauen wir noch einmal in die Präsentation „Kundenbegeisterung“ hinein. Auch wenn der Referent nun belohnende und gute Charts, gute Rhetorik und gute Stimme einsetzt, so sitzen Sie immer noch sehr starr vor Ihrem Bildschirm. Da tut sich jetzt zwar etwas, aber Sie selbst sind zum Nichtstun gezwungen.

Einige von Ihnen haben vielleicht noch furchtbare Erinnerungen an die Schulzeit und den sogenannten frontalen Unterricht. Der Lehrer vorne dozierte, und wir mussten stundenlang passiv zuhören. So, wie in der Schule Frontalunterricht abgeschafft wurde (zumindest in der Theorie), hat sich auch heute ein interaktiverer Präsentationsstil durchgesetzt. Der Präsentierende ist mit seinem Publikum in einem **Dialog** und tauscht sich aus. Das Publikum wird durch **gezielte Interaktion** aus einer starren, passiven Rolle befreit und eingebunden. Nutzen Sie so viele interaktive Methoden wie möglich, um Ihr Publikum zu aktivieren, einzubinden und zu fesseln. Nutzen Sie nach und nach alle Onlinetools, die wir Ihnen in Kap. 2 vorstellen. Planen Sie spätestens nach 8 Minuten ein Onlinehighlight wie Umfrage, Poll oder Mikrofonfreischaltung.

Wie könnte unser Kundenbegeisterungs-Referent die Tools nutzen, um sein Publikum maximal einzubinden?

- **Icebreaker mit Zeichentools.** Er könnte eine Deutschlandkarte zeigen und die Teilnehmer bitten, einen Pfeil an die Stelle einzuzeichnen, an der sie heute zuhören.
- **Erfahrungsaustausch mit Chat.** Er könnte einen Chat starten mit der Frage, welches das eindrücklichste negative Erlebnis der Teilnehmer in puncto Service war.
- **Statistik einleiten mit einem Quiz.** Er könnte eine Umfrage starten mit der Frage: „Schätzen Sie mal, wie vielen Menschen erzählen wir schlechte Serviceerlebnisse weiter?“
- **Stimmung erzeugen durch Wettbewerb.** Er könnte denjenigen, die mit der Schätzung der Antwort am nächsten liegen, einen kleinen Gewinn versprechen.
- **Umfrage durchführen mit dem Umfragetool.** Er könnte eine Umfrage starten zum Thema „Wie beziehen Sie Ihre Kunden ein, um Ihre Prozesse noch kundenorientierter zu gestalten?“. Er könnte verschiedene Antworten vorgeben, die Teilnehmer abstimmen lassen und nachher die Ergebnisse zeigen und analysieren.
- **Austausch durch Mikrofonfreigabe.** Mit einer kleinen Gruppe könnte er nun eine Diskussion beginnen. Er gibt alle Mikrofone frei und bittet die Teilnehmer, sich mit virtuellem Handzeichen zu melden. Danach moderiert er eine Diskussion zum Thema „Was begeistert Sie als Kunde?“, um zu zeigen, dass Kunden unterschiedliche Wünsche an den Kundenservice haben.
- **Brainstorming am Whiteboard.** Er könnte ein Whiteboard öffnen, an dem sich nun alle Teilnehmer schriftlich zum Thema äußern können: „Welche Ideen haben Sie, die Kunden begeistern könnten?“ Mit einer größeren Gruppe könnte der Austausch per

Chat geschehen, und der Co-Moderator könnte am Whiteboard für alle sichtbar mitschreiben.

- **Gruppenarbeit mit virtuellen Gruppenräumen.** Er könnte eine Gruppenarbeit einleiten und Gruppenräume öffnen. In der Gruppenarbeit könnten nun die Teilnehmer die vorher am Whiteboard gesammelten Ideen auswerten, um Umsetzungspläne aufzustellen.
- **Einzelübung mit Stift und Papier.** Er könnte zum Schluss die Teilnehmer bitten, in einer Stillarbeit ganz konventionell mit Stift und Bleistift sich konkrete Ziele für ihren Kundenservice zu setzen. Einige lesen danach ihre Pläne vor (Handzeichen, Mikrofonfreischaltung).
- **Transfer mit interaktiver Gruppenbildung und PowerPoint.** Er könnte zum Abschluss Charts mit dem Foto der Hälfte der Teilnehmer zeigen und nach dem Zufallsprinzip Transfergruppen bilden. Das könnte beispielsweise geschehen, indem die andere Hälfte der Teilnehmer ohne Foto eine Nummer nennt. Da die Charts nummeriert sind, erscheint nun das Foto des Partners. Diese beiden Teilnehmer bekommen eine Aufgabe, die sie gemeinsam nach dem Webinar lösen.

Ihrer Kreativität sind keine Grenzen gesetzt, wenn es darum geht, interaktive Elemente zu nutzen. Es macht sehr viel Spaß, und das Arbeiten mit den Online-Tools erzeugt eine wirklich motivierende Lernatmosphäre und Gemeinschaftsgefühl im virtuellen Raum.

Damit Sie diese Instrumente gut einsetzen, benötigen Sie eine gute Software, also gute Technik. Schauen wir uns nun in einem letzten Schritt an, was denn gute Technik ausmacht.

1.4.6 Gute Technik

Eine gute Technik ist eine Technik, die Ihnen hilft, Ihr Publikum bestmöglich zu erreichen, zu gewinnen und zu überzeugen. Sie sollte zu Ihnen passen, sollte alle Funktionen haben, damit Sie Ihre Ziele erreichen, und sie sollte für Sie und für Ihre Teilnehmer einfach zu verstehen sein. Deshalb gibt es kein Patentrezept, was eine gute Technik ist. Im nächsten Kapitel erhalten Sie Hilfestellungen in Form von Beschreibungen, Vergleichen und Checklisten, sodass Sie eine gute Entscheidung für Ihre gute Technik treffen können. Freuen Sie sich nun auf einen Rundgang mit Max Ott durch die Welt der Collaboration-Software und lernen Sie die wichtigsten Anbieter, Programme und Tools praxisnah und anschaulich kennen.

Software, Tools und Techniken für Ihre Onlinepräsentationen

2

von Max Ott

Nachdem Sie nun die Chancen, Möglichkeiten und Risiken von Onlinepräsentationen kennengelernt haben, fragen Sie sich jetzt bestimmt: „Womit kann ich denn überhaupt eine Onlinepräsentation machen?" Wie funktioniert eine Onlinepräsentation überhaupt technisch und welche Voraussetzungen gibt es?

Dieses Kapitel beschäftigt sich ausführlich mit den technischen Gegebenheiten. Zuerst klären wir ein paar grundlegende Begriffe und welche Art von Software man für Webinare benötigt. Dann schauen wir uns an, wie Sie Onlinepräsentationen durchführen können, welche Softwareanbieter und Programme auf dem Markt vorhanden sind und was es für verschiedene Unterscheidungskriterien für diese gibt. Im dritten Teil lernen wir dann die verschiedenen Grundfunktionen von Onlinepräsentationen kennen.

2.1 Die technischen Grundlagen

Die Grundvoraussetzung für jede Onlinepräsentation ist zuerst die richtige Software, das richtige Programm, das die Verbindung zwischen Ihnen und Ihrem Publikum herstellt. Diese können Sie sich wie einen virtuellen Raum vorstellen, in dem Sie präsentieren. Je nach Programm ist es ein besonders großer, ein besonders heller, ein besonders moderner Raum. Doch unterscheiden sich die Räume nicht nur in ihrem Aussehen, sondern auch in ihrer Ausstattung: Bei einem Softwareanbieter erhalten Sie für einen Preis virtuelles Flipchart, Beamer und Whiteboard, bei einem anderen Anbieter müssen Sie einzeln für die verschiedenen Tools bezahlen. Auf Abb. 2.1 sehen Sie beispielhaft einen solchen Raum und Erläuterungen zu den unterschiedlichen Funktionen.

A. Hermann-Ruess und M. Ott, *Das gute Webinar*, X.media.press,
DOI 10.1007/978-3-658-03859-5_2, © Springer Fachmedien Wiesbaden 2014

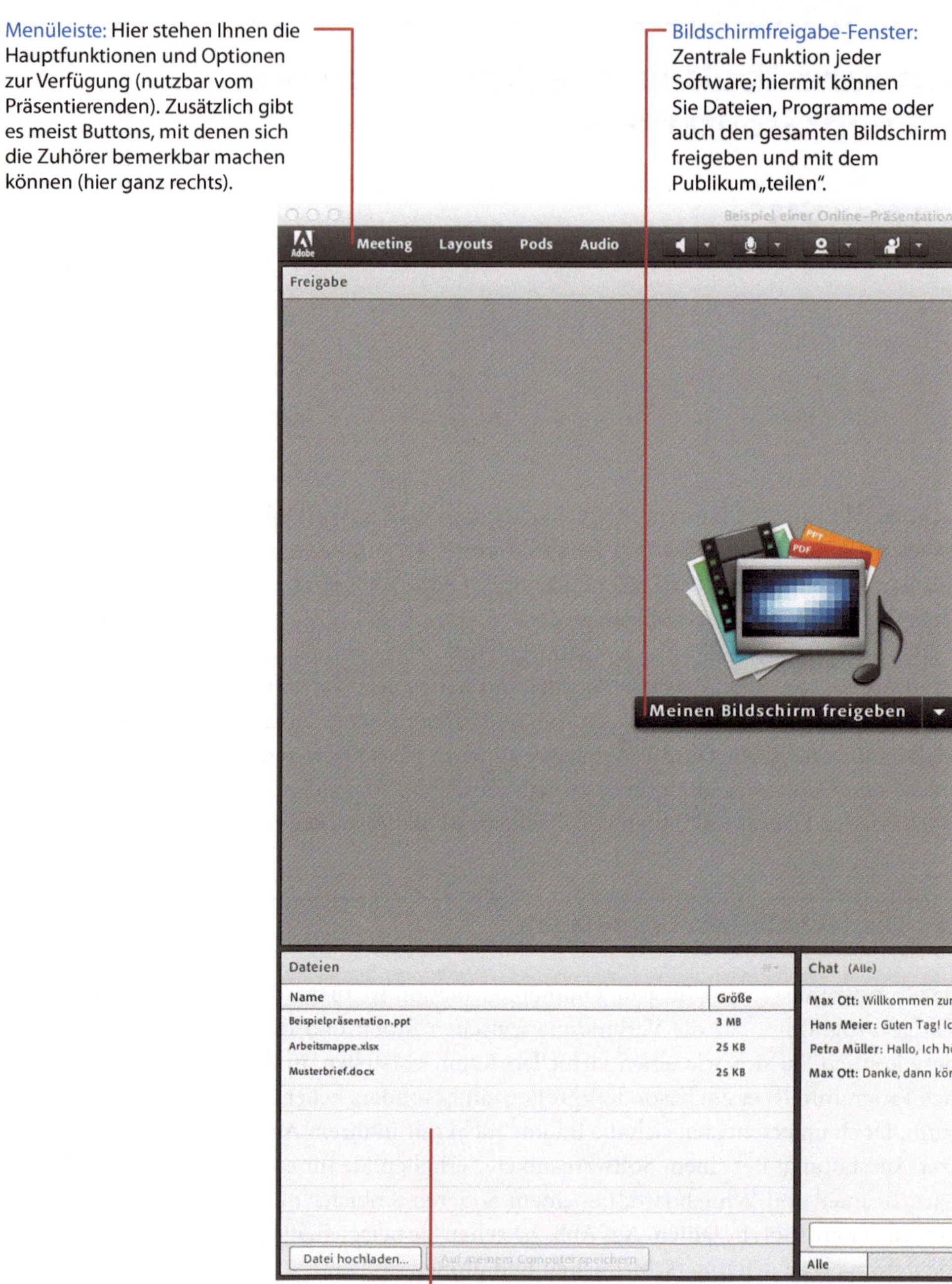

Abb. 2.1 Adobe Connect

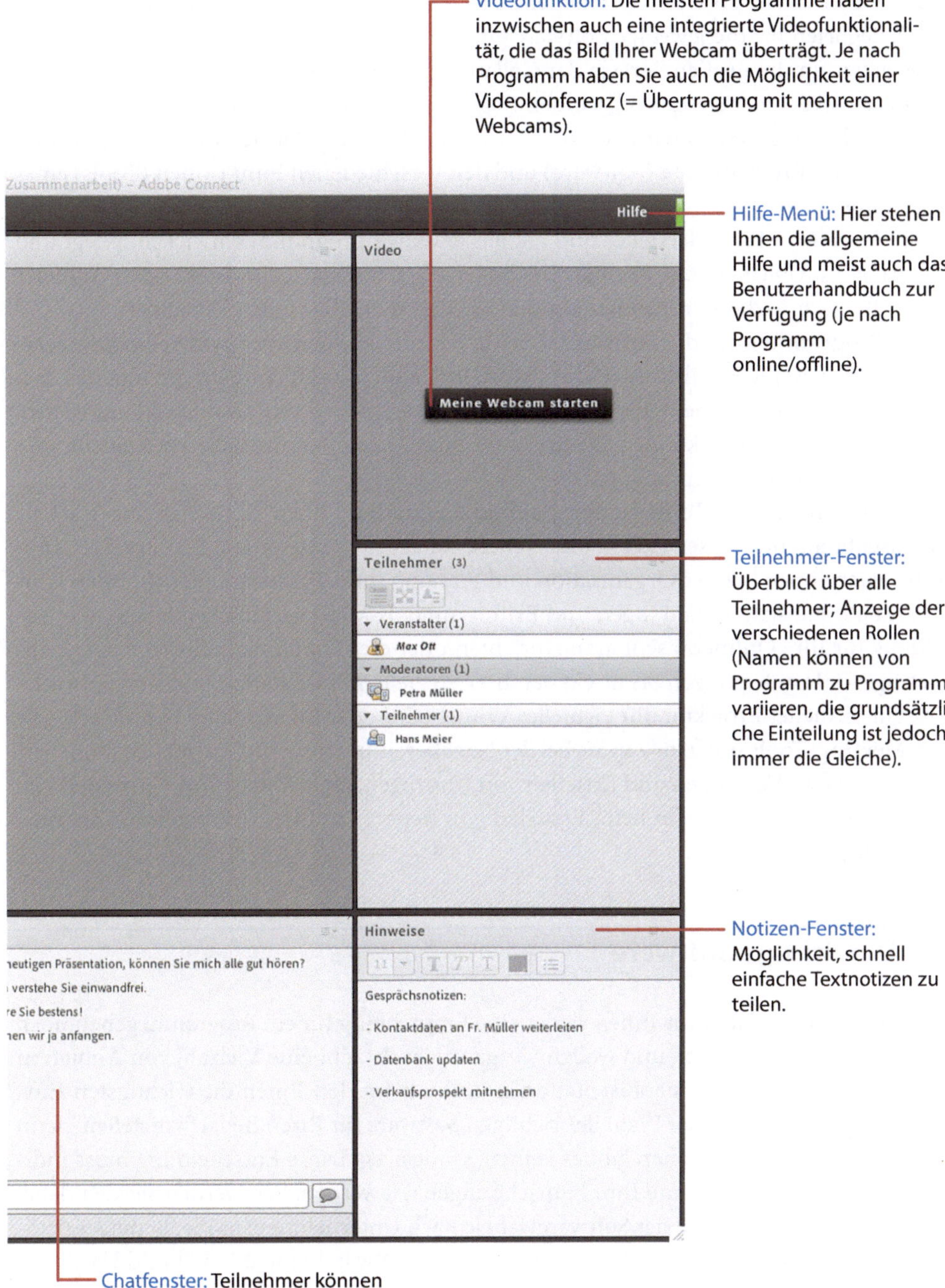

Videofunktion: Die meisten Programme haben inzwischen auch eine integrierte Videofunktionalität, die das Bild Ihrer Webcam überträgt. Je nach Programm haben Sie auch die Möglichkeit einer Videokonferenz (= Übertragung mit mehreren Webcams).

Hilfe-Menü: Hier stehen Ihnen die allgemeine Hilfe und meist auch das Benutzerhandbuch zur Verfügung (je nach Programm online/offline).

Teilnehmer-Fenster: Überblick über alle Teilnehmer; Anzeige der verschiedenen Rollen (Namen können von Programm zu Programm variieren, die grundsätzliche Einteilung ist jedoch immer die Gleiche).

Notizen-Fenster: Möglichkeit, schnell einfache Textnotizen zu teilen.

Chatfenster: Teilnehmer können kurze Textnachrichten abschicken.

Dabei gibt es fast so viele verschiedene Programme für Onlinepräsentationen, wie es auch Kategorien für die jeweilige Software gibt. Wie im **ersten Kapitel** bereits vorgestellt, bewegen wir uns im großen Bereich der Collaboration-Software, eine spezifischere Aufteilung macht wegen der stetig wechselnden Begrifflichkeiten keinen Sinn.

Generell unterscheiden wir in diesem Buch zwischen dem **Anbieter** eines Programms, den jeweiligen **Programmen** (Software) und den verschiedenen **Funktionen** (Tools) eines Programms.

Der **Anbieter** ist der Hersteller und hat das jeweilige Programm entwickelt, pflegt und vermarktet es. Üblicherweise können Sie die jeweilige Software nur direkt beim Anbieter kaufen. Bei technischen Problemen wenden Sie sich ebenfalls an den Hersteller.

Das **Programm** oder die **Software** – beide Begriffe können synonym verwendet werden – ist Ihr jeweiliges Hilfsmittel, Ihr virtueller Raum. Je nach Anbieter verfügt das spezielle Programm über einen größeren Produktumfang, über mehr Tools und Funktionen. Die meisten Programme können Sie direkt auf Ihrem Computer installieren, manche sind nur als webbasierte Anwendung nutzbar.

Die **Funktionen** und **Tools** der Programme sind die konkreten Werkzeuge für Ihre Onlinepräsentation und lassen sich in drei weitere Kategorien unterteilen: Die **Pre-Meeting-Tools** helfen Ihnen bei der Organisation und Planung Ihrer Präsentation: Mit ihnen können Sie automatische Einladungen und Erinnerungs-E-Mails verschicken lassen, die Anmeldung für Ihre Onlinepräsentation einrichten oder die Bezahlung dafür regeln. Die **In-Meeting-Tools** unterstützen Sie direkt bei Ihrer virtuellen Präsentation und sind beispielsweise Ihr virtueller Projektor, Ihr virtuelles Whiteboard oder Ihr virtueller Notizblock. Die **Post-Meeting-Tools** unterstützen Sie bei der Nachbereitung Ihrer Onlinepräsentation: beispielsweise beim Versenden und Erstellen von Umfragen, beim Teilen und Versenden von Dateien und Unterlagen oder beim Erstellen von Reports zu Ihrer Präsentation (Zuseher, Dauer, Absprungrate etc.).

2.2 Die richtige Software

An dieser Stelle möchten wir Ihnen weder eine Empfehlung für ein Programm geben noch alle vorstellen – das können und wollen wir gar nicht. Es gibt eine Vielzahl von Anbietern von Programmen für Onlinepräsentationen und wir werden Ihnen die wichtigsten **Entscheidungskriterien** bei der Wahl der richtigen Software für Ihren Bedarf vorstellen, denn auch bei Onlinepräsentationen gibt es keinen Königsweg: Diese Entscheidung muss individuell auf Sie, Ihr Umfeld und Ihre Wünsche angepasst werden. Wir werden Sie aber dabei unterstützen, worauf Sie bei der Softwarewahl je nach Unternehmensgröße, Benutzergruppe, Verwendungszweck und Systemanforderungen, Softwarekompatibilität und Hardware zu achten haben.

2.2.1 Die fünf Unterscheidungskriterien bei der Softwarewahl

Das erste Auswahlkriterium bzw. auch Unterscheidungskriterium ist die **Funktionsweise** der Software: Die meisten Programme können als *eigenständige Software* heruntergeladen und dann installiert werden, damit Sie als Präsentierender und Moderator sie in vollem Umfang nutzen können. Demgegenüber finden wir die rein *webbasierten Programme*, die immer nur über einen Browser genutzt werden können. Achten Sie auf jeden Fall auch auf die Systemanforderungen und fragen Sie im Zweifelsfall Ihre IT-Abteilung, ob sich die Software auch überall nutzen lässt.

▸ **Tipp** Webbasierte Programme sind meist plattformunabhängig, d. h., sie setzen kein spezielles Betriebssystem (Windows, Mac OS etc.) voraus. Überlegen Sie sich, welche Endgeräte Sie und Ihre Zielgruppe am meisten nutzen (Smartphones, Tablet-Computer, Windows-PCs, Macs etc.).

Das zweite Auswahlkriterium sind die Kosten für das Programm. Dabei sollten Sie jedoch nicht zwischen teuer und billig unterscheiden, sondern den Preis in Relation zum Funktionsumfang sehen. Zum einen werden die meisten Programme in einem „Stufenmodell“ oder „Baukastenmodell“ vertrieben, d. h., es gibt beispielsweise eine Einsteiger-Version mit geringem Produktumfang, eine Fortgeschrittenen-Version mit erweiterten Funktionen und eine Profi-Version mit allen Funktionalitäten.

Exkurs: Wie „kaufe“ ich überhaupt Collaboration-Software?
Die meisten Programme können Sie gar nicht kaufen, sondern nur abonnieren, d. h., Sie zahlen eine monatliche Gebühr. Je nach Anbieter kann es auch günstiger sein, jährliche Verträge abzuschließen. Manche Programme können Sie sogar „on demand“, je nach Nachfrage, für ein Meeting oder eine Onlinepräsentation buchen und bezahlen dann je nach Dauer und Teilnehmerzahl.

Oftmals sind die Produkte nach den verschiedenen Funktionsumfängen und dem möglichen Einsatzgebiet benannt, wie beispielsweise die Produktpalette von Citrix Online: GoToMeeting ist die Einsteiger-Variante für einfache Onlinepräsentationen, GoToWebinar ist die Premium-Version für große Konferenzen, und GoToTraining wendet sich an Trainer und E-Learning-Institute.

Zum anderen kann auch unterschieden werden, ob das Programm an sich *kostenpflichtig* oder *kostenlos* ist. Dabei gibt es die „Faustregel“, dass die meisten eigenständigen, herunterladbaren Programme kostenpflichtig und die meisten webbasierten Programme kostenfrei sind. Setzen Sie damit aber bitte nicht automatisch alle webbasierten Programme mit einem geringeren Funktionsumfang gleich. Sie werden erstaunt sein, was für eine große Funktionspalette kostenlose Programme zur Verfügung stellen.

▸ **Tipp** Die meisten kostenpflichtigen Programme können Sie zwei bis vier Wochen in vollem Funktionsumfang testen. Machen Sie Gebrauch von diesem Angebot und sehen Sie selbst, welche Software Ihnen mehr liegt.

Das Thema **Kosten** und **Preisvergleich** ist also nicht so einfach wie der Einkauf im Supermarkt. Lassen Sie sich nicht von den Marketingversprechungen des Vertriebspersonals beeindrucken, sondern gehen Sie Schritt für Schritt vor:

1. Wofür möchte ich die Software konkret nutzen? (Meetings, Präsentationen, Trainings, E-Learning etc.)
2. Welche Software- und Hardwareumgebung haben meine Teilnehmer und ich? (Betriebssysteme, mobile Geräte, Smartphones etc.)
3. Was ist mir persönlich wichtig? (Hoher Funktionsumfang von Anfang an, Skalierbarkeit, Erweiterungsmöglichkeiten, Nutzerfreundlichkeit)

Das dritte Kriterium bei der Softwarewahl ist die **Benutzerfreundlichkeit** des Programms, denn was bringt Ihnen die beste Software, wenn sie nicht gern oder gar nicht genutzt wird. Mithilfe eines Probezugangs können Sie sich mit dem jeweiligen Programm vertraut machen und erste Erfahrungen sammeln: Sagt Ihnen die Benutzeroberfläche zu, können Sie einfach und schnell zu einer Onlinepräsentation einladen, und ist die Verwaltung bzw. Administration für Sie ansprechend geregelt? Bei größeren Unternehmen sollte hier auf jeden Fall auch das Personal eingebunden werden, welches schlussendlich mit dem Programm arbeiten soll: vom persönlichen Assistenten über Marketing und Vertrieb bis hin zur IT-Abteilung. Gerade bei der Benutzerfreundlichkeit ist es wichtig, dass Sie für die Nutzer ein passendes Programm finden und nicht anders herum.

▸ **Tipp** Entscheidend bei der Benutzerfreundlichkeit ist auch die individuelle Anpassbarkeit des Programms: Können Sie oder Ihre Mitarbeiter Ihren virtuellen Raum so „einrichten", wie Sie es gerne mögen? Achten Sie darauf, es wird entscheidend für die Nutzung des Programms sein.

Das vierte Kriterium hat mit der **Integration** und **Implementierung** des Programms in Ihre Arbeitsabläufe und der Ihrer Teilnehmer zu tun: Wie einfach lässt sich das Programm installieren oder einrichten? Wie sicher und zuverlässig können es Ihre Teilnehmer nutzen? Wie schwierig ist es, ohne jegliche Vorkenntnisse und IT-Support an einer Ihrer Onlinepräsentationen teilzunehmen? Auch wenn Ihnen meist gesagt wird, dass alles „kinderleicht" und „super einfach" ist, kann ein kleiner Selbsttest nicht schaden. Es wäre fatal, wenn bei der ersten Onlinepräsentation ein Großteil Ihrer Teilnehmer fehlen würde, weil es technische Probleme gibt. Erkundigen Sie sich bei der Produktwahl auch, ob es mobile, native Applikationen des Programms gibt (z. B. für iPhone, iPad, Blackberry, Android-Handys etc.). Bei der Integration in den Workflow ist auch von Bedeutung, ob es „Add-ins", kleine Erweiterungen, beispielsweise für Outlook oder andere Office-Anwendungen gibt. In Outlook können Ihnen diese bei dem Einrichten und Einladen für eine Onlinepräsentation behilflich sein. In anderen Office-Anwendungen können Sie oftmals mit Add-ins Dokumente leichter teilen.

Die größten Stolpersteine bei der Softwareintegration:

- Das Programm ist nicht kompatibel mit Ihrem Betriebssystem oder Endgerät: Vollausfall!
- Die Nutzer haben unterschiedliche Computer mit unterschiedlichen Programmen, und die Software ist nicht in vollem Umfang von allen nutzbar: Die Motivation der Nutzer geht verloren; sie werden verwirrt.
- Die Software kann nicht hinreichend in den Workflow und die Arbeitsumgebung integriert werden: Statt einer Produktivitätssteigerung wurde eine Zeitfalle geschaffen, die Motivation lässt nach.

Das fünfte Kriterium ist die **Sicherheit** des Programms. Sollten Sie die Software auch für interne Onlinepräsentationen nutzen oder um mit Partnern, Kunden und Lieferanten über sensible Dinge zu diskutieren, stehen die Sicherheit und die Verschlüsselung Ihrer Daten an oberster Stelle. Erkundigen Sie sich, wie und ob Sie einstellen können, wer alles Ihre virtuellen Räume betreten kann. Werden modernste Verschlüsselungsprotokolle genutzt, damit die Daten bei ungewolltem Fremdzugriff auch geschützt sind? Aber auch Fragen, ob die Bildschirmübertragung von Kunden- oder Mitarbeiterdaten ausgeschlossen werden kann, können je nach Einsatz und Nutzer von Bedeutung sein.

▸ **Tipp** Wichtig an dieser Stelle ist vor allem die Frage: Wer wird die Software nutzen, und wer sind Ihre Teilnehmer? Für einen öffentlichen Redner wird die Verschlüsselung eine geringere Bedeutung haben im Vergleich zu Vertriebsmitarbeitern, die mit sensiblen Kundendaten umgehen.

Diese fünf Hauptauswahlkriterien sind die ersten Schritte in einem dreiteiligen Auswahlprozess, der Sie zu einer Software führen soll, die so speziell wie möglich auf Ihre Anforderungen, Bedürfnisse und natürlich auf Ihr Budget zugeschnitten sein muss.

1. Schritt: Mit den fünf Kriterien können Sie einen guten Fragen- und Bedürfnis-Katalog erstellen, der Ihnen die Vorauswahl erleichtern wird. Machen Sie sich zu jedem der fünf Aspekte Stichpunkte, die für Sie relevant sind. Mittels Internetrecherche können Sie jetzt die Produkte eingrenzen. Um Sie bei der Suche zu unterstützen und die Aktualität gewährleisten zu können, finden Sie auf der Internetseite zum Buch eine Sammlung mit Links zu den größten Softwareanbietern.
2. Schritt: Sie sollten nun bei zwei bis drei Programmen angekommen sein, die Ihren Ansprüchen auf den ersten Blick entsprechen. Wichtig ist nun, möglichst schnell eine Testversion der Programme zu bekommen und in die „Testphase“ einzusteigen. Gerade bei Software für Onlinepräsentationen ist der eigentliche „Praxistest“ eine der besten Möglichkeiten, die richtige Software für sich, das Team oder das Unternehmen zu finden. Achten Sie darauf, dass die Funktionalität dem entspricht, was Sie sich gewünscht haben und das Programm schnell und gut zu bedienen ist. Testen Sie die jeweiligen Programme in einer „geschützten Umgebung“ im Alltag, bei denen im schlimmsten Fall

– nichts funktioniert – nicht viel passieren kann: das nächste Teammeeting, eine kleine Produkt- oder Ideenvorstellung Ihren Freunden gegenüber oder einfach der generelle Test mit ein paar Kollegen oder Freunden.

Exkurs: So melden Sie sich für den Softwaretest an
Bei den meisten Anbietern können Sie sich schnell und unkompliziert im Internet anmelden und bis zu vier Wochen das jeweilige Programm kostenlos in vollem Produktumfang testen. Im nächsten Abschnitt finden Sie dazu eine Tabelle mit den wichtigsten Anbietern. Sollten Sie ein Programm in der ganzen Firma testen wollen, wenden Sie sich am besten direkt an das Vertriebspersonal des Anbieters.

3. Schritt: Im besten Fall haben Sie jetzt schon „Ihre" Software gefunden und können sich die Endauswahl „sparen". Falls Sie immer noch zwischen zwei Produkten schwanken, können Sie sich jetzt teilweise auf die harten Fakten verlassen: Gibt es Unterschiede bei den Konditionen? Wie sieht es mit dem Kundensupport aus? Skaliert das Produkt leicht, d. h., können mehr Funktionen oder mehr Benutzer schnell und einfach hinzugefügt werden?

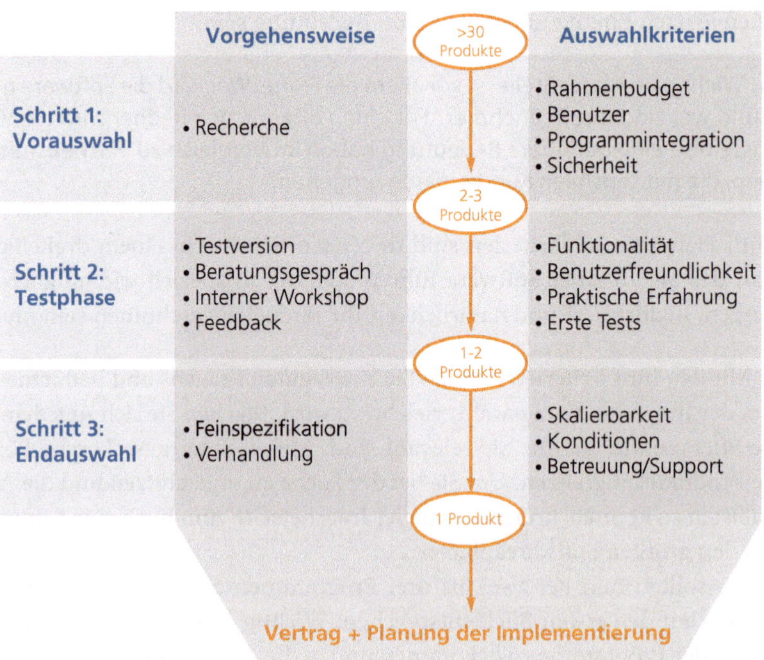

2.2.2 Die wichtigsten Anbieter kurz vorgestellt

Diesen Abschnitt möchten wir dazu nutzen, Ihnen die vier größten Anbieter mit ihren Produkten kurz vorzustellen, damit Sie einen Eindruck bekommen, wie sich diese unterscheiden. Vielleicht finden Sie hier schon eine engere Auswahl an Programmen, die Sie näher testen möchten. Je nach Anforderungsprofil kann aber durchaus auch eine Nischenlösung genau das Richtige für Sie sein. Deshalb werden wir Ihnen zum Schluss dieses Abschnitts auch eine Übersicht über weitere kleinere Anbieter geben. Wichtig ist, dass Sie Ihre Bedürfnisse und Anforderungen klar benennen können.

www.adobe.com/de | 0800 – 752 25 80

Produkt-Highlights

- Anwendung basiert auf der Flash-Plattform: großer Funktionsumfang, beliebig erweiterbar durch programmierbare „Pods“ (Drittanbietererweiterungen)
- Hohe Sicherheit und starke Performance: Datenaustausch findet über Adobe-Server statt
- Intuitiv bedienbare Benutzeroberfläche
- Integration in Adobe Acrobat

Testphase	Hauptsitz	Softwarelösungen
Ja, 30 Tage	San Jose, Kalifornien	Adobe Connect Meeting Adobe Connect Training Adobe Connect Events Adobe Presenter

Philosophie Adobe legt mit seiner intuitiven Benutzeroberfläche großen Wert auf die Benutzerfreundlichkeit seines Programms. Die Möglichkeit, den virtuellen Raum mithilfe von „Pods“, weiteren Funktionen, zu erweitern, ist einzigartig.

Kundenfokus Die Softwarelösungen richten sich wegen der scheinbar unbegrenzten Erweiterbarkeit vor allem an große Unternehmen, Regierungsorganisationen und Bildungseinrichtungen. Durch das intuitiv bedienbare Benutzerinterface ist es aber durchaus auch für kleinere Firmen interessant.

Adobe-Software-Highlights

Adobe Connect Meeting

- Ist die Einsteigerlösung für Onlinezusammenarbeit und kleine Onlinepräsentationen und bietet dafür einen großen Produktumfang
- Bietet weitreichende Möglichkeiten, Inhalte zu teilen, u. a. Video, Audio, Programme, Dokumente und Mehrpersonen-Videoübertragung
- Virtueller Meetingraum wird nach dem Verlassen gespeichert und kann jederzeit wieder in seinem alten „Zustand" betreten werden: Notizen, hochgeladene Dateien, Whiteboards etc. bleiben erhalten, und die Vorbereitungszeit für wiederkehrende Ereignisse wird drastisch reduziert.
- Basiert auf Adobe Flash, dessen „Abspiel-Plug-in" auf circa 98 % der internetfähigen Computer installiert ist

Adobe Connect Training

- Das *Adobe Connect Training*-Modul ermöglicht die Bereitstellung von benutzerdefinierten Schulungsprogrammen für verschiedene Schulungsaktivitäten, z. B. Selbststudium, Livekurse, Blended Learning etc.
- Erweiterte Inhalts-, Kurs- und Lehrplanverwaltung möglich; weitreichende Einbindung von Drittanbieterinhalten
- Integration von Tests und Zertifizierungen sowie Lernberichten

Adobe Connect Events

- Das *Adobe Connect Events*-Modul ist eine Erweiterung zur Teilnehmerverwaltung und beinhaltet Tools zur Nutzerregistrierung, Erinnerungen, automatische E-Mails und die Nachverfolgung von großen Onlineseminaren und Präsentationen.
- Weitere Möglichkeiten, die Anmeldungs- und Informationsseiten individuell zu gestalten (Firmenlogo, Farben etc.)
- Detaillierte Erstellung von Berichten über die Veranstaltung: demografische Daten der Teilnehmer, Registrierungen, Anwesenheit, Antwortbereitschaft bei Umfragen etc.

Adobe Presenter

- Basic-Programm zur Übertragung von Microsoft PowerPoint-Präsentationen und einfachen E-Learning-Kursen
- Übertragung von Video und Ton möglich

Preisgestaltung

- Softwarelizenzierung für Unternehmen möglich
- Monats- oder Jahresabonnement für Einzelanwender und kleine Unternehmen
- Pay-Per-Use-Plan: Bezahlung pro Nutzer und Minute

www.webex.de | 0800 – 101 2071

Produkt-Highlights

- Langjähriges Know-how und Marktführer für Webkonferenzlösungen
- Eine der technisch ausgereiftesten und plattformunabhängigsten Lösungen auf dem Markt
- Hohe Leistung und Ausfallsicherheit durch Ciscos eigenes Hochleistungsnetzwerk
- Für fast alle Betriebssysteme geeignet: Windows, Mac, Solaris, Unix; auch Applikationen für die iOS-, Android- und BlackBerry-Mobiltelefone

Testphase	Hauptsitz	Softwarelösungen
Ja, 14 Tage	Santa Clara, Kalifornien	Cisco WebEx Meeting Center Cisco WebEx Event Center Cisco WebEx Training Center

Philosophie Der Unternehmensbereich Collaboration, Zusammenarbeit, ist für Cisco der Schlüssel für langfristiges Wachstum. Cisco WebEx kombiniert aus Video, Sprache, herkömmlichen Computeranwendungen und innovativen Web-2.0-Tools eine virtuelle Arbeitsumgebung für flexible Meetings.

Kundenfokus Einzelanwender, kleine und mittlere Unternehmen sowie Großkonzerne aller Branchen nutzen die Cisco WebEx-Produktpalette.

Cisco WebEx-Software-Highlights

Cisco WebEx Meeting Center

- Bietet die Möglichkeit, Kunden-, Service-, Verkaufs- und Produktpräsentationen oder Meetings abzuhalten; direkt vom Computer oder mit einer Vielzahl von mobilen Endgeräten
- Der Funktionsumfang beinhaltet Bildschirmübertragung, das Teilen von Programmen und die Zusammenarbeit an Dokumenten. Integrierte Audio- und Videofunktionalität.
- Stufenlose Skalierung möglich; umfangreiche Hardware- und Netzwerkressourcen durch Cisco verfügbar

Cisco WebEx Event Center

- Erweiterung für Live- und Multimediaevents für bis zu 3000 Personen: umfassende Automatisierung der Vor- und Nachbereitung der Veranstaltungen möglich
- Anpassung an das jeweilige Unternehmen: Integration bestehender Audioanbieter oder Lokalisierung in bis zu acht Sprachen
- Automatisierte E-Mail-Verwaltung, personalisierte Vorlagen, Registrierungsverwaltung, Umfragen und Berichte zur Veranstaltung

Cisco WebEx Training Center

- Erweiterung für E-Learning und Schulungen: Verfügbarkeit von Tests, Aufmerksamkeitsanzeigen, Teilgruppensitzungen und praktischen Übungen
- Einfache Integration von Drittanbietersoftware und multimedialen Schulungsinhalten
- PowerPanels: Übertragung von bestimmten Vollbildinhalten an Teilnehmer und Ausblenden von Teilnehmeraktivitäten und Umfrage- oder Testergebnissen. Übersichtstool für Dozenten

Preisgestaltung

- Spezielle, individuell angepasste Unternehmenslösungen möglich
- Monats- oder Jahresabonnement für Einzelanwender und kleine Unternehmen
- Pay-Per-Use-Plan: Bezahlung pro Nutzer und Minute

www.citrix.de | 0800 – 182 0591

Produkt-Highlights

- Herausragende Qualität dank HD Videokonferenzen
- Benutzerfreundliche und einfache Bedienung

Testphase	Hauptsitz	Softwarelösungen
30 Tage kostenlos	Santa Barbara, Kalifornien	Citrix GoToMeeting Citrix GoToTraining Citrix GoToWebinar

Philosophie Citrix Online hat den Anspruch, Lösungen zur Verfügung zu stellen, die vor allem einfach, zuverlässig, sicher und schnell sind, damit der Kunde wertvolle Zeit sparen kann, produktiver wird und jederzeit mit Mitarbeitern, Geschäftspartnern und Kunden verbunden ist.

Kundenfokus Die Produkte von Citrix Online richten sich eher an kleine und mittelständische Unternehmen. Aber auch Großkonzerne können von Citrix-Tools profitieren.

Citrix Online-Software-Highlights

Citrix GoToMeeting

- Einfache und schnelle Lösung für Onlinepräsentationen und Webmeetings. Die schlichte Benutzeroberfläche ist ideal für Einzelpersonen, um interne und externe Meetings abzuhalten.
- Ein Meeting lässt sich mit nur einem Klick in Sekunden starten.
- Bildschirmübertragung und weitere Standardanwendungen sind integriert.

Citrix GoToTraining

- Lösung für Onlinetrainings, Seminare oder E-Learning; Möglichkeiten für automatische Abrechnung einer Teilnahmegebühr, Inhaltsbibliothek, wiederverwendbare Tests und Umfragen

- Erweiterte Generierung von Berichten, definierte Klassengrößen und Tests vor der Veranstaltung sind möglich

Citrix GoToWebinar

- Lösung für große Webkonferenzen mit 100 bis 1000 Teilnehmern; beinhaltet viele Automatisierungsmöglichkeiten rund um die Präsentation
- Erweiterte Tools während der Präsentation: Unterstützung mehrerer Monitore, Teilen verschiedener Programme, erweiterte Anwesenheitsliste und Dashboard

Preisgestaltung

- Monats- oder Jahresabonnement für Einzelanwender und kleine Unternehmen
- Upgrademöglichkeit für mehr Teilnehmer bei GoToWebinar und GoToTraining

www.microsoft.de/lync

Produkt-Highlights

- Integration von Microsoft Office über Exchange und SharePoint Server möglich
- Richtet sich wegen der Komplexität der Administration vor allem an Großkonzerne
- Unified-Communications-Ansatz von Microsoft: Vereinfachung der Kommunikationskanäle

Testphase	Hauptsitz	Softwarelösungen
Ja, 30 Tage	Redmond, Washington	Microsoft Lync (ehemals Microsoft Office Communicator) Serverbasiert: Microsoft Lync Server Webbasiert: Microsoft Office 365 und Lync Online

Philosophie Microsoft Lync versteht sich als Unified-Communications-Lösung, die verschiedene Kommunikationskanäle bündeln und zusammenfassen möchte. Das Abhalten von Onlinemeetings ist ein Teil davon, Webinare und Onlinepräsentationen sind auch durchführbar, der Schwerpunkt liegt jedoch auf einer umfassenden Kommunikationslösung.

Kundenfokus Durch die hohen strukturellen Anforderungen richtet sich Lync nur an große Firmen mit der entsprechenden Infrastruktur (Lync Server). Kleinere Unternehmen können mittels Microsoft Office 365 online auf eine feste Serverinfrastruktur verzichten.

Microsoft Lync-Software-Highlights

Microsoft Lync Server (serverbasiert)

- Bildschirmübertragung, Teilen von Präsentationen und Desktopprogrammen möglich; Interaktion am Whiteboard
- Unterstützung von mehreren Bildschirmen
- Integration von Audio und Video

Lync Online/Office 365 (webbasiert)

- Bildschirmübertragung, Teilen von Präsentationen und Desktopprogrammen möglich; Interaktion am Whiteboard
- Unterstützung von mehreren Bildschirmen
- Integration von Audio und Video

Preisgestaltung

- Lizenzierungsmodell für mittelständische und große Unternehmen (serverbasiert)
- Pay-as-you-go-Abonnementdienst für Selbstständige und kleine Unternehmen

Inzwischen gibt es auf dem weltweiten Markt mehr als 30 verschiedene weitere Softwareanbieter. Der eine legt seinen Fokus mehr auf Collaboration und Teammeetings, der andere auf Großkonferenzen und interaktive Trainingsessions. Tabelle 2.1 soll den Blick weiten und stellt weitere interessante Programme jeweils mit ihrer Besonderheit in Stichpunkten vor. Lassen Sie sich von dieser Fülle an Programmen bei der Softwareauswahl nicht entmutigen. Spätestens wenn Sie das ein oder andere Programm selbst gesehen und getestet haben, werden Sie schnell die Unterschiede, Vor- und Nachteile sowie die Besonderheiten der Programme finden können. Wenn Sie den vorgestellten Drei-Schritte-Plan nutzen, werden Sie schnell die richtige Software finden. Falls Sie dann immer noch nicht wissen, „wohin die Reise gehen soll", ist vielleicht ein externer Berater, der sich auf dieses Thema spezialisiert hat, das Richtige für Sie.

Tab. 2.1 Übersicht über ausgewählte weitere Anbieter (eine ausführlichere und aktuell gehaltene Sammlung von Links finden Sie auf www.dasgutewebinar.de)

Anbieter	Software	Website	Highlight
ProWays	Buddy Meeting	www.buddymeeting.com	kostenlos
FuzeBox	Fuze Meeting	www.fuzemeeting.com	sehr schönes Benutzerinterface und mobile Apps
iLinc Communications	iLinc	www.ilinc.com	sehr guter Kundenservice
Onstream Media	Infinite	www.infiniteconferencing.com	spezialisiert auf virtuelle Events
Zoho Corporation	Zoho Meeting	www.zoho.com	webbasierte Produktivitätsapplikationen
BeamYourScreen GmbH	BeamYourScreen	www.beamyourscreen.com	attraktives Preis-Leistungs-Verhältnis
edudip GmbH	edudip Plattform	www.edudip.com	Onlineservice mit gleichzeitiger Vertriebsmöglichkeit
Liveplace GmbH	Centra	www.live-place.de	Schulungs- und Weiterbildungslösungen für Unternehmen

2.3 Online-Präsentationstools kennenlernen und wirkungsvoll einsetzen

Nun stellen wir Ihnen die verschiedenen Tools und Funktionen vor, die alle gängigen Programme haben. Um Sie dabei nicht ganz zu verwirren und auch Einsteigern in das Feld der Onlinepräsentationen eine visuelle Vorstellung der verschiedenen Tools zu geben, haben wir jedem einen Screenshot beigefügt.

Dabei mussten wir natürlich eine Auswahl treffen und haben uns für die vier umfangreichsten und bereits ausführlich vorgestellten Programme entschieden:

- Adobe Connect 8 von Adobe Systems
- Cisco WebEx von Cisco
- GoToMeeting von Citrix Online
- Microsoft Lync 2010 von Microsoft

Die folgenden Abbildungen sollen dabei beispielhaft sein und können sich durch Softwareupdates auch schnell wieder ändern.

2.3.1 Die verschiedenen Rollen bei einer Onlinepräsentation

Die verschiedenen Funktionen und Tools von Onlinepräsentationen können nicht alle Teilnehmer nutzen. Bei jeder virtuellen Präsentation wird zwischen vier grundlegenden Rollen unterschieden, die sich sowohl technisch als auch inhaltlich unterscheiden: dem **Organisator**, dem **Moderator**, dem **Präsentierenden** und dem **Teilnehmer**. Die im Programm verwendeten Bezeichnungen können von Anbieter zu Anbieter anders lauten, deren Bedeutung ist aber überall die gleiche.

Der **Organisator** oder **Veranstalter** ist für die Rahmenbedingungen der Präsentation verantwortlich. Er lädt zur Präsentation ein und kümmert sich um alle Marketing- und Werbemaßnahmen vor der Präsentation. Er kann auch der Sponsor der Veranstaltung sein und trägt die Kosten für den Präsentierenden und gegebenenfalls auch für die Moderation.

Der **Moderator** führt durch die Präsentation. Er begrüßt alle Teilnehmer, spricht ein paar einleitende Worte, stellt den Präsentierenden dem Publikum vor und sammelt gleichzeitig auch Fragen. Er hat einen besseren Überblick über Fragen oder Anregungen der Zuhörer, da er nicht gleichzeitig präsentieren muss. Es kann immer nur einen Moderator pro Präsentation geben, bei kleineren Onlinepräsentationen kann er aber auch gleichzeitig der Präsentierende sein. Der Moderator hat normalerweise Zugang zu allen Tools und Funktionen.

Der **Präsentierende** hält den eigentlichen Vortrag. Er zeigt mit seinem „virtuellen Projektor" die Folien und Bilder, die er vorbereitet hat. Er verkauft seine Idee oder sein Produkt, er informiert und überzeugt sein Publikum. Er ist die zentrale Figur jeder Onlinepräsentation. Der Präsentierende kann alle Funktionen und Tools nutzen, jedoch kann der Moderator ihm seine Rechte entziehen.

▸ **Tipp** Es ist oftmals sinnvoll, zu zweit zu präsentieren, um einen Vortrag abwechslungsreicher und lebendiger zu gestalten. Achten Sie dennoch dabei stets auch inhaltlich darauf, klar zwischen den Teilen zu trennen, die von einer Person vorgetragen werden, um Ihr Webinar nicht unruhig und unprofessionell wirken zu lassen.

Der **Teilnehmer** ist der Zuseher der Onlinepräsentation und hat meist nur sehr eingeschränkte Möglichkeiten, die Tools und Funktionen der Software zu nutzen. Für ihn ist sie nur die „Übertragungssoftware". Er sieht den Bildschirm des Präsentierenden, kann oft nur den Chat benutzen, um Fragen zu stellen, oder den Moderator direkt anschreiben. Je nach Software gibt es Buttons, um „die Hand zu heben" und sich bemerkbar zu machen. Auch wird der gewöhnliche Teilnehmer nicht die Liste seiner Mitteilnehmer sehen.

2.3.2 Pre-Meeting-Tools – die Präsentation richtig vorbereiten

Die Pre-Meeting-Tools erleichtern die Vorbereitung Ihrer Onlinepräsentation wesentlich. Bei den meisten Programmen finden Sie die Pre-Meeting-Tools auf einer webbasierten

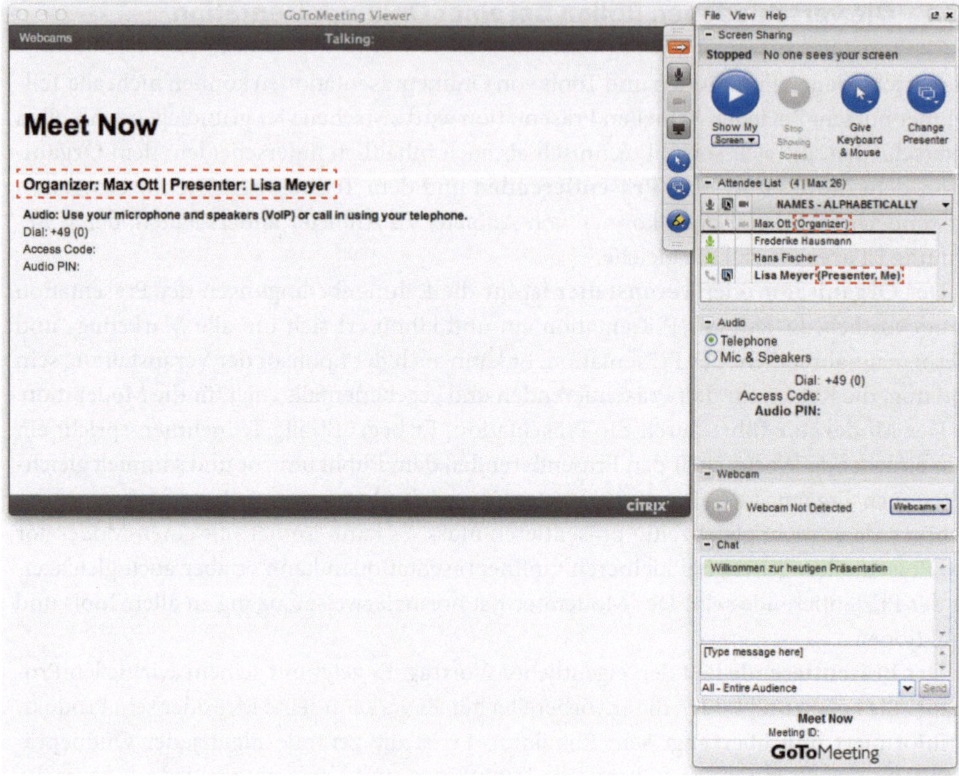

Abb. 2.2 Die unterschiedlichen Rollen bei Citrix GoTo-Meeting

Oberfläche im Internet und nicht direkt im jeweiligen Programm. Dabei ist der Zugang passwortgeschützt und somit nur für Sie selbst zugänglich.

Meeting-Organizer Der Meeting-Organizer führt Sie meist Schritt für Schritt durch die Erstellung Ihrer Onlinepräsentation: Wann soll die Präsentation stattfinden? Wie lange soll sie dauern? Wer soll alles eingeladen werden? Möchten Sie direkt Einladungen und Kalenderereignisse für Outlook per E-Mail versenden? Der Meeting-Organizer ist quasi Ihr persönlicher Assistent, wenn es um die Vorbereitung geht. Je nach Programm können Sie auch schon Ihren virtuellen Raum vorbereiten oder Ihren Begrüßungstext schreiben.

▸ **Tipp** Bei den meisten Programmen kann man zwischen Ad-hoc-Präsentation und vorbereiteter Präsentation unterscheiden. Eine Ad-hoc-Präsentation können Sie mit nur einem Klick erstellen, wird aber in der Regel nur für kleine Besprechungen genutzt. Bei der vorbereiteten Präsentation haben Sie mehr Möglichkeiten, Ihren virtuellen Raum zu personalisieren und sich selbst vorzubereiten.

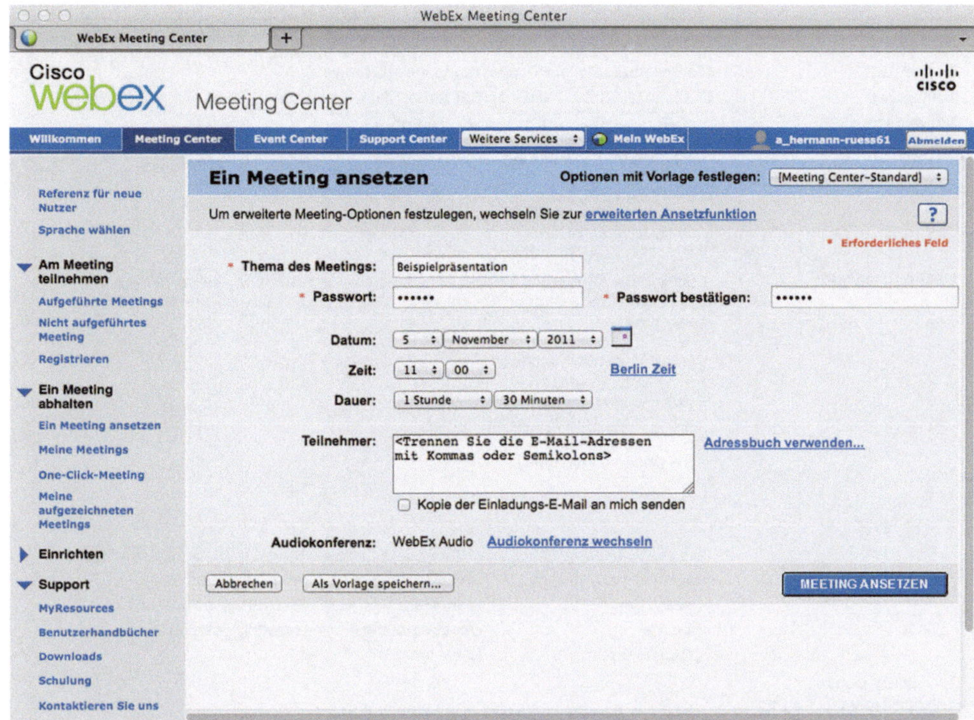

Automatische Erinnerungs-E-Mail Eine Erinnerungs-E-Mail steigert die Teilnehmerquote an Ihrer Onlinepräsentation nachhaltig. Ideal also, wenn dies automatisch geschieht. Bei verschiedenen Programmen können Sie einstellen, wie viele Stunden vor Ihrem Meeting nochmals eine Erinnerungs-E-Mail verschickt werden soll. Halten Sie sich auch hier kurz und knapp. Sie sollten auch nie mehr als eine Erinnerungs-E-Mail verschicken, sonst hält man Sie noch für unseriös und glaubt, Sie verschicken Spam.

Meistens können Sie sowohl bei den eigentlichen Einladungs-E-Mails, aber auch bei den Erinnerungs-E-Mails mit Platzhaltern bzw. Funktionsfeldern arbeiten, diese sind jedoch je nach Software unterschiedlich. Diese Platzhalter werden dann in der „richtigen" E-Mail in den Namen des jeweiligen Teilnehmers, den Namen der Präsentation oder die Uhrzeit, die Zeitzone und den Namen des Präsentierenden „umgewandelt" und funktionieren ähnlich wie die Serienbrieffunktion in Word.

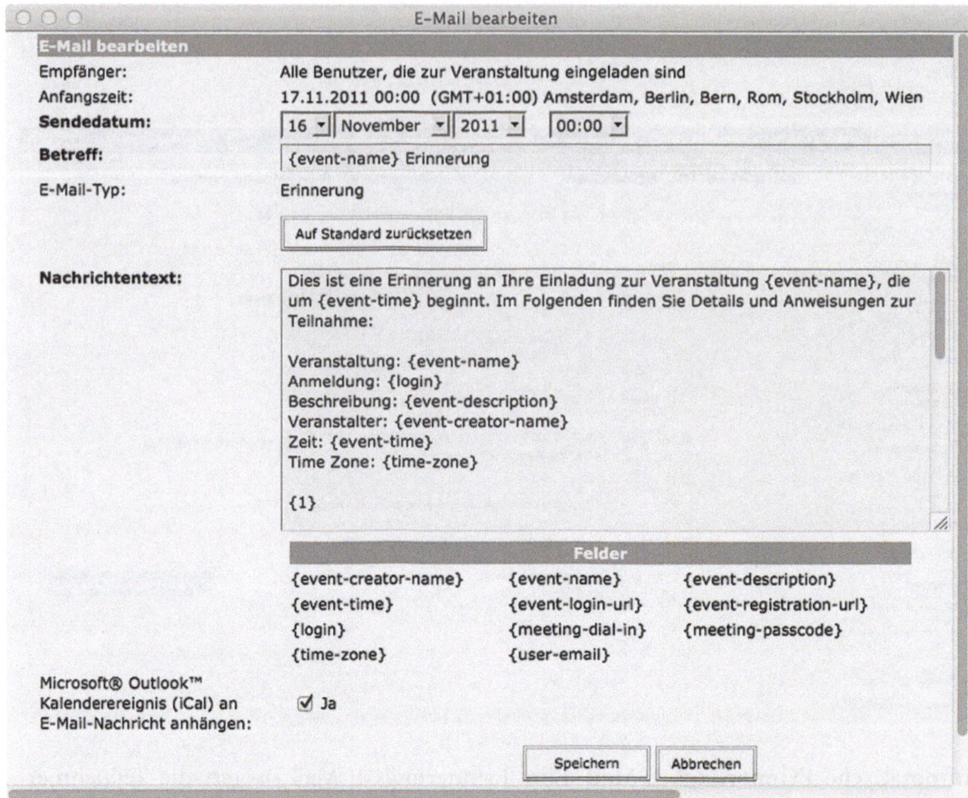

Bezahlservices Wie Sie schon im **ersten Kapitel** gesehen haben, können Sie Onlinepräsentationen für viele verschiedene Dinge nutzen. Unter anderem auch um bequem mit Ihrem Wissen mittels Teilnahmegebühren Geld zu verdienen. Dabei helfen Ihnen die verschiedenen Anbieter bei der Zahlungsabwicklung. Oftmals wird auf externe Dienstleister wie PayPal oder ClickandBuy zurückgegriffen, die auch Ihren Käufern einen gewissen Schutz bei der Zahlung und Abwicklung geben.

▸ **Tipp** Diese Anbieter stellen ihre Services natürlich nicht kostenlos zur Verfügung. Meist verlangen sie eine Provision zwischen 3 und 7 Prozent vom jeweiligen Betrag. Vergleichen Sie hier nicht nur nach rein quantitativen Faktoren, sondern auch nach Erreichbarkeit, Servicepaket und wie schnell Sie Ihr Geld bekommen, um den richtigen Partner für sich zu finden.

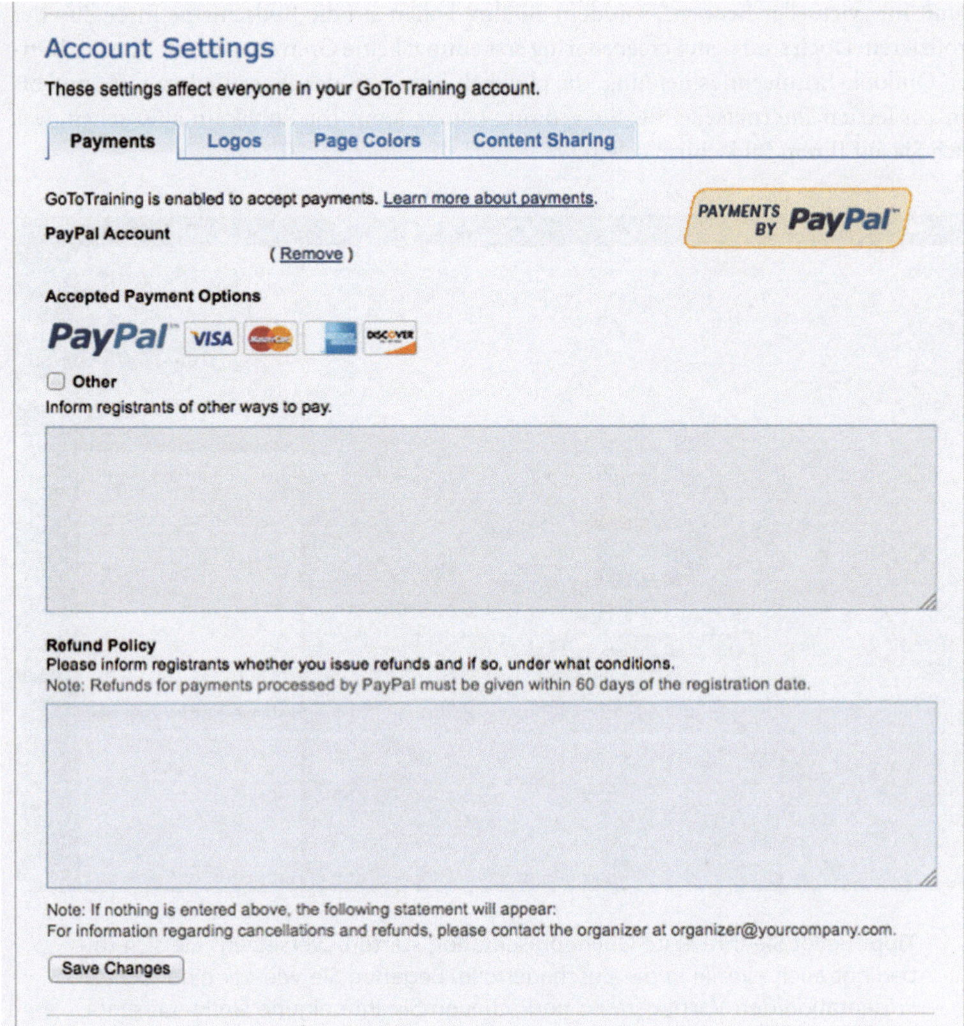

2.3.3 In-Meeting-Tools – die Werkzeuge während der Präsentation

Die In-Meeting-Tools sind die direkten „Werkzeuge" während der Präsentation. Mit ihnen und im Wesentlichen nur mit ihnen können Sie mit Ihren Teilnehmern interagieren. Je nach Software und Anbieter können sie sich wesentlich unterscheiden.

Screensharing – die Bildschirmfreigabe Die Bildschirmfreigabe ist der Hauptbestandteil Ihrer Onlinepräsentation und oftmals auch das Einzige, was Ihr Publikum von Ihnen sieht. Mit der Bildschirmfreigabe „teilen" Sie Ihren Bildschirm mit Ihrem Publikum und zeigen damit meistens eine PowerPoint- oder Keynote-Präsentation. Die Bildschirmfreigabe ist damit Ihr „virtueller Beamer“, mit dem Sie Ihre Folien auf die Bildschirme Ihrer Zuseher projizieren. Doch sind dem Screensharing erst einmal keine Grenzen gesetzt: Von der lästigen Outlook-Erinnerungsmeldung, die plötzlich mitten in der Präsentation aufpoppt, bis hin zur letzten Internetseite, die Sie geöffnet hatten, kann Ihr Publikum alles sehen, was auch Sie auf Ihrem Bildschirm sehen.

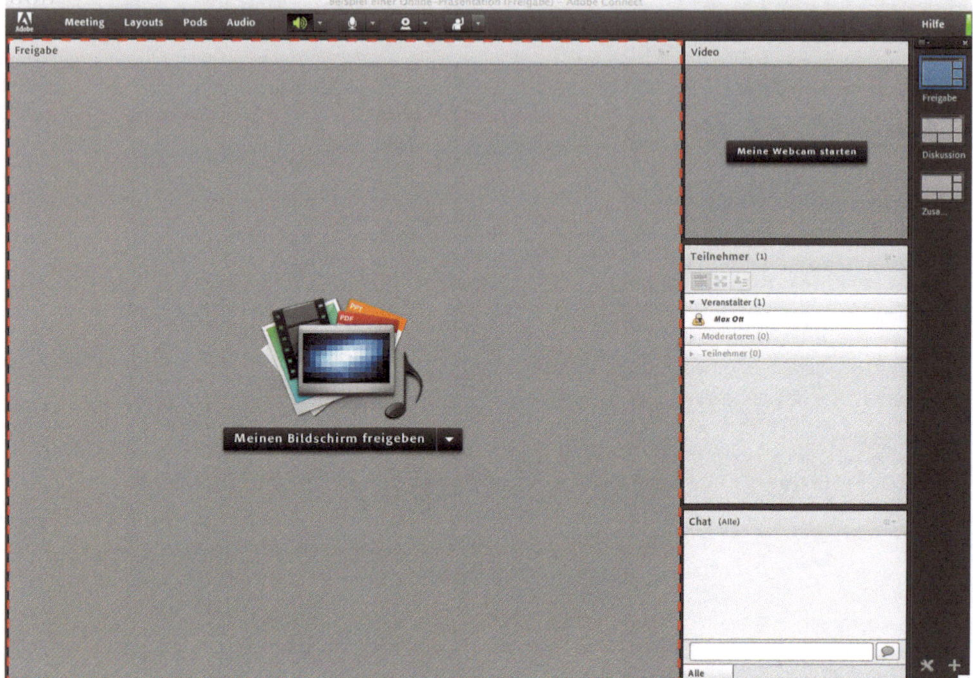

▸ **Tipp** Bevor Sie Ihre erste Onlinepräsentation starten, „versetzen“ Sie sich unbedingt auch einmal in die Zuschauerrolle. Begehen Sie wie vor einer echten Präsentation den Vortragsraum und schauen Sie Ihre eigene Onlinepräsentation vorher schon von einem anderen Computer aus an. Dies kann auch eine Arbeitskollegin oder ein guter Freund übernehmen, Sie sollten nur auf Nummer sicher gehen, dass nichts übertragen oder gezeigt wird, was Sie nicht möchten. Viele Übertragungsprogramme bieten Ihnen auch die Möglichkeit, nur ein einziges Programmfenster zu übertragen, sodass alles andere von Ihrem Publikum gar nicht gesehen werden kann.

Haben Sie sich mit den Basics des Screensharings erst einmal vertraut gemacht, können Sie es für viel mehr nutzen, als nur eine Präsentation zu übertragen. Je nach Anlass, Größe und Zielgruppe Ihres Onlinemeetings können Sie auch ganz einfach Excel-Tabellen für Ihre Finanzmeetings teilen, Ihre neuesten CAD-Modelle vorstellen oder einfach nur ein Video, das Sie lokal auf Ihrem Computer gespeichert haben, präsentieren.

Generell ist bei der Bildschirmfreigabe auf die Latenz bzw. Verzögerungszeit zu achten, denn manchmal kann es ein paar Sekunden länger dauern, bis das, was Sie gerade sehen, bei Ihrem Publikum ankommt. Vermeiden Sie also schnelles Hin- und Herspringen zwischen Folien, Dokumenten, Filmen oder Bildern, um Ihr Publikum nicht zu verwirren. Bei einem klassischen Vortrag würden Sie ja auch nicht alle 30 Sekunden die Präsentation wechseln.

Chat – das virtuelle Gespräch Einer der größten Unterschiede zwischen virtuellen und realen Präsentationen ist die Möglichkeit des direkten Feedbacks, der direkten Resonanz. Während Sie bei realen Präsentationen dieses quasi ständig in Form von Mimik, Gestik, Zustimmung, Gähnen etc. bekommen, ist dies bei einer virtuellen Präsentation schwieriger. Eine Möglichkeit, Feedback zu bekommen, ist der Chat: ein kleines „Fenster", in das Ihre Zuhörer Kommentare, Wünsche und Fragen hineintippen können.

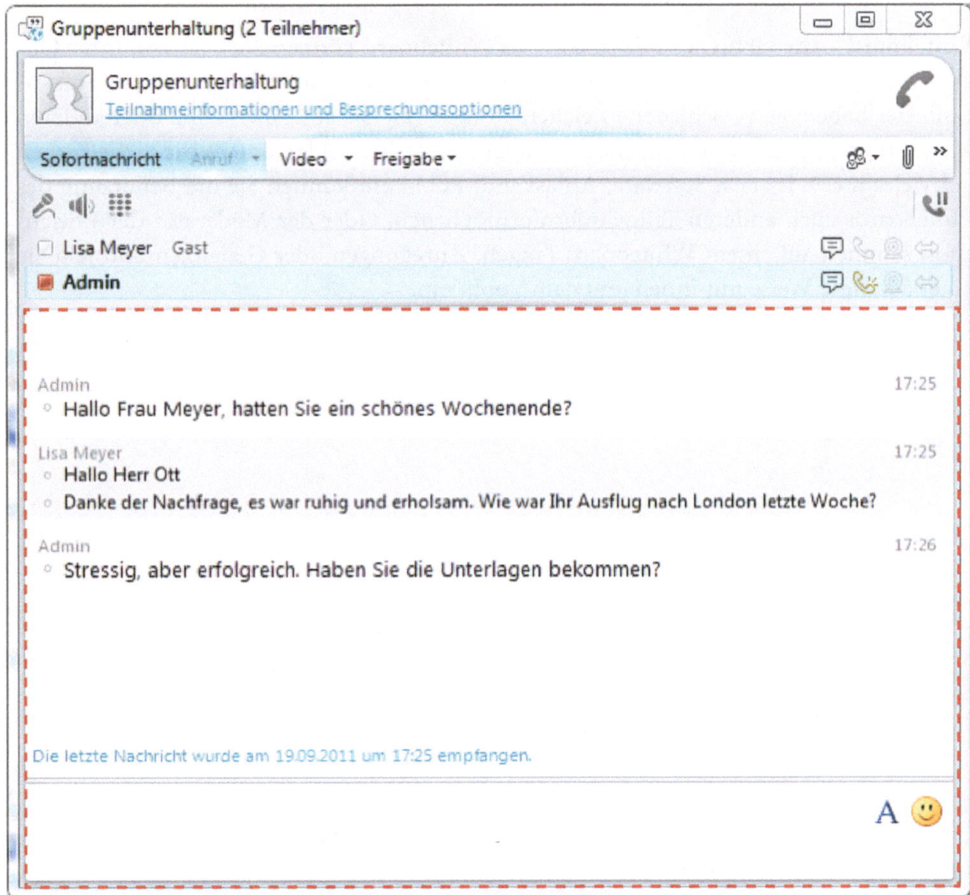

Werfen Sie immer von Zeit zu Zeit einen Blick auf dieses kleine Fenster, um zu sehen, ob es noch Fragen gibt, ob man Sie gut versteht oder ob es sonstige Probleme gibt. Oftmals werden Sie am Anfang Ihrer Onlinepräsentation die kleinen und größeren technischen Probleme Ihrer Zuhörer dort wiederfinden: Passt der Ton, versteht man Sie auch?

▸ **Tipp** Im Idealfall begleitet ein Moderator Ihre Präsentation und kann neben Ihnen ein ständiges Auge auf die Chatbox werfen, Fragen sammeln und an passender Stelle einwerfen.

Sie können den Chat aber nicht nur als passiven „Feedback-Kanal" nutzen, sondern damit auch aktiv Ihre Zuhörer befragen: Fragen Sie sie, aus welchen Städten sie kommen, was ihre Erwartungen an die Präsentation sind oder welcher Branche sie angehören. Nutzen Sie den Chat für kurze Fragerunden, die Ihre Onlinepräsentation auflockern und abwechslungsreich gestalten. Für Ihr Publikum ist es unkompliziert, schnell und einfach eine Antwort zu tippen.

Whiteboard – Ihr virtuelles Flipchart Das Whiteboard können Sie während Ihrer Onlinepräsentation wie ein Flipchart oder eine Moderationswand nutzen. Je nach Softwareanbieter haben Sie verschiedene Zeichenvorlagen, die Sie aus PowerPoint oder anderen Office-Programmen kennen: Rechtecke, Linien, Pfeile, Textfelder, unterschiedliche Farben und vieles mehr. Je nach Software, Anlass und Publikum können Sie die Benutzung des Whiteboards auch anderen Teilnehmern ermöglichen. Oder der Moderator der Präsentation sammelt auf einem Whiteboard Fragen, Anregungen oder Gedanken und teilt sie später auf diese Weise mit Ihnen und dem Publikum.

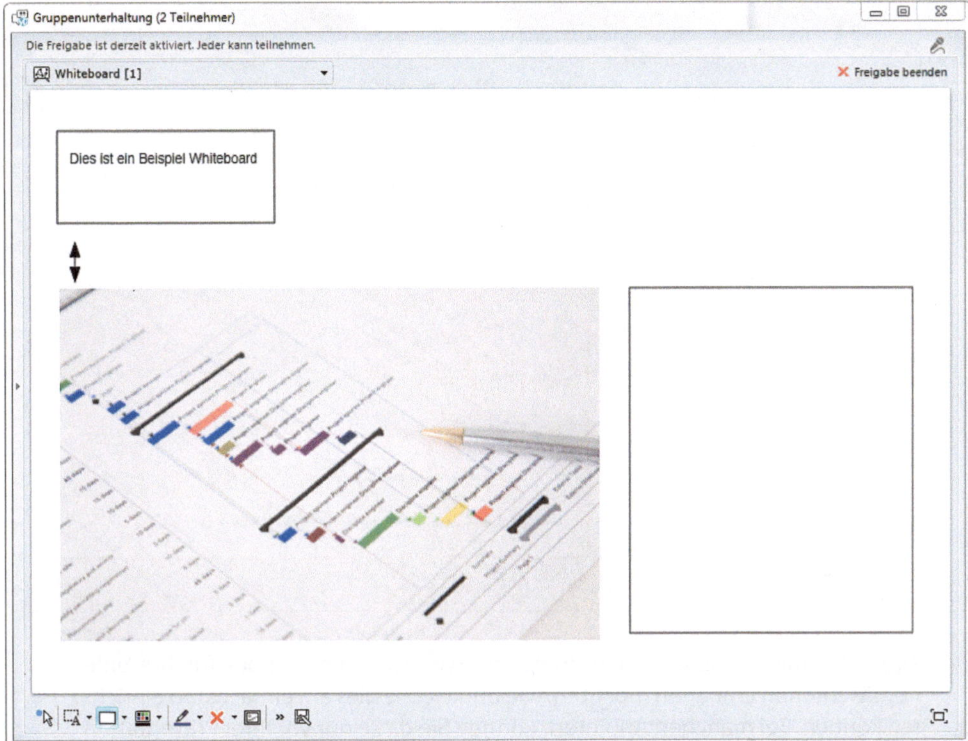

Das Whiteboard ermöglicht Ihnen auch, eine kleine Skizze, eine kurze Rechnung oder einfach nur einen Ablauf darzustellen und Ihren Worten somit eine „dynamische" Visualisierung an die Seite zu stellen. Bei vielen Programmen können Sie auch Bilder, Grafiken oder Texte einfügen oder hineinkopieren. „Live" gezeichnete Abbildungen wirken, wie bei jedem konventionellen Vortrag, viel menschlicher und zeigen, dass Sie auch gerne bereit sind, auf Ihr Publikum individuell einzugehen.

- **Tipp** Achten Sie auch beim Whiteboard auf die Verzögerung zwischen Ihrem Zeichnen und der Darstellung auf den Bildschirmen Ihrer Zuhörer. So beugen Sie Verwirrungen vor und können die Vorteile von virtuellen Präsentationen voll nutzen.

Poll – die virtuelle Umfrage Polls sind meist schon vor der Onlinepräsentation vorbereitete Umfragen oder Abstimmungen. Manche Programme ermöglichen Ihnen, auch live während Ihrer Onlinepräsentation in wenigen Schritten eine kleine Umfrage zu starten. Den Poll können Sie während oder am Anfang Ihrer Präsentation wie eine „Hand-hoch"-Abfrage nutzen, nur mit schon vorgegebenen Antworten. Im Vergleich zum Chat, bei dem Ihre Zuhörer auf eine Frage eine Antwort eintippen können, bietet Ihnen der Poll eine einfache Möglichkeit, Umfragen oder Abstimmungen darzustellen, und sie werden meist auch nach einer bestimmten Zeit oder auf Ihren „Knopfdruck" hin ausgewertet.

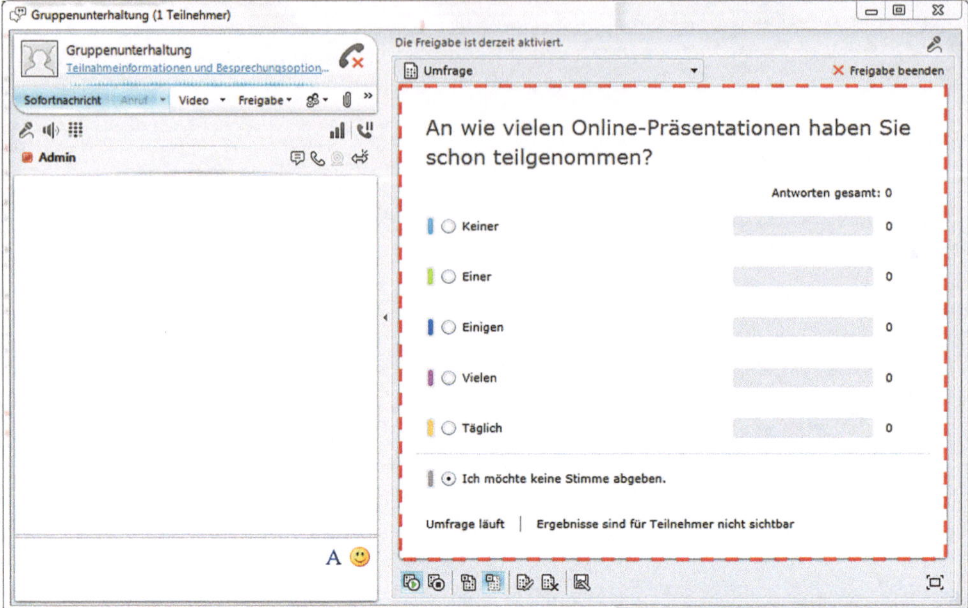

Tipp Informieren Sie sich schon frühzeitig, wenn Sie eine Umfrage für Ihre Onlinepräsentation einbauen möchten, wie und wo Sie dies am einfachsten einrichten können. Bei manchen Anbietern können Sie diese nur vor Ihrer Präsentation erstellen, bei manchen nur live während der Präsentation.

Notizen Viele Programme bieten zusätzlich zum Whiteboard noch ein spezielles Notizentool an, ein kleines Textfeld, in dem Sie schnell und einfach kleine Textvermerke machen können. Analog zum Whiteboard können Sie dies beispielsweise nutzen, um hier Fragen zu vermerken und sie sich für die passende Stelle in Ihrer Onlinepräsentation aufzuheben.

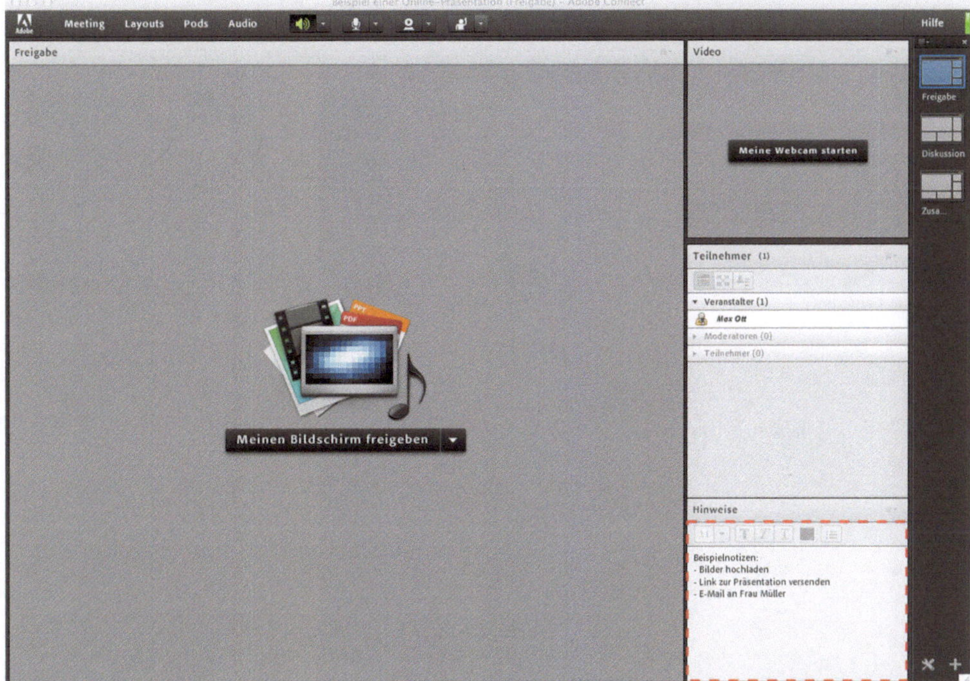

Videofunktion Je nach Softwareanbieter steht Ihnen für Ihre Onlinepräsentation inzwischen immer häufiger auch eine Videofunktion zur Verfügung. In einem eigenen Fenster kann Ihr Publikum Sie dann sehen, sofern Sie eine Webcam besitzen, die mit Ihrem Computer verbunden und installiert ist. Dies kann Ihrer Onlinepräsentation eine viel persönlichere Note geben, da sie Ihr Publikum auch wirklich „erleben" kann. Je nach Größe und Anlass Ihrer Onlinepräsentation gibt es auch bei manchen Programmen die Möglichkeit einer Videokonferenz. Hier können sich, sofern eine Kamera beim jeweiligen Teilnehmer vorhanden ist, alle Teilnehmer gegenseitig sehen. Manche Programme hingegen unterstützen nur eine Videoübertragung und zeigen dann immer nur das Bild desjenigen, der gerade spricht.

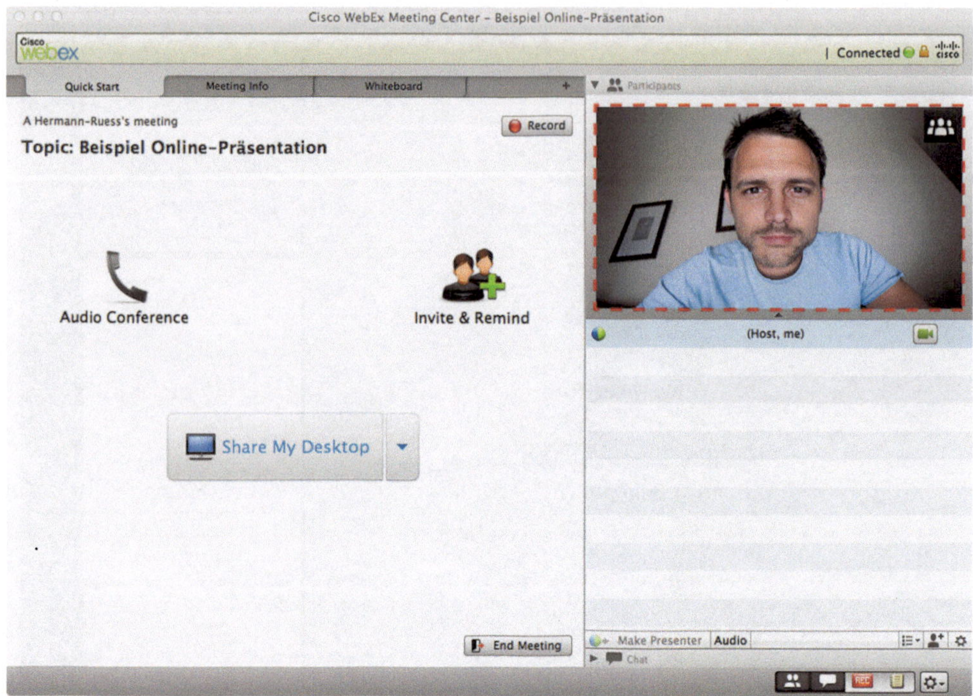

▸ **Tipp** Achten Sie bei der Videofunktion darauf, dass Ihre Webcam auch wirklich funktioniert. Testen Sie diese Funktion auf alle Fälle mehrere Male vor Ihrer ersten „echten" Onlinepräsentation. Legen Sie auch nicht einen zu großen Fokus auf diese Funktion, da manchmal das Videofenster eine feste Größe hat und oftmals sehr klein ist.

Audiofunktion So gut wie alle gängigen Programme verfügen über eine integrierte Audiofunktion, meist mittels „Voice over Internet Protocol" (VoIP), auch besser bekannt als Internettelefonie. Hier wählt sich jeder Teilnehmer automatisch beim Betreten Ihrer Onlinepräsentation direkt mit seinem Computer ein und kann dann, Lautsprecher oder Kopfhörer am Computer zwingend vorausgesetzt, Ihrer Präsentation zuhören.

Alternativ bieten die meisten Programme auch eine Einwahl über Telefon an, bei der der Teilnehmer eine spezielle eingeblendete Telefonnummer wählen muss und dann automatisch in Ihren „Kanal" eingeklinkt wird.

Beide Möglichkeiten sind inzwischen bei fast allen Anbietern in den Abonnements kostenlos enthalten. Dennoch können sich der Umfang und die Art und Weise, wie sich Ihr Publikum in Ihre Präsentation einwählt, von Anbieter zu Anbieter unterscheiden. Klären Sie auf jeden Fall vorher die internationale Erreichbarkeit über Ländergrenzen hinweg und die Möglichkeit einer kostenfreien Rufnummer ab.

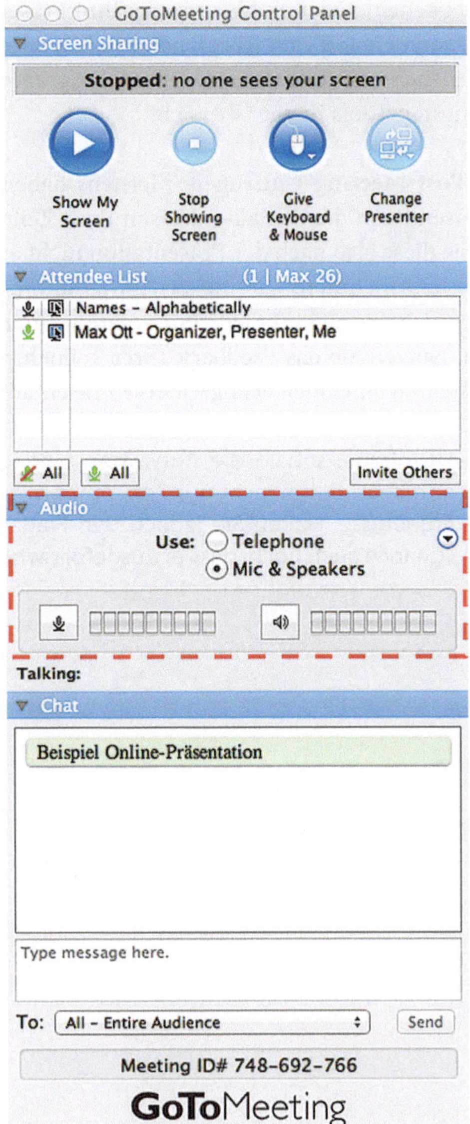

2.3.4 Post-Meeting-Tools – die Nachbereitung der Präsentation

Mithilfe der Post-Meeting-Tools bereiten Sie Ihre Präsentation nach. Dies sollten Sie auf alle Fälle nutzen, hier ein paar Beispiele, warum: Verschicken Sie beispielsweise einen Fragebogen, ob den Teilnehmern die Präsentation gefallen hat. Niemand ist perfekt, und mit gutem Feedback können Sie noch besser werden! Oder sehen Sie sich die Reports und Statistiken zu Ihrer Präsentation an: Wie viele Teilnehmer hatten Sie, wo kamen sie her oder wie lange sind sie geblieben? Oder archivieren Sie Ihre Präsentation, um sie erneut nutzen oder Teilnehmern „on demand", auf Abruf, bereitstellen zu können. Die Post-Meeting-Tools finden Sie meist auch online zu dem jeweiligen Programm, ähnlich wie die Pre-Meeting-Tools. Die wichtigsten Tools in der Übersicht:

Individuell anpassbare Post-Meeting-Umfragen Meistens haben Sie über die Anmeldungen für die Onlinepräsentation die E-Mail-Adressen Ihrer Teilnehmer sowieso schon erhalten, warum sollten Sie diese also nach der Präsentation nicht anschreiben und bitten, an einer kurzen Umfrage teilzunehmen. Die meisten Programme erlauben es, Vorlagen für Umfragen anzulegen, sodass Sie nicht für jede Präsentation einen neuen virtuellen Fragebogen anlegen müssen. Nutzen Sie das Feedback Ihrer Teilnehmer gezielt, um sich zu verbessern und das nächste Mal eine noch erfolgreichere Präsentation zu halten.

▸ **Tipp** Meist wird die Umfrage, sobald die Antworten eingegangen sind, direkt ausgewertet. Dies erspart Ihnen nicht nur Zeit, sondern liefert Ihnen auch schnell verlässliche Ergebnisse. Halten Sie jedoch den Fragebogen kurz und sachlich, dann ist die Chance auch hoch, dass er ausgefüllt wird.

E-Mails nach der Präsentation Eine E-Mail nach der Präsentation kann ebenso wenig schaden wie die Erinnerungs-E-Mail vor der Präsentation. Hier können Sie beispielsweise auf die Möglichkeit des Herunterladens von Unterlagen und Materialien verweisen, die Teilnehmer bitten, bei einer Evaluation der Veranstaltung teilzunehmen, oder einfach die Chance nutzen, für Ihre Produkte oder Ihre Ideen zu werben. Zusätzlich haben Sie oft die Möglichkeit, auch diese E-Mail individuell an Ihr Corporate Design anzupassen und ihr mit wenigen Klicks und auch nur rudimentären HTML-Kenntnissen den Look Ihrer Firma zu verpassen.

In der Regel können Sie auch hier mit Platzhaltern bzw. Funktionsfeldern arbeiten, die bei der „richtigen" E-Mail dann in die Namen der Präsentation und der Teilnehmer, die Uhrzeit, das Datum, die Zeitzone etc. umgewandelt werden.

▸ **Tipp** Auch hier gilt die Regel „Weniger ist mehr": Versuchen Sie, Ihren E-Mail-Verkehr mit den Teilnehmern auf ein Minimum zu reduzieren, und liefern Sie nur relevante und prägnante Informationen mit einem echten Mehrwert!

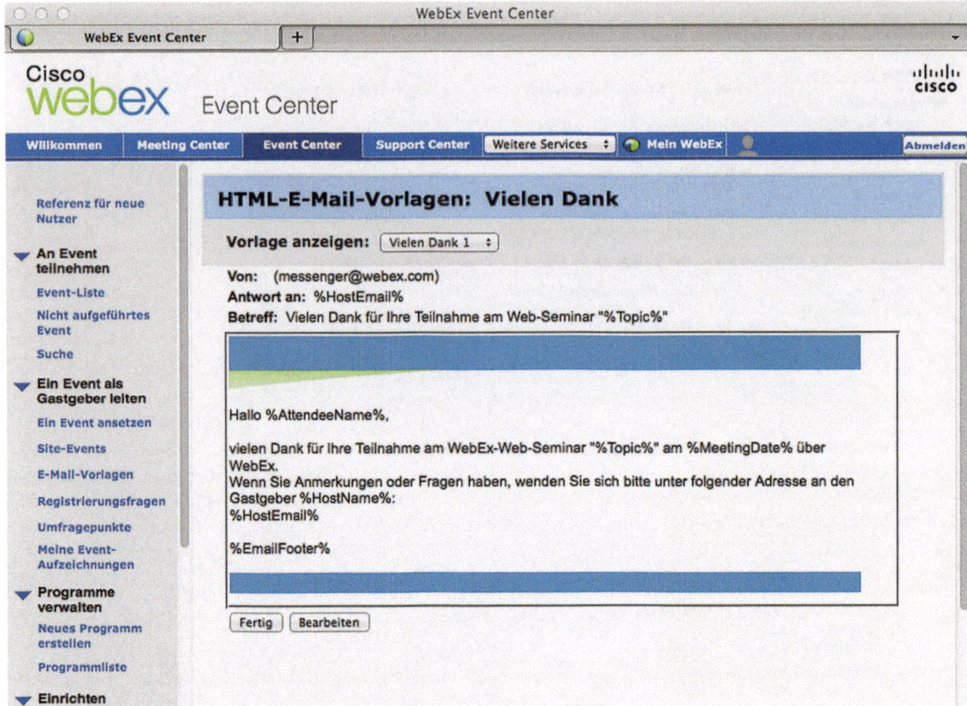

Auswertungen und Reports Die Auswertungen und Reports versorgen Sie mit statistischen Daten und Informationen zu Ihren Onlinepräsentationen. Meist werden die Daten schon grafisch oder inhaltlich aufbereitet und in vorgefertigten Berichten zum Download zur Verfügung gestellt. Schauen Sie sich ruhig das „Nutzerverhalten" der Teilnehmer an. Sie können erkennen, wann Teilnehmer die Präsentation verlassen haben, wie viele überhaupt teilgenommen haben oder von wann bis wann eine Präsentation gedauert hat. Meist werden bei den Auswertungen auch die Ergebnisse Ihrer Umfragen aus der Präsentation gespeichert, sodass Sie auch nach der eigentlichen Präsentation Zugang zu den Informationen haben.

Archivierung und Aufnahme Mithilfe des Archivs haben Sie Zugang zu fast allen Daten auch nach Ihrer Präsentation. Die meisten Programme werden Sie jedoch auffordern, Notizen, den Chat oder andere erstellte Dateien am Ende der Präsentation bzw. beim Schließen lokal auf Ihrem Computer zu speichern. Hochgeladene und geteilte Dokumente für Ihre Teilnehmer können Sie meist nur mit speziellen Tools freigeben und zugänglich machen. Je nach Programm steht Ihnen hier eine Video- bzw. Audioaufnahme der Onlinepräsentation zur Verfügung. Manchmal müssen Sie dies jedoch vor der Präsentation bestätigen, dass

Tab. 2.2 Zuordnung von Präsentationswerkzeugen und Online-Präsentationstool

Face-to-face Präsentation	Live-Onlinepräsentation
Persönlicher Assistent	Meeting-Organizer
Projektor	Bildschirmfreigabe
Flipchart/Moderationswand	Whiteboard, Notizen
Feedback und Diskussion	Chat, Mikrofonfreigabe
Interaktion	Chat, Poll, Mikrofonfreigabe, Bildschirmfreigabe
Hand-hoch-Abfrage	Poll, Handzeichen
Seminarevaluation	Post-Meeting-Umfrage
Handouts	Dokumentenfreigabe, Archivierung

sie auch wirklich aufgenommen wird bzw. in der jeweiligen Software erst mittels „Recording-Button" startet. Auch hier werden die meisten Videos lokal nur auf Ihrem Computer gesichert.

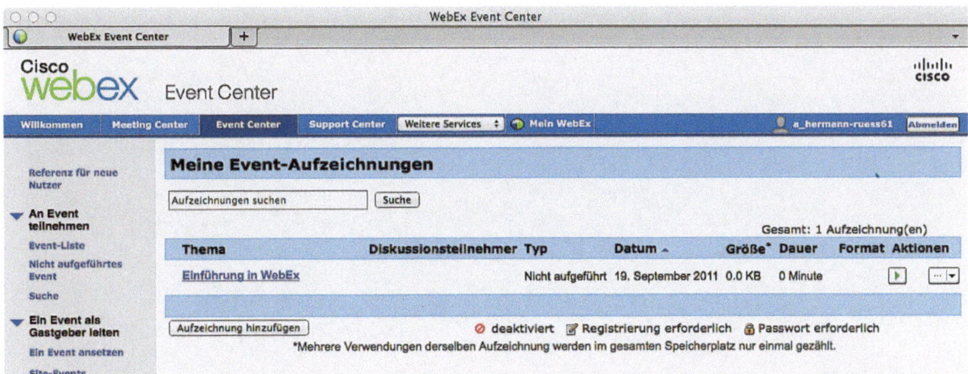

▸ **Tipp** Die Aufnahme Ihrer Onlinepräsentation können Sie so einfach und komfortabel den Teilnehmern zur Verfügung stellen. Nutzen Sie diese Möglichkeit, denn es kann sein, dass manche Teilnehmer zeitlich verhindert waren oder wegen technischer Probleme nicht an Ihrer Präsentation teilnehmen konnten.

Die wichtigsten Tools und Funktionen bei Onlinepräsentationen wurden in Tab. 2.2 noch einmal zusammengefasst und dem jeweiligen Pendant der klassischen Präsentation gegenübergestellt.

Die Vorbereitung eines guten Webinars

3

Bleibe dran!
Bleibe dran – und Klarheit wird kommen!
Bleibe dran – Erleichterung wird kommen!
Bleibe dran – Erfolg wird sich einstellen! (Yogi Bhajan)

In den vorherigen Kapiteln haben wir festgestellt, wie wichtig es heute ist, sich nicht nur in der realen, sondern auch in der virtuellen Welt wirkungsvoll zu präsentieren. Wir haben die immensen Vorteile von Webinaren kennengelernt und die vielfältigen Einsatzmöglichkeiten diskutiert. Außerdem sind wir den unterschiedlichen Tools und Programmen begegnet, die uns eine Onlinepräsentation erst ermöglichen.

Trotz hilfreicher Technik steht und fällt der Erfolg Ihres Webinars mit einer gründlichen und strukturierten Vorbereitung. Denn wenn wir ein gutes Webinar halten wollen, haben wir gleich mehrere Hürden zu nehmen:

- Sicheres Beherrschen der Technik
- Produktion einer onlinetauglichen Präsentation
- Promotion für das Webinar, um viele Anmeldungen zu generieren
- Präsentieren vor einem unsichtbaren Publikum und dabei das Publikum auch noch mitreißen und an den Bildschirm fesseln

Dieses Kapitel führt Sie in neun Schritten zum fertigen Webinar und „denkt" dabei für Sie an alles Wichtige: von der Idee des Webinars über dessen Organisation, die Werbung und die richtigen Charts bis hin zum rhetorischen Feinschliff und der Nachbereitung. Dabei haben wir weitere praktische Arbeitsmaterialien, Checklisten und Informationen, die Sie in diesem Buch abgedruckt finden, auf die Website zum Buch gestellt. Dort können Sie alles kostenlos herunterladen. Nicht alle Webinare müssen so minutiös vorbereitet werden. Je mehr von diesem Webinar abhängt – je mehr Teilnehmer, je größer die Reichweite, je wichtiger für Ihr Image –, umso mehr empfiehlt es sich, die unten vorgestellte Vorgehensweise einzuhalten. Für weniger formelle Onlinepräsentationen lassen Sie einfach die

A. Hermann-Ruess und M. Ott, *Das gute Webinar*, X.media.press,
DOI 10.1007/978-3-658-03859-5_3, © Springer Fachmedien Wiesbaden 2014

Schritte aus, die für Sie nicht wichtig sind. Für Webinare mit sehr vielen Teilnehmern empfiehlt es sich, die in diesem Kapitel vorgestellte „Maximalversion“ einzuhalten.

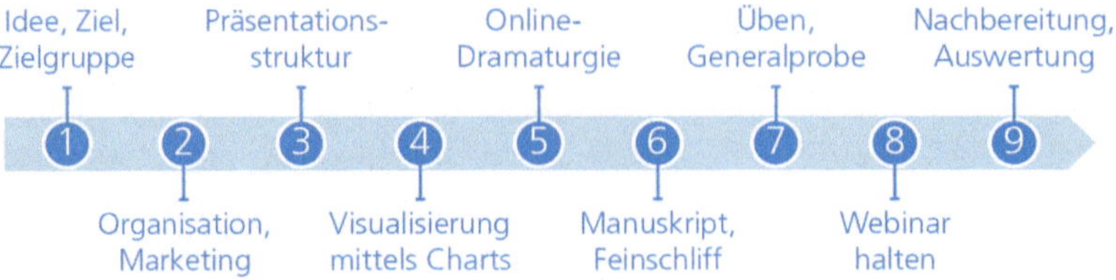

3.1 Schritt 1: Meine Idee, mein Ziel, meine Zielgruppe

In Kap. 1 haben wir nachgewiesen, dass wir mit sinnvoll platzierten Webinaren Unternehmensziele erreichen können. Das liegt daran, dass wir genau bestimmen können, welche Themen wir platzieren, bei welcher Zielgruppe und mit welchem Zweck. Wir können ganz spezifisch definierte Zielgruppen erreichen und diese mithilfe einer überzeugenden Präsentation gewinnen. Wir können die ganze Infrastruktur des Internets für die Verbreitung unserer Webinar-Botschaft nutzen.

Wie bei jedem Projekt ist es sinnvoll, die Vorbereitung mit den großen strategischen Fragen zu beginnen, um sich klarzumachen, wozu Sie das Webinar halten, welche Zielgruppen Sie erreichen möchten, welches Thema Sie auswählen und wozu Sie Ihr Publikum bewegen möchten. Fangen Sie vier Wochen vor dem Onlineevent an, Ihr Webinar zu planen.[1] Beginnen Sie mit der Strategie, entwerfen Sie einen Organisationsplan und steigen Sie schließlich in die Produktion und das Einüben der Onlinepräsentation ein. Denken Sie daran, dass Sie vorhandene Präsentationen nicht 1 : 1 nutzen können und dass Sie Ihr Webinar proben müssen. Nur durch stetiges Wiederholen werden wir die Technik sicher beherrschen und flüssig und präzise ohne „Ähs“ und „Ähms“ formulieren. In der Zeit nach dem Webinar geht es beim Follow-up um Kontaktaufnahme, Vermarktung der Aufzeichnung und um die Dokumentation des Onlineevents.

In diesem Kapitel nehmen wir den ersten Schritt, die Strategie, vorweg, da sie am meisten Einfluss auf den gesamten Ablauf haben wird. Schauen wir uns die vier Meilensteine der Vorbereitung noch einmal im Ablaufdiagramm an:

[1] Wenn Sie sehr wenig Erfahrung haben mit Präsentieren und/oder Onlinemethodik, dann starten Sie 6 Wochen vorher. Planen Sie in dem Fall 4 Wochen Zeit für die Produktion und Probe der Onlinepräsentation ein (Methode und Rhetorik). Wenn Sie vorhaben, einen externen Presenter zu engagieren, empfiehlt es sich, diesen 3 bis 4 Monaten vorher zu kontaktieren.

Starten Sie die Vorbereitungen damit, den Zweck des Webinars festzulegen und die Ziele des Webinars zu bestimmen. Anbei ein paar Fragen als Anregungen für die strategische Ausrichtung, die Sie gerne weiter ergänzen können. Halten Sie Ihre Gedanken am besten gleich schriftlich fest, denn Ziele sind in geschriebener Form um einiges verbindlicher, vor allem wenn Sie im Team arbeiten:

Wozu halten Sie dieses Webinar? Bestimmen Sie den Zweck Ihres Webinars. Wollen Sie:

- Ihren Bekanntheitsgrad erhöhen?
- Kunden oder Mitarbeiter gewinnen/binden/trainieren?
- Wichtige Informationen schnell und einfach verbreiten?

Wen konkret möchten Sie erreichen? Definieren Sie Ihre Zielgruppe.

- Neukunden, Stammkunden, Interessenten, Entscheider, Beteiligte, Multiplikatoren, Presse, internationale Teilnehmer?
- Mit welchem Thema erreichen Sie Ihr Ziel und Ihre Zielgruppe? Definieren Sie Ihr Thema.
- Welches Ihrer Angebote löst die Probleme Ihrer Zielgruppe am besten oder bietet den höchsten Mehrwert?
- Welche Produkte, welches Konzept, welche Idee wollen Sie online präsentieren?

Welchen Nutzen können Sie Ihrer Zielgruppe bieten? Formulieren Sie den Mehrwert Ihres Webinars.

- Welche Probleme der Zielgruppe können Sie aufzeigen?
- Welche Lösungen bieten Sie?
- Welche Werte erhöhen Sie?

Was soll Ihr Zielpublikum nach dem Webinar tun?

- Soll es sein Verhalten ändern? Soll es danach etwas können?
- Soll es danach ein Formular ausfüllen oder auf Ihre Internetseite surfen, soll es etwas bestellen, soll es zu weiteren Kontakten motiviert werden?

Werden Sie ein kostenpflichtiges oder kostenfreies Webinar halten? Wenn kostenpflichtig:

- Wie viel möchten Sie einnehmen?
- Wie viele Teilnehmer müssen sich anmelden? Wie viel sollen sie zahlen?
- Wie oft möchten Sie das Webinar halten?
- Welchen Mehrwert werden Sie bieten (Downloads, persönliche Betreuung, Vorbereitung, Nachbereitung, Materialien)?
- Wie soll die Bezahlung abgewickelt werden?

Wie kann die Aufzeichnung gewinnbringend genutzt werden?

- Einbinden in Social Media, Internetseiten, Downloads?
- Zur Vertiefung (Follow-up)?
- Als „Webinar-on-Demand" vermarkten?

Welcher nächste Schritt folgt zwingend auf das Webinar?

- Telefonat, Besuch der Website, Kauf im Internetshop
- Kauf von höherwertigen Produkten/Leistungen (Up-Selling), Kauf von Zusatzprodukten (Cross-Selling)

3.2 Schritt 2: Organisation, Marketing und Werbung für das Webinar

Schauen wir uns nun an, in welcher Reihenfolge sich das Event am besten organisieren und planen lässt. Wir werden zuerst den Gesamtplan aufzeichnen, der vier Wochen vor dem Event beginnt und eine Woche danach endet. Danach beschäftigen wir uns mit dem Marketingplan, der Sie dabei unterstützt, Aufmerksamkeit für Ihr Webinar zu erzeugen, und dafür sorgt, dass sich die richtigen Teilnehmer registrieren. Die Onlinepräsentation wird ca. 2 Wochen vor dem eigentlichen Event produziert und eine Woche lang geübt. Darauf werden wir in Schritt 4 dann weiter eingehen, und Sie erfahren, wie man mit System ein Webinar produziert.

Tab. 3.1 Verteilung der Rollen und Aufgabenpakete bei der Vorbereitung des Onlineevents

Rolle	Aufgaben
Organisator	Leitet das gesamte Projekt und koordiniert Teammitglieder. Verwaltet Registrierungen und hat immer Einblick in die Teilnehmerliste
Moderator	Moderiert das Webinar und unterstützt den Presenter bei der Vorbereitung
Presenter	Führt das Webinar durch Textet die Webinar-Beschreibung
Abteilungen/Zulieferer	
Marketing & Vertrieb	Promotion des Events (Mailings, Einladungen, Adressbeschaffung) Unterstützt den Presenter mit hochwertigem Material (Charts, Bilder, Texte, Fakten) Steigt nach dem Webinar in Vermarktung und Teilnehmerkontakte ein
Öffentlichkeitsarbeit	Schreibt Pressemeldungen, Texte für externe Medien etc. und veröffentlicht sie in allen Kanälen online und offline
Backoffice	Kümmert sich um Anmeldungen, Kontaktlistenpflege, versendet Mailings
IT/Softwareanbieter	Kümmert sich um technische Themen, unterstützt die Präsentierenden mit Tests und Support Hilft bei technischen Problemen während des Webinars Ist Ansprechpartner für Teilnehmer mit technischen Problemen

3.2.1 Gesamtplan

Strategie (ca. 4 Wochen vorher) Mit der Strategie haben wir uns schon genauer in Schritt 1 befasst, sodass wir an dieser Stelle den Punkt nur der Vollständigkeit halber aufführen:

- Webinar-Thema aussuchen, Zielgruppe und Ziele definieren

Team zusammenstellen Holen Sie sich Unterstützung, soweit Ihnen das möglich ist. Im optimalen Fall setzen Sie Ihr Team wie in Tab. 3.1 beschrieben zusammen. Wenn Sie weniger Ressourcen zur Verfügung haben, dann finden Sie zumindest jemanden, der die Rolle des Moderators übernimmt und der Sie während der Vorbereitung unterstützt, mit Ihnen probt und während des Auftritts das Chatfenster im Auge behält. Ganz allein wird es sehr schwierig, ein gutes Webinar zu halten.

- Presenter und Moderator auswählen
- Team zusammenstellen (Teammitglieder falls nötig in die Technik der Onlinepräsentation einweisen):

Marketingplan aufstellen Der Marketingplan hat die Funktion, Ihr Webinar zu vermarkten. Manche Aktionen dienen dazu, die Aufmerksamkeit der Zielgruppe zu erreichen

(Pressearbeit, Blogs, Diskussionen), andere haben die Funktion, direkt Registrierungen zu erzeugen (Mailings, Internetseiten, Einladungen auf Facebook etc.).

- Marketingplan entwerfen, Aufgabenpakete herunterbrechen, frühe Deadlines setzen
- Motivierende Webinar-Beschreibung texten

Datum und Uhrzeit festlegen (ca. 3 Wochen vorher) Wenn Zeitzonen eine Rolle spielen, ist es wichtig, einen gemeinsamen Nenner zu finden, sodass niemand mitten in der Nacht teilnehmen muss.[2] Meiden Sie auf alle Fälle Montage und Freitage – die Webinare dieser Tage haben eher weniger Teilnehmer als die in der Mitte der Woche. Meiden Sie auch Quartals- und Monatsende, wenn es sich bei Ihrer Zielgruppe um Vertrieb oder Finanzen handelt. Meiden Sie Ferien und Feiertage, aber auch die Tage kurz danach.

Bewährt haben sich Webinare eine Stunde vor oder eine Stunde nach der Mittagspause. Also entweder von 11 bis 12 Uhr oder von 13 bis 14 Uhr. So können Vormittags- und Nachmittagstermine eingehalten werden, und die Mittagspause verschafft Luft, um von einem Termin zum nächsten zu gelangen. Als optimale Länge empfinden die meisten Teilnehmer 45 bis 60 Minuten – wobei auch beim 60-Minuten-Webinar nur 45 Minuten präsentiert und 15 Minuten Zeit für Fragen und Antworten reserviert werden sollten.

Webinar mit Pre-Meeting-Tools anlegen Damit die Pre-Meeting-Tools Ihrer Software Sie von Anfang an unterstützen, legen Sie das Webinar fertig an. Legen Sie für die Generalprobe einen extra Termin fest und kommunizieren Sie ihn intern. Dann können Sie auch für die Generalprobe alle Einladungs- und Reminderfunktionen nutzen.

- Webinar in der Software anlegen
- Pre-Meeting-Tools nutzen
- Termin für die Generalprobe in der Software anlegen

Rollen, Rechte und Modi festlegen Klären Sie alle Fragen im Vorfeld, die die Rechte der unterschiedlichen Rollen betreffen. Bestimmen Sie auch im Vorfeld, welche Rechte die Teilnehmer haben und in welchen Modi Sie präsentieren. Bei großen Marketingevents ist es sinnvoll, alle Teilnehmer auf stumm zu schalten, die Teilnehmerlisten unsichtbar zu lassen, keine Kamera zu nutzen und Chatten nur mit dem Moderator zu erlauben. In einem Onlinetraining mit wenigen Teilnehmern ist es sinnvoll, allen Teilnehmern Sprecherrechte zu geben, mit Webcam zu arbeiten, die Teilnehmerlisten für alle sichtbar zu lassen und Chatten untereinander zu erlauben.

Welche Rechte haben Organisator, Moderator, Presenter oder Teilnehmer?

- Welche Onlinetools kann wer wie und wann verwenden?
- Wann und wie können Fragen gestellt werden?

---

[2] Ein gutes Hilfsmittel, um internationale Meetings zu planen: www.zeitzonen.de.

- Sind die Teilnehmer „gemutet“ oder „unmuted“? (Können sie jederzeit mit mir sprechen – „unmutet“ – oder sind sie auf stumm geschaltet – „gemutet“?)
- Ist der Chat für alle sichtbar?
- Wer kann die Teilnehmerliste einsehen?

In welchen Modi präsentieren wir?

- Wird es eine Webcam geben? Wenn ja: mit welchem Hintergrund? (Corporate?)
- Wird über Internettelefonie oder über Telefonleitung präsentiert?
- Gibt es Einweisungen für die Teilnehmer? Wenn ja: Wie?/Wann?/Wer?
- Gibt es eine Evaluation? Wenn ja: Evaluation erstellen/Fragen bestimmen/hochladen
- Gibt es ein Gewinnspiel, bei dem die Teilnehmer etwas gewinnen können?
- Gibt es Downloads/Give-aways? Wie kommen Teilnehmer an diese?
- Was geschieht mit der Aufzeichnung?
- Was erhalten die Teilnehmer, die sich angemeldet haben, aber nicht teilnehmen konnten?
- Was erhalten die Interessenten, die sich nicht angemeldet haben?

Marketingplan umsetzen Kontrollieren Sie, ob der Marketingplan, den Sie im nächsten Kapitel näher vorgestellt bekommen, auch umgesetzt wird. Wurden die Pressemeldungen rechtzeitig verschickt? Sind die Mailinglisten vollständig? Wurde das Event auf Facebook gepostet?

- Zuerst Aktionen, um Aufmerksamkeit für das Webinar zu erregen
- Dann Aktionen, um Anmeldungen zu generieren
- Einladungen versenden (Mailingaktionen)

Onlinepräsentation herstellen (ca. 2 Wochen vorher) Da Webinare eigene Anforderungen an eine Präsentation haben, können Sie Ihre Präsenzpräsentationen nicht 1 : 1 umsetzen und brauchen Zeit, um Onlinetools sicher und sinnvoll einzusetzen. Deshalb nehmen Sie sich mindestens 2 Wochen vorher, unerfahrene Presenter 4 Wochen vorher, die Zeit und produzieren Sie Ihre Onlinepräsentation.

- Präsentation produzieren
- Manuskript herstellen

Onlinepräsentation proben (ca. 1 Woche vorher) Damit Sie flüssig und klar sprechen, sich sicher fühlen und keine Angst vor technischen Pannen haben, ist es wichtig, das Webinar zu üben. Ein bewährter Übungsplan sieht 6 Proben vor und erstreckt sich deshalb über den Zeitraum von einer Woche.

- Präsentation offline üben (Text, Stimme)
- Präsentation online üben (Zeit, Technik, Text & Bild, Stimme) mit Publikum (Interaktionen, Onlinemethodik). Publikum wird angewiesen, sich wie reales Publikum zu verhalten
- Generalprobe mit Moderator, Organisator (Überleitungen, Rollen)
- Generalprobe aufzeichnen und im Team analysieren und optimieren
- Technik testen
- Machen Sie einen Technikcheck. Prüfen Sie die Software, die Hardware und ob alle Materialien am richtigen Ort sind.
- Software testen
- Hardware testen

Reminder-E-Mail an Teilnehmer verschicken (ca. 1 Tag vorher) Wenden Sie sich einen Tag vor dem Event mit einem letzten Reminder an Ihre Teilnehmer. Oft wurde der Termin vor lauter Stress und Hektik vergessen, vor allem bei den kostenlosen Webinaren. Schicken Sie eine Reminder-E-Mail nicht nur an alle registrierten Teilnehmer, sondern an die Gesamtliste – vielleicht entscheidet sich doch noch der eine oder andere, daran teilzunehmen, weil sich sein Terminplan inzwischen geändert hat.

- Reminder an registrierte Teilnehmer oder an die Gesamtliste verschicken (Pre-Meeting-Tool)

Präsentation halten (ab ca. 1,5 Stunde vorher) Bei der Durchführung des Onlineevents kommt es darauf an, sich in eine gute Stimmung zu bringen, die Technik ein letztes Mal zu checken und alle Störungen auszuschalten:

- Stimmübungen (siehe **Anhang H**)
- Schalten Sie alle Störquellen aus (Telefon, Handy, Klingel).
- Schicken Sie eine letzte Reminder-Mail an alle registrierten Teilnehmer oder an die Gesamtliste (Pre-Meeting-Tools).
- Wählen Sie sich 30 bis 40 Minuten vorher ins Meeting ein. Testen Sie die Technik.
- Starten Sie die Aufzeichnung des Events.
- Starten Sie das Event pünktlich.
- Führen Sie das Event engagiert und fesselnd durch.

Dokumentation und Reportings (ca. 1 Stunde danach) Post-Meeting-Tools unterstützen Sie dabei, Ihr Webinar für das Management aufzubereiten und Dokumentationen anzufertigen.

- Dokumentation-Reportings ausdrucken mit Post-Meeting-Tools
- Analysieren Sie die Umfragen, Evaluationen und Fragen.
- Sichern Sie alle neu gewonnen E-Mail-Adressen und geben Sie sie in Ihr Datenbanksystem ein.

Follow-up (ca. 1 Tag danach) Je nachdem, welche Rollen Sie während des Events eingenommen haben, werden Sie einen anderen Part im Webinar-Follow-Up übernehmen. Für Vertriebsaktivitäten sollten nicht mehr als 24 Stunden vergehen, bis Sie Kontakt zu den Teilnehmern aufnehmen.

- Versenden Sie eine Danke-Follow-up-Mail an die Teilnehmer.
- Schicken Sie versprochene Materialien zu.
- Senden Sie den Link zu den Aufzeichnungen.
- Telefonischer Kontakt mit Teilnehmern, um nächste Schritte zu vereinbaren

Verwertung der Aufzeichnung (1 bis 3 Tage danach) Social Media und andere Kanäle lassen sich auch hervorragend nutzen, um nach dem Webinar für die Aufzeichnung zu werben und nachträglich weiteren Nutzen aus dem Webinar zu ziehen.

- Veröffentlichen Sie die Aufzeichnung auf SlideShare, Vimeo, Webinar-Portalen.
- Vermarkten Sie die Aufzeichnung des Trainings „on demand". Machen Sie ein Produkt aus der Aufzeichnung (z. B. zusammen mit Whitepaper).
- Berichten Sie auf Ihrem Blog oder auf Google+ über das Event.

Archivierung (bis ca. 1 Woche danach) Post-Meeting-Tools unterstützen Sie dabei, sich nach und nach ein Webinar-Archiv anzulegen und bei Bedarf Teile davon schnell und einfach wiederzuverwerten:

- Archivieren Sie das Webinar in Ihrem System (Post-Meeting-Tools).
- Überlegen Sie, was gut lief und was Sie in Zukunft noch besser machen können.
- Leiten Sie Optimierungen in die Wege.
- Geben Sie Feedback an das gesamte Team, feiern Sie gemeinsam Ihren Erfolg!

Lassen Sie sich in der Gesamtphase vor allem von den Pre- und Post-Meeting-Tools Ihrer Software unterstützen.

3.2.2 Der Marketingplan

Was nützt es, gut zu sein, wenn keiner es weiß? Was nützt es Ihnen, ein gutes Webinar zu halten, wenn sich kein Mensch oder die falsche Zielgruppe registriert? Dann war die ganze Arbeit umsonst. Sorgen Sie früh für einen Marketingplan und brechen Sie Aufgabenpakete herunter, die Sie dann entweder selbst oder im Team umsetzen.

Damit Sie die Kampagne starten können, brauchen Sie zuerst einige Texte und Materialien von herausragender Qualität:

- Die motivierende Webinar-Beschreibung
- Einen Blog-Post
- Einen Pressetext
- Wenn möglich einige Slides aus der Onlinepräsentation
- Wenn möglich einen Videoteaser für YouTube

Die motivierende Webinar-Beschreibung Das A und O Ihres Marketingplans ist die Webinar-Beschreibung. Sie muss mitten ins Herz der Zielgruppe treffen und absolut motivierend geschrieben sein, ähnlich wie bei einem Buch der Klappentext. Mit ihr steht und fällt der Erfolg des Webinars. Nehmen Sie sich hierfür Zeit. Trifft der Text den Nerv der Zielgruppe? Denn Ihre Zielgruppe wird aufgrund dieses Textes entscheiden: „Nehme ich teil? Ist mir das meine Zeit wert? Bin ich bereit, dafür zu bezahlen?" Das bedeutet, dieser Text muss die Kraft haben, Entscheidungen für Ihr Webinar herbeizuführen, er muss also ein hohes motivierendes Potenzial besitzen.

▸ **Tipp** **Anhang C** verrät Ihnen nun, welche Elemente und Bausteine Sie benötigen, um den Text so zu formulieren, dass er zu hohen Registrierungsquoten führt. Kostenlose Webinare haben es etwas leichter, die Teilnehmer zum Registrieren zu motivieren. Bezahlwebinare sollten deshalb in Ihrer Webinar-Beschreibung noch eine Schippe drauflegen und noch spezifischer und zielgruppengerechter sein als Marketingevents.

Viele Vermarktungskanäle nutzen Mit einer motivierenden und transparenten Webinar-Beschreibung kann nun der Vermarktungsprozess beginnen. In den letzten Jahren hat sich die Zahl der Kanäle, auf denen wir für uns oder unser Produkte werben können, vervielfacht. Je mehr und je spezifischer Sie die ganzen Kanäle nutzen, umso erfolgreicher vermarkten Sie Ihr Webinar.

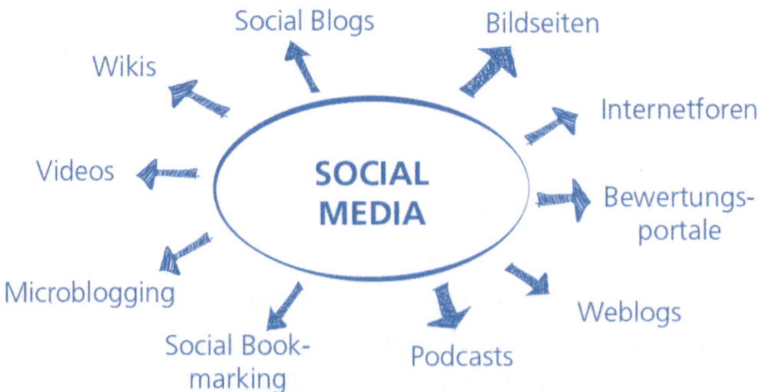

Trommeln Sie für Ihr Webinar im Internet, nutzen Sie aber auch klassische Wege wie Pressearbeit oder Mailings. Einen detaillierteren Marketingplan mit genaueren Anweisungen zu Social-Media-Marketing können Sie auf der Website zum Buch (www.dasgutewebinar.de) herunterladen.

Tabelle 3.2 gibt Ihnen eine Übersicht potenzieller Marketingaktivitäten, um möglichst viele Teilnehmer zu Ihrem Webinar zu motivieren. Selbstverständlich sind weitere Kommunikationsmaßnahmen denkbar, lassen Sie Ihrer Kreeativität freien Lauf.

Tab. 3.2 Checkliste Marketingplan

Aktion	Beschreibung
Webinar-Beschreibung	Grundlage aller Marketingaktivitäten. Benennt das Problem der Zielgruppe, die Lösung und den Mehrwert und gibt alle relevanten organisatorischen Daten wieder.
Pressemitteilung	Sie können online über kostenpflichtige oder kostenlose Dienste Pressemitteilungen einreichen. Senden Sie Ihre Mitteilungen auch an lokale Medien, Fachzeitschriften, Internetpublikationen, Fachportale oder andere Websites.
Blogbeitrag	Ein überzeugendes Blog-Posting über Ihr Webinar kann leicht auf verschiedenen Bookmarking-Sites landen oder mittels Social Media verteilt werden. Wenn Ihre Teammitglieder einen aktiven Blog haben, können Sie sie motivieren, auch einen Blogeintrag zu gestalten.
Artikel für Newsletter	Wenn Sie einen Newsletter besitzen, vergessen Sie nicht, eine kleine Beschreibung und einen „Aufruf zur Registrierung“ für das Webinar hinzuzufügen.
Teaser für Slideshare (einige Charts)	Laden Sie einige Seiten der Präsentation hoch und teilen Sie sie mit möglichen Interessenten.
Teaser YouTube	Veröffentlichen Sie ein Videoteaser auf YouTube, Vimeo oder einer anderen Videoplattform. Der Vorteil ist, dass Videos auch von Google indexiert werden und sie so zu einem bestimmten Thema auch als „Treffer“ aufgelistet werden und von vielen Menschen gefunden werden können.
Eigene Internetseite für das Webinar anlegen	Legen Sie für das Webinar eine eigene Seite an, auf der das Webinar beschrieben wird und auf der sich die Teilnehmer registrieren können. Achten Sie darauf, dass der Anmeldevorgang so einfach wie möglich ist. Fragen Sie nur die Informationen ab, die Sie wirklich benötigen. Wenn Ihnen Name und E-Mail-Adresse reichen – umso besser.
Banner Homepage	Erstellen Sie ein Banner mit einer Aufforderung, sich für Ihr Webinar anzumelden, und platzieren Sie es auf Ihrer Homepage.
Mailing: bestehende Kontakte	Schreiben Sie eine motivierende Einladung. Nutzen Sie Ihre bestehende Liste von Ansprechpartnern und Kontakten und senden Sie diesen Ihre Webinar-Informationen entweder direkt über die Webinar-Software oder per E-Mail zu.
Mailing: neue Kontakte (Adressen besorgen)	Sie können auch die Verbesserung Ihrer Kontaktliste mit zusätzlichen neuen Kontakten erwägen. Wenn Sie Ihr Zielpublikum identifiziert haben, können Sie zusätzliche Kontaktlisten sogar kaufen oder durch Projektpartner erwerben.
Multiplikatoren, Partner, Sponsoren (Affiliate-Marketing)	Im Affiliate-Marketing können Partner (auch Affiliates genannt) mit speziellen Werbelinks auf ihren Homepages für Ihr Webinar werben und bekommen dafür eine Gegenleistung.

Tab. 3.2 (Fortsetzung)

Aktion	Beschreibung
Twitter	Erstellen Sie 20 oder mehr Tweets und posten Sie sie alle zwei Stunden. Da Menschen auf Twitter zu allen Stunden des Tages und der Nacht zu erreichen sind, kommen Sie hier an unterschiedliche Zielgruppen heran.
Facebook	Posten Sie Ihre Webinar-Details und einen Anmeldeformular-Link auf Ihre oder die Facebook-Seite Ihrer Firma. Durch das Facebook-Event-Modul können Sie die Details der Veranstaltung posten und die Mitglieder Ihres Netzwerks einladen. Facebook kann sehr nützlich sein, wenn Sie Webinare im B2C-Bereich anbieten, sich also direkt an den Endkunden richten.
Google+	Nutzen Sie Google+ wie einen Blog und schreiben Sie relevante Inhalte zum Webinar-Thema. Positionieren Sie sich inhaltlich als Experte, der etwas Interessantes zu sagen hat, dann wird Ihr Beitrag gelesen und geteilt.
LinkedIn/Xing	LinkedIn und Xing sind wunderbare Werkzeuge, die Sie nutzen können, um Ihr Eventmarketing zu verbessern. Sie unterstützen vor allem die Promotion von Webinaren im B2B-Bereich.
Telefonakquise	Laden Sie Ihre Zielgruppe durch Telefonakquise oder durch persönliche Telefonate ein.
Sonstiges (Briefe, Broschüren ...)	Denken Sie auch an klassische Printwerbung. Briefe, Webinar-Flyer oder Broschüren können helfen, Ihr Webinar bekannter zu machen.

Sie haben nun die Ziele, ein Team und einen Marketingplan. Nun kommt es darauf an, die einzelnen Bausteine zum richtigen Zeitpunkt zu veröffentlichen bzw. zu versenden. Die Erfahrung zeigt, dass in den letzten 48 Stunden vor einem Webinar die meisten Anmeldungen erfolgen. Deshalb sollten die Teilnehmer in dieser Zeit über Social Media und Mailings am stärksten an Ihr Webinar erinnert werden. Im Vorfeld können Sie über Pressemitteilungen, Blogs oder LinkedIn-/Xing-Gruppen Aufmerksamkeit und Bewusstsein für Ihr Webinar erzeugen und über Mailings Ihre Teilnehmer einladen.

▸ **Tipp** Auf der Internetseite zu diesem Buch (www.dasgutewebinar.de) erhalten Sie kostenlos ein **Bonuskapitel** zum Thema Internetmarketing, den Organisationsplan und den Marketingplan als offene Excel-Dateien, mit denen Sie Ihr Event einfach und systematisch planen können.

3.3 Schritt 3: Die richtige Struktur für meine Präsentation

Wenn wir mit der Produktion einer Onlinepräsentation beginnen, stehen wir meist vor einer Fülle von Material, Charts, Details, Informationen, Argumenten, Bildern. Wie ordnen wir diese Materialberge an, sodass wir verstanden werden, überzeugen, das Publikum gut unterhalten? Vor dieser Frage steht jeder, der eine Präsentation halten möchte – online oder offline. Werden diese Fragen nicht richtig beantwortet, kommt es zu irrelevanten, langweiligen oder gar abgelehnten Webinaren, die wir als Zuhörer zwar immer wieder erleben, als Presenter aber meiden sollten.

In diesem Kapitel lernen Sie einen in unserem Trainings- und Beratungsinstitut Hermann-Ruess & Partner entwickelten Präsentation-Strukturplan kennen. Wir haben ihn für Webinare weiterentwickelt und nennen ihn HRP-Webinar-Strukturplan, da er alle unsere Methoden, Erfahrungen und Konzepte in einem Konstrukt zusammenfasst. Er unterstützt Sie, mit einer einzigen Struktur direkt in PowerPoint Ihr Webinar logisch, strukturiert, zuhörerfreundlich zu produzieren.

Wofür benötigen Sie den HRP-Webinar-Strukturplan? Diese Webinar-Struktur ist ein ganzheitliches System, das Logik, Struktur, Zuhörerzentrierung, Wirkung in einem Konstrukt erfasst. Es verbindet entlang eines logischen roten Fadens Ihren Inhalt mit den Fragen der Teilnehmer. Dadurch wird Ihr Webinar relevant, überzeugend und wirkungsvoll zugleich. Der HRP-Webinar-Strukturplan ist bis ins letzte Detail PowerPoint-kompatibel. Mit ihm können Sie das Webinar

- konzipieren,
- visualisieren,
- durchführen.

Er lässt sich direkt in PowerPoint produzieren und bildet die Grundlage

- für Ihre Onlinepräsentation und
- für Ihr Manuskript

indem er die unterschiedlichen *Ansichten* und *Druckoptionen* von PowerPoint auf sehr sinnvolle und intelligente Art nutzt (vgl. *Schritt 4: Ideen visualisieren: Charts richtig einsetzen*).

Was ist der Strukturplan?

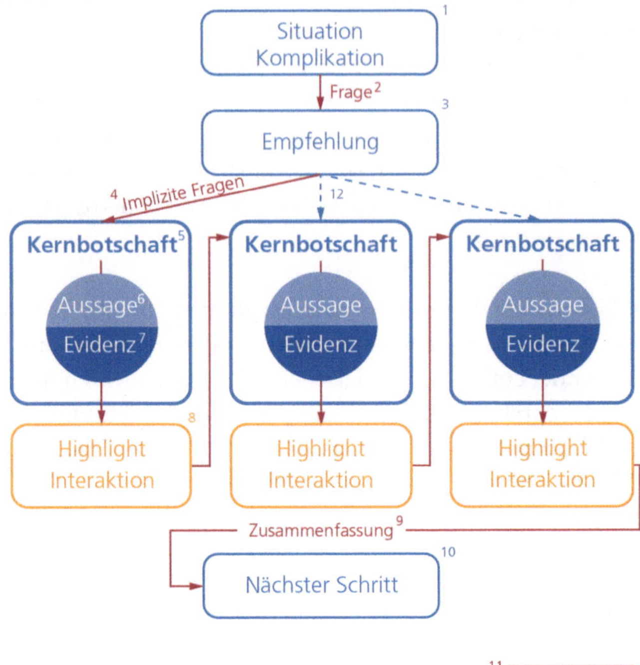

Viel zu häufig finden heute Präsentationen statt, bei denen der Vortragende hauptsächlich aus seiner Perspektive über sein Thema, sein Produkt oder seine Ideen spricht. Daran sind die Zuhörer überhaupt nicht interessiert und schalten ab oder reagieren mit Widerstand. Sie wollen dagegen gern erfahren, warum sie Ihr Thema interessieren sollte, wie sie davon betroffen sind oder welchen Nutzen sie daraus ziehen könnten. Damit der Zuhörer überhaupt weiß, um was es geht, wird ihm zuerst die Situation (1) geschildert, um die es in diesem Webinar geht. In dieser Situation sind Probleme aufgetaucht, oder alte Lösungen funktionieren nicht mehr. Dies führt zu Komplikationen und zu Fragen nach einer guten Lösung. Ihr ganzes Webinar muss also eine Frage beantworten, die Ihren Teilnehmern unter den Fingern brennt. Die Antwort auf diese brennende Frage (2) ist die Empfehlung (3) Ihres Webinars. Das gesamte Webinar ist im Grunde nichts weiter als eine Abfolge von Antworten auf implizit gestellte Fragen (4) in den Köpfen Ihrer Zuhörer. Die Antworten werden mit den Kernbotschaften (5) beantwortet. Wobei Kernbotschaften immer aus Aussagen (6), Behauptungen, und Evidenzen (7), Beweisen, bestehen. Um die Grafik einfach zu halten, haben wir nur ein Aussagen/Evidenzpaar pro Kernaussage visualisiert. In der Regel stützen Sie jede Kernbotschaft mit mehreren Aussagen/Evidenzpaaren. Da wir das Publikum bei einem Webinar in den meisten Fällen weder sehen noch kennen, benötigen wir das Limbische Kommunikationsmodell (LKM) wie in Kap. 1 vorgestellt, das uns die Fragetypen verrät, die sich Menschen im Allgemeinen aufgrund der limbischen Programmierung implizit stellen. Wenn wir die vier Fragen beantworten, erzeugen wir automatisch belohnende und überzeugende Aussagen.

▸ **Tipp** Eine Checkliste mit impliziten Fragen in den Köpfen Ihrer Zuhörer erhalten Sie in **Anhang D**.

Da Sie auf jeder Ebene immer nur das sagen und zeigen, was Ihr Publikum interessiert, ist Ihr Webinar relevant und bedeutsam für Ihre Teilnehmer.

Die Aussagen (6) sind vorerst reiner Text. Würden Sie einfach den Text visualisieren, würden Sie Bullet-Charts produzieren. Da wir das im Webinar auf alle Fälle vermeiden möchten, verpacken wir nun unsere Aussagen mithilfe von Evidenzmitteln (Evidenz) (7). Evidenzmittel machen eine Aussage glaubwürdig, nachvollziehbar und griffig. Evidenzmittel sind sinnliche Beweise und Belege, dass die Aussage stimmt: Statistiken, Fallbeispiele, Demonstrationen, Abbildungen, persönliche Erfahrung, Experimente etc. Sinnliche Beweise sprechen Auge, Ohr und taktilen Sinn an, sind also entweder visuell (z. B. Bilder, Videos, Webcam), auditiv (z. B. Storytelling) oder taktil (z. B. Chat, Poll, Übungen).

▸ **Tipp** Eine Checkliste mit auditiven, visuellen und taktilen Evidenzmitteln erhalten Sie in **Anhang E**.

Damit die Teilnehmer regelrecht an den Bildschirm gefesselt werden, benötigen wir auf einer weiteren Ebene im HRP-Webinar-Strukturplan viele Highlights (9). Highlights und Evidenzmittel unterscheiden sich nicht in der Form, sondern in der Funktion:

- **Evidenzmittel** sind zwingend notwendig, um überzeugend zu präsentieren. Sie führen im Kopf der Zuhörer zu einem „Aha!". Sie machen Ihre Präsentation glaubwürdig und einleuchtend.
- **Highlights** sind nicht zwingend notwendige Glieder in einer Argumentation. Sie sind notwendig, um das Publikum zu begeistern. Sie veranlassen zu einem „Wow!". Sie machen Ihr Webinar faszinierend, fesselnd, interessant, sympathisch, inspirierend, spannend, lebendig, interaktiv, dynamisch.
- **Mischungen** Die Grenze wischen Highlights und Evidenz ist fließend. Ganz einfach deshalb, weil viele Evidenzmittel den „Wow!"-Faktor implizit besitzen und Highlights in sich evident sind und somit die Gesamtargumentation (emotional) stützen. Ein spannend erzähltes Fallbeispiel hat sowohl belegende Funktion (Evidenzmittel: induktives Argument) als auch unterhaltende Funktion (Highlight: Storytelling).

Ein Webinar braucht viel mehr Evidenz und Highlights als eine Präsenzveranstaltung. Neben rhetorischen Evidenzmitteln und Highlights steht Ihnen in einem Webinar noch eine ganze Palette von Onlinetools zur Verfügung. Diese sind genau dafür konzipiert worden, Ihr Webinar noch evidenter und fesselnder zu machen. Nutzen Sie Onlinetools so oft wie möglich, um Ihr Publikum einzubinden, Ihre Kernbotschaften zu belegen oder Ihre Teilnehmer zu begeistern.

▸ **Tipp** Kapitel 5 verrät Ihnen viele kreative Einsatzmöglichkeiten von Onlinetools.

Der Schluss des Webinars wird durch die Zusammenfassung (9) der wichtigsten Botschaften eingeleitet, um Motivation zu erzeugen. Der „nächste Schritt" (10), bei dem die Teilnehmer konkret erfahren, was sie nun als Nächstes machen können, ist der inhaltliche „finale Paukenschlag".

Der HRP-Webinar-Strukturplan ist ein Leitfaden, der zeigt, wie ein Webinar systematisch produziert werden kann. Die Linie, entlang der wir die Struktur live präsentieren, heißt „Storyline" (11). Sie ist der rote Faden des Webinars. Die Storyline ist die genaue Reihenfolge, in der die Struktur vorgetragen wird. Sie beginnt mit der Situationseröffnung, malt anschaulich die Komplikationen aus, geht über die brennende Frage und die Empfehlung in die unteren Ebenen, gibt dann eine Vorschau (13) auf die drei zentralen Punkte und geht dann bei der Kernbotschaft 1 in die Tiefe. Sie kommt wieder hoch zu Kernbotschaft 2, macht einen kurzen Rückblick auf Punkt 1, gibt eine kurze Vorschau auf Kernbotschaft 2 und geht dann in die Tiefe bei Kernbotschaft 3 und so weiter. Zum Schluss werden die zentralen Aussagen zusammengefasst und die Teilnehmer zum Handeln aufgefordert. Wenn wir den roten Faden gerade ziehen, erhalten wir die Webinar-Storyline. In genau dieser Reihenfolge wird das Webinar live durchgeführt.

Die HRP-Webinar-Storyline wird ausführlich in *Schritt 4: Ideen visualisieren: Charts richtig einsetzen* und in Kap. 4 behandelt, in denen es um die PowerPoint-Version und um die Livedurchführung Ihres Webinars geht.

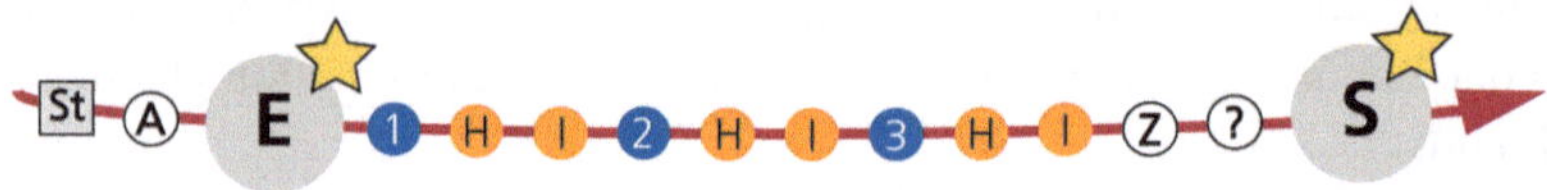

Wie wenden Sie den Strukturplan an? Anhand eines Beispiel-Webinars aus der Praxis möchten wir Ihnen anschaulich erläutern, wie Sie nun die Struktur ausfüllen.

▸ **Tipp** In **Anhang F** erhalten Sie eine schrittweise Anleitung, wie Sie den Strukturplan anwenden.

Das Thema unseres Webinars lautet „Wie Sie online mitreißend und spannend präsentieren" und stellt das Limbische Kommunikationsmodell (LKM) vor. Unsere Zuhörer kennen wir nicht, wir wissen vom Veranstalter nur, dass sich über 500 Teilnehmer angemeldet haben. Die Teilnehmer kommen aus allen Ebenen und Branchen.

In Kap. 4 stellen wir Ihnen das gesamte Beispiel-Webinar mit allen Aussagen, Evidenzmitteln, Highlights, Interaktionen vor. An dieser Stelle möchten wir Ihnen vor allem zeigen, wie Sie Inhalte überzeugend, zuhörerzentriert und wirkungsvoll mit dem Strukturplan in Form bringen.

3.4 Schritt 4: Ideen visualisieren: Charts richtig einsetzen

Von Max Ott

Nachdem wir nun eine Struktur kennengelernt haben, die für uns das Rückgrat des Webinars bildet und uns bei der Konzeption und Umsetzung hilft, ist jetzt der Schritt gekommen, mit der eigentlichen Präsentation in einem Präsentationsprogramm, meist PowerPoint, zu beginnen.[3]

Die Präsentation ist meist der einzige visuelle Eindruck, den Ihr Gegenüber von Ihnen bekommen wird. Darum ist es umso wichtiger, an dieser Stelle zu punkten. Im weiteren Verlauf dieses Abschnitts möchten wir Ihnen zeigen, wie Sie Ihr Thema bzw. Konzept in PowerPoint „übersetzen" und daraus eine webinargerechte Bildschirmpräsentation schaffen. Hier lernen wir einige Grundregeln zu PowerPoint und zum richtigen Einsatz in Webinaren kennen. Vor allem an dieser Stelle möchten wir Bilder und Folien für sich sprechen lassen und sie Ihnen als Anregung und Inspiration für Ihr Webinar und Ihre Onlinepräsentation an die Hand geben.

Vom Strukturplan zur PowerPoint-Storyline Für diesen Teilschritt sollten Sie sich den Strukturplan aus dem Internet unter www.dasgutewebinar.de heruntergeladen haben und

[3] Im Folgenden werden wir der Einfachheit halber PowerPoint synonym für andere Präsentationsprogramme wie Keynote oder Open-Office-Lösungen verwenden.

für Ihr Webinar so weit ausfüllen und sich dann direkt damit an Ihren Computer setzen. Öffnen Sie nun direkt PowerPoint bzw. Ihr Präsentationsprogramm und erstellen Sie eine neue, leere Präsentation – Vorlage, Hintergrund und Ähnliches spielen erst einmal keine Rolle.

Jetzt legen Sie für jedes Kästchen auf Ihrem Strukturplan eine leere Folie an. Dabei schreiben Sie immer direkt in den Titel der jeweiligen Folie die identische Überschrift des Kästchens aus Ihrem Strukturplan (1).

Darunter in das Textfeld kommt immer die Evidenz Ihres jeweiligen Punktes. Fragen Sie sich hier: „Was könnte dabei helfen, das Publikum von meinem Punkt zu überzeugen?" Hier können Sie schon Ihre Idee der Visualisierung vermerken, wie beispielsweise Bilder, Charts, Diagramme, Tabellen, Videos, Zitate etc. (2).

Die Aussage jedoch, die im HRP-Webinar-Strukturplan eigentlich zuerst steht, schreiben Sie in den Notizenbereich unterhalb der Folie. Dieser Text wird später Ihr Manuskript ergeben, mit dem Sie sich dann intensiv auf Ihr Webinar vorbereiten können (3).

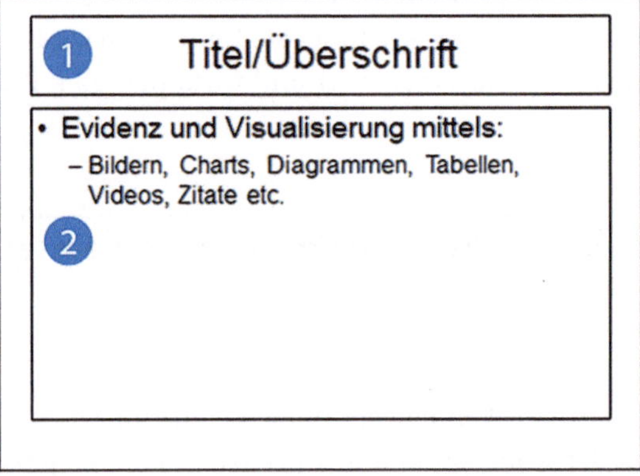

Die Präsentation, die Sie gerade erstellen, wird in dieser Form natürlich nie einer Ihrer Webinar-Besucher zu Gesicht bekommen. Mit diesem Zwischenschritt aber schaffen wir es, eine geradlinige Storyline entlang der vorher konzipierten Struktur zu erzeugen und gleichzeitig alle relevanten Informationen schon einmal zentral „gespeichert" zu haben.

Wenn Sie nun in PowerPoint auf die Ansicht *Foliensortierung* klicken, haben Sie eine gute Übersicht über die Struktur und den Ablauf Ihrer Onlinepräsentation. Auch hier können Sie noch Folien einsetzen, wenn Ihnen auffällt, dass eventuell ein Unterpunkt oder ein wichtiger Schritt fehlt oder übersehen wurde. Auch eignet sich die Ansicht *Foliensortierung* ideal, um einzelne Folien zu verschieben.

Bei Hermann-Ruess & Partner nutzen wir diese Ansicht vor allem, um die wichtigen Highlights und Interaktionen zu setzen. Denn diese sind einfache Hilfsmittel, um Ihr Webinar aufzulockern und interaktiver zu gestalten. In dieser Ansicht bekommen Sie sehr schnell ein Gefühl, wann es mal wieder ein Highlight braucht bzw. ob Sie Ihre Präsentation auch abwechslungsreich gestaltet haben.

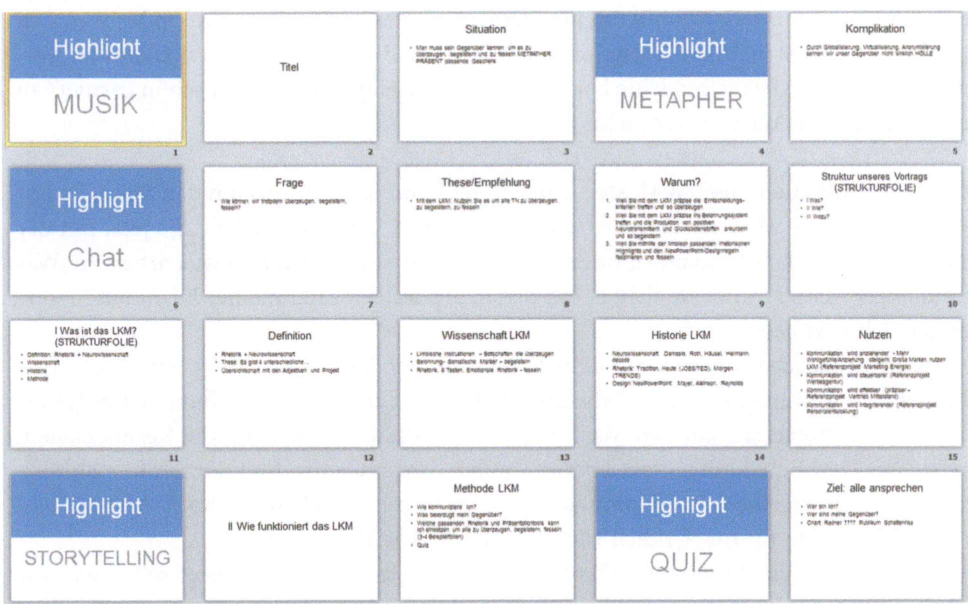

Ausgehend von diesem ersten Grundgerüst in PowerPoint kann jetzt effektiv an der eigentlichen Webinar-Präsentation gearbeitet werden. Dabei ist die Wort-Bild-Koppelung der entscheidende Stellhebel für ein gutes Webinar. Nur wenn Ihre Aussagen (auditiv) mit den passenden Evidenzen (visuell) untermauert werden, können Sie Ihr Publikum überzeugen und für Ihr Thema, Ihr Produkt oder Ihre Idee gewinnen.

▸ **Tipp** Sollten Sie ein gutes Team haben, das Sie bei der Produktion der Präsentation und hochwertiger Charts unterstützen kann, ist dies der ideale Zeitpunkt zu delegieren. Denn dieses Grundgerüst muss nun „nur noch" von einem Grafikdesigner oder PowerPoint-Experten „glattgezogen" und in bildhafte Charts heruntergebrochen werden. Alles Inhaltliche sollte von Ihnen schon auf den Folien definiert worden sein.

Von der PowerPoint-Storyline zur fertigen Präsentation Haben Sie es bis hierher geschafft, ist der größte Teil der inhaltlichen Arbeit schon erledigt! Jetzt geht es „nur" noch darum, aus der Storyline bildhafte, abwechslungsreiche und hochwertige Folien zu machen. Sollten Sie keine Unterstützung von einem Experten haben oder es gerne einmal selbst probieren wollen, möchten wir Sie dabei mit den folgenden Grundregeln für das Erstellen von Webinar-Präsentationen unterstützen. Die meisten Regeln davon sind auch auf fast jede andere Präsentation, ob online oder offline, anwendbar, vergessen Sie aber dabei nicht, dass bei Webinaren die inhaltliche Dichte, d. h. die vermittelten Inhalte pro Folie, sehr gering ist. Das soll aber nicht bedeuten, dass Sie keine Inhalte vermitteln. Nur die Art und Weise, wie sie vermittelt werden, unterscheidet sich von Dokumenten für Teammeetings, Reports oder Strategiedokumenten. Gute Webinare sind von einer hohen Schlagzahl an Folien geprägt, um das Publikum bei Laune zu halten. Bei diesem Tempo kann es sich ein guter Presenter nicht erlauben, inhaltlich schwere Brocken auf sein Publikum zu werfen. Die Kunst wird es sein, kleine bekömmliche Info-Häppchen visuell schön garniert zu präsentieren. Aber dazu später mehr.

Starten Sie mit einem leeren Master Zuallererst kümmern wir uns um den richtigen Folienmaster. Dieser wird das visuelle Grundgerüst Ihres Webinars. Sobald Sie jetzt mit der Präsentation für Ihr Webinar beginnen, sollten Sie mit einem leeren Master arbeiten. „Was ist ein leerer Master? Und wie sieht es mit dem Corporate-Master meiner Firma aus?", werden Sie sich jetzt bestimmt fragen.

Unsere praktische Erfahrung und die Ergebnisse der Gehirnforschung zeigen, je aufgeräumter, d. h. je **weniger visuelle Störungseffekte** wie Logos, Verläufe, bunte Hintergründe, Designelemente etc. auf den Masterfolien sind, desto besser kann die Kernbotschaft, Ihr Thema, vom Publikum aufgenommen werden. Unser Gehirn funktioniert hier ähnlich wie der Arbeitsspeicher eines Computers. Wurde es mit visuellem „Schrott" vollgeladen, ist kein Platz mehr für die wirklich wichtigen Dinge wie Ihre Inhalte.

Sicherlich ist es nicht immer möglich, einen vollkommen leeren Master zu nutzen, vor allem wenn man ein Webinar im Namen einer Firma oder Marke hält, dennoch sollten Sie versuchen, visuelle Störenfriede möglichst einzudämmen. Auch gibt ein „ruhiger" Folienmaster Ihnen oder Ihrem Foliendesigner viel mehr Möglichkeiten, Inhalte in Szene zu setzen und zu visualisieren (siehe Abb. 3.1).

▸ **Tipp** Je weniger Designelemente oder Farben von vornherein auf dem Master vorgegeben sind, desto flexibler sind Sie in der finalen Foliengestaltung.

Dem Reiz, mal eine schöne Designervorlage auszuprobieren, unterliegen oft nicht nur Personen, die ihre erste Onlinepräsentation erstellen. Zu groß ist die Versuchung, für ein paar Euro sich auf einer der diversen Plattformen für Präsentationsvorlagen eine von Designern „handgemachte“ Vorlage zu erwerben. Diese bestechen oft mit brillanten Fotos, tollen 3D-Illustrationen, dem perfekt abgestimmten Farbschema oder den schon 30 vorhandenen Folienvorlagen – eine größtenteils hohe Qualität möchten wir diesen Vorlagen gar nicht absprechen. Gerade aber als Anfänger im Webinar-Bereich ist es wichtig, ein feines Gespür dafür zu bekommen, wie viel Dekoration überhaupt erlaubt ist. Dabei ist es gut, wenn Sie bei Null anfangen, den Ergebnissen der Gehirnforschung vertrauen und frei dem Motto „KISS“ folgen: Keep it short and simple! (Sinngemäß: „Machen Sie es so einfach wie möglich.“)

Haben Sie dann Erfahrung mit Ihrer ersten Onlinepräsentation gemacht, können Sie sich hier und da mal einen schönen Hintergrund gönnen, solange er zur visuellen Prägnanz Ihrer Inhalte beiträgt.

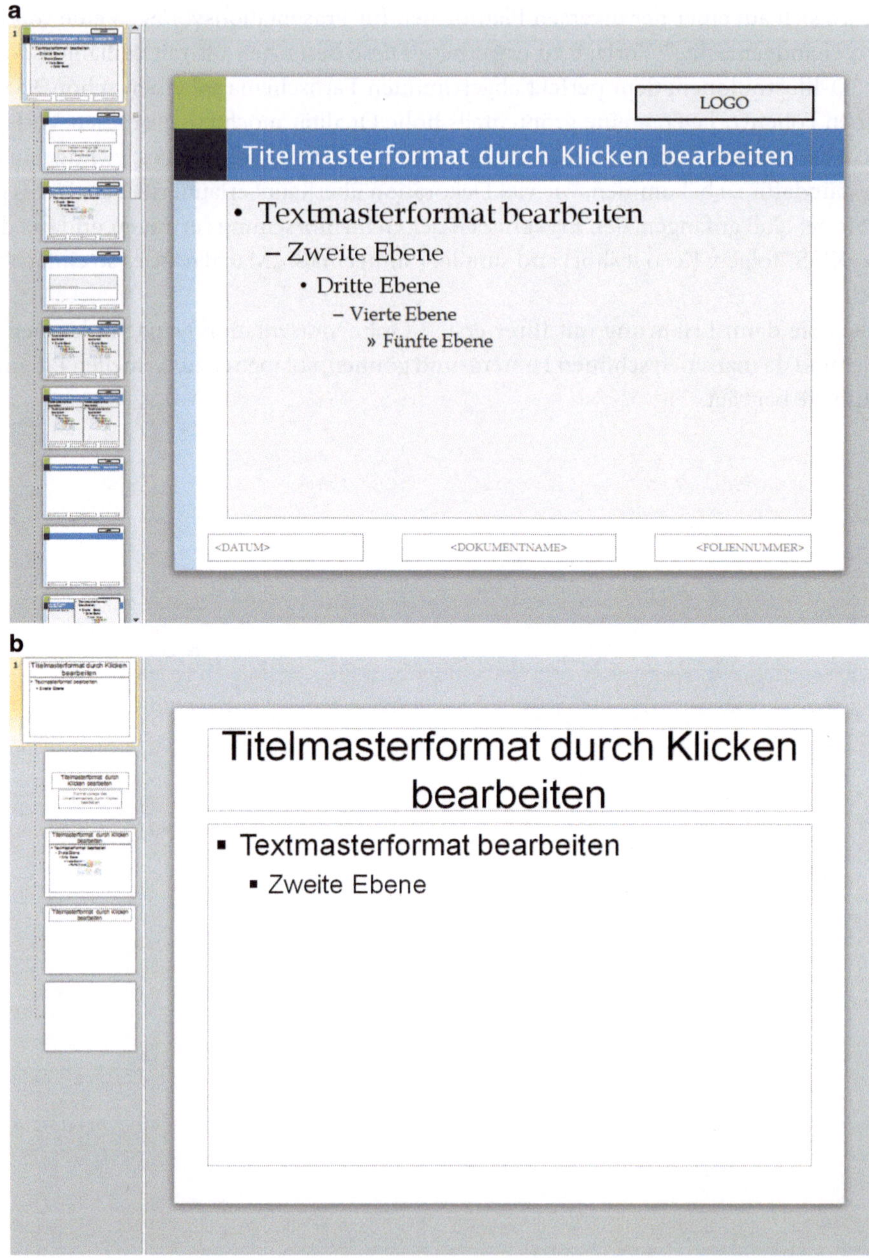

Abb. 3.1 **a** VORHER: Fußzeile, Designelemente am Rand, Logo und viele unruhige Farben sorgen für visuelle Störungseffekte (Folienmasteransicht), **b** NACHHER: Alle unnötigen Folienlayouts und Grafikelemente wurden entfernt (Folienmasteransicht)

Pro Folie nur eine (neue) Information Diese Regel gilt für Online- genauso wie für Offlinepräsentationen, ist aber bei einem guten Webinar noch viel wörtlicher zu nehmen. Wenn Sie nun anfangen, die in PowerPoint erstellte Storyline weiter herunterzubrechen, versuchen Sie, Ihrem Publikum pro Folie immer nur eine neue Information zu vermitteln. Brechen Sie Konzepte und Ideen herunter. Es ist kein Problem, eine Übersicht der „big pictures" zu zeigen, eine Vorschau zu geben, was Sie jetzt vorstellen werden, aber versuchen Sie nicht, auf dieser Folie das komplette Konzept oder die gesamte Idee zu visualisieren.

Versetzen Sie sich immer wieder in die Rolle Ihres Publikums und fragen Sie sich: Was ist die Kernaussage dieser Folie? Wenn ich nur eine Information behalten sollte, welche müsste dies sein? Wie wirkt diese Folie auf mich? Was soll mir mit dieser Folie gesagt werden (siehe Abb. 3.2)?

Und fürchten Sie sich nicht davor, mit 200 Folien oder mehr ein 45-minütiges Webinar zu bestreiten. Wenn Sie alles richtig machen, wird Ihr Webinar trotzdem keine „Folienschlacht". Verstehen Sie Ihre PowerPoint-Folien viel eher als einen Film, der zu Ihren Worten laufen wird. Er wird Ihre Geschichte visualisieren, illustrieren und vor allem evident machen.

Deshalb ist es umso wichtiger, dass Ihre Folien leicht verdaulich für Ihr Publikum sind und dem Prinzip „Eine Aussage, eine Folie" folgen. Die nächsten beiden Grundregeln werden Ihnen dabei helfen, wie Sie zum einen die viel genutzten Bullet-Points, zu Deutsch Aufzählungszeichen, sinnvoll auflösen können und zum anderen bildhafte Charts erstellen.

Vorher

Nachher

Die Rhetorik soll dem Redner helfen, Menschen von seinem Thema zu überzeugen.

Wirkfiguren und Stillmittel
- Überzeugen das Publikum
- Helfen Sie Massen zu begeistern
- Fesseln die Zuhörer, wenn sie richtig eingesetzt werden
- Erzeugen Spannung und Begeisterung

Gliederung der Figuren
- Klangfiguren
  - Lautliche Ebene
- Positionsfiguren
  - Stellung der Wörter
- Sinnfiguren
  - Sinnsteigerung
- Satzfiguren
  - Wirkung auf ganze Einheit

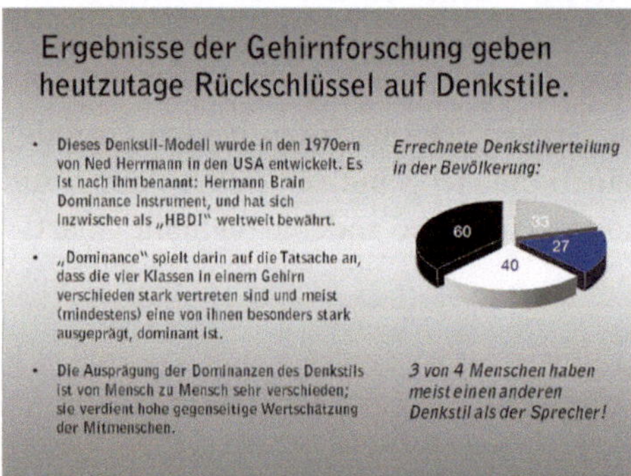

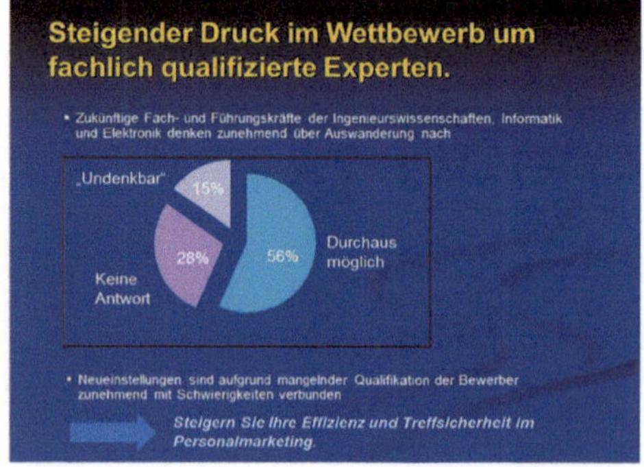

Abb. 3.2 Folien nach dem Prinzip „Eine Aussage, eine Folie" gestalten

Bullet-Points sinnvoll auflösen Eines der größten „Verbrechen“, das Sie bei der Erstellung einer Onlinepräsentation begehen können, sind Bleiwüsten bzw. Bullet-Point-Charts, purer Text. Nichts anderes wird Ihr Publikum so schnell abschalten und wegklicken lassen als Folien, die nur aus Text bestehen. Und auch für Sie und Ihr Thema ist dies „tödlich“: Denn wer hat es schon gern, wenn während Ihrer Präsentation der Großteil des Publikums den Raum schon vor dem Schluss verlässt.

Versuchen Sie, wie in Abb. 3.3 dargestellt, Ihre Aufzählungszeichen (1) aufzulösen, indem Sie Schritt für Schritt den Text in seine Einzelteile zerlegen. Versuchen Sie zuerst, irgendeinen visuellen „Aufhänger“ für jeden Punkt zu finden, sei es ein Bild, ein Icon, ein Diagramm, ein Chart, eine Tabelle (2).

Das sieht zwar schon wesentlich besser aus als vorher, aber es sind immer noch viel zu viele Informationen auf einer Folie. Was machen wir jetzt? Wir zerlegen diese Folie jetzt in sieben einzelne Unterfolien: eine Information – eine Folie. Jetzt haben wir nicht nur die Inhalte „gehirngerecht“, sondern auch noch praktischerweise viel mehr Platz, um den einzelnen Punkt zu visualisieren. Wie wäre es mit einem guten Zitat? Gibt es da nicht eine tolle Studie, die alles sagt? Oder wie wäre es einfach mit einem Bild? Vergessen Sie trotz der ganzen Technik nicht, dass Sie, der Presenter, immer noch der Mittelpunkt der gesamten Onlinepräsentation sind und die Folien keine visuelle Mauern ist, hinter der Sie sich verstecken sollen. Sie dienen nur der visuellen Unterstreichung Ihrer Worte, sie sind die Diashow, die ganz automatisch zu Ihrer Stimme abläuft (siehe auch Abb. 3.4).

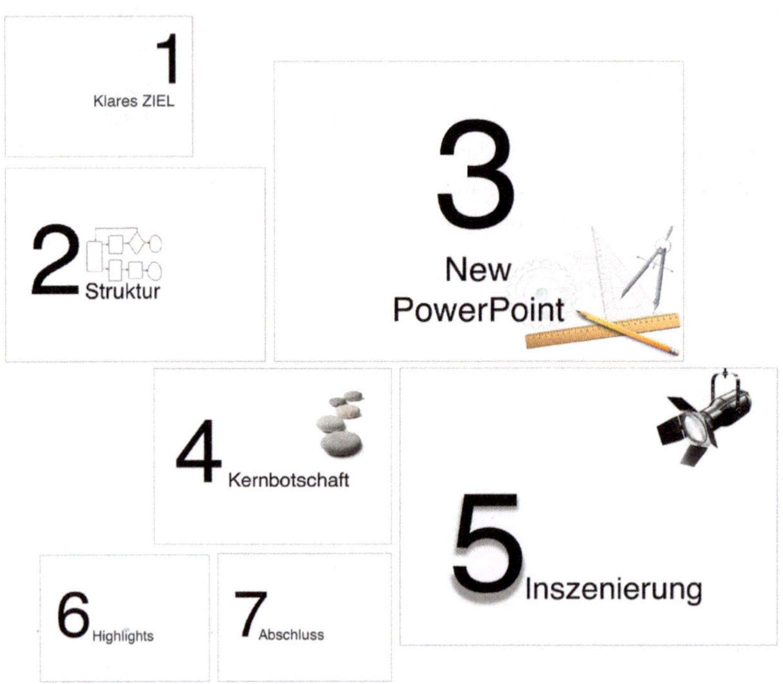

Abb. 3.3 Bullet Points Schritt für Schritt auflösen

Vorher

Erfolgsfaktoren in der Personalgewinnung

- Zielgruppenrelevanz: Marke und konkrete Angebote frühzeitig an der Marktforschung ausrichten: Zielgruppenansprüche bedenken
- Effektive Umsetzung: Personalmarketing-Maßnahmen je nach anvisiertem Ziel und je nach spezifischer Zielgruppe auswählen
- Konsistenz: Marke und Realität dürfen nicht dauerhaft auseinanderfallen. Im gesamten Recruitingprozess bis zur Integration der neuen Mitarbeiter muss Image gestärkt werden.
- Nachhaltigkeit: Frühzeitige Identifikation, Entwicklung und Bindung von Talenten zur Nachfolgebesetzung basierend auf ganzheitlichen Talent Management Programmen

Zwischenschritt

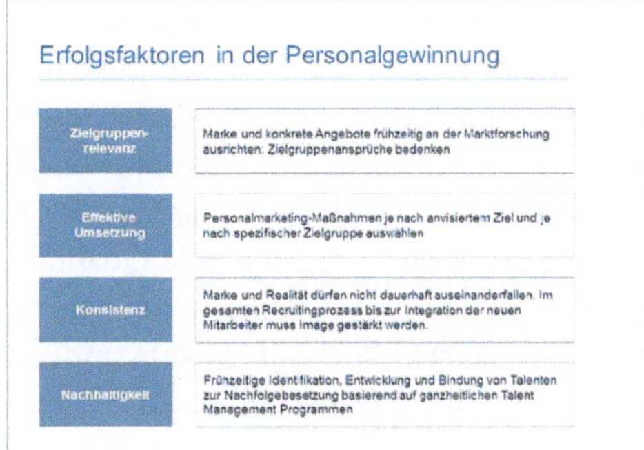

Nachher

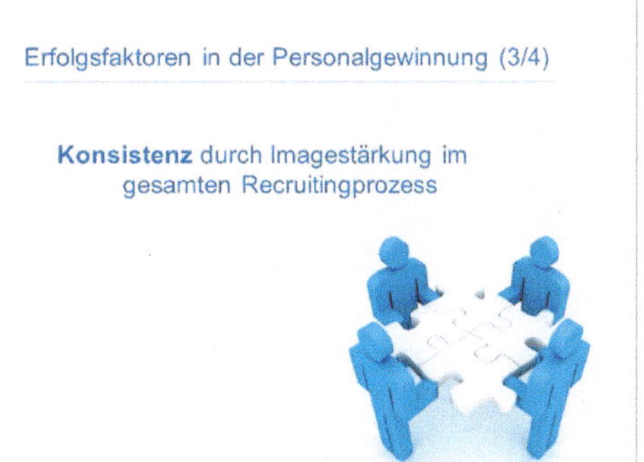

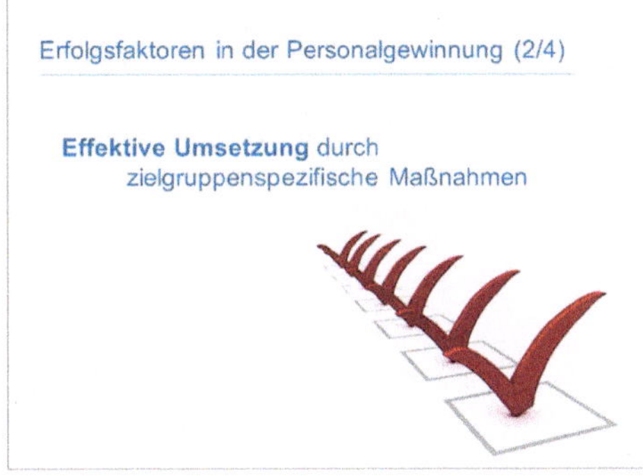

Abb. 3.4 Finden Sie bildhafte Metaphern für Ihre Inhalte

Bilder sagen mehr als Worte – bildhafte Foliengestaltung Wie schon angesprochen, sind bei Webinaren bildhafte Folien von entscheidender Bedeutung. Wenn Sie inhaltlich sehr dichte Folien aus Reports, Teammeetings oder Marktanalysen gewohnt sind, müssen Sie sich für Webinare und Onlinepräsentationen umstellen. Da Ihre Slideshow eher einem Film gleicht, erlaubt die Geschwindigkeit keine überladenen Textfolien. Nutzen Sie einprägsame und ausdrucksstarke Bilder und nur wenig Text, um Ihre Worte zu unterstreichen. In Abb. 3.5 wurde eine Auswahl von Textfolien in einprägsame Bilder transformiert.

Versuchen Sie, bildhafte Metaphern für Ihre Inhalte zu finden. Achten Sie bei der Bildwahl vor allem auch auf eine gute Qualität und meiden Sie Clipart-Grafiken. Zum einen sitzt Ihr Publikum im Vergleich zu einer Beamerpräsentation direkt am Bildschirm und erkennt verzerrte Bilder sofort, zum anderen wirken Clipart-Grafiken oft unprofessionell und sehr verspielt. Denn die Qualität Ihrer Unterlagen wird auch immer auf Sie zurückfallen.

Vorher

Nachher

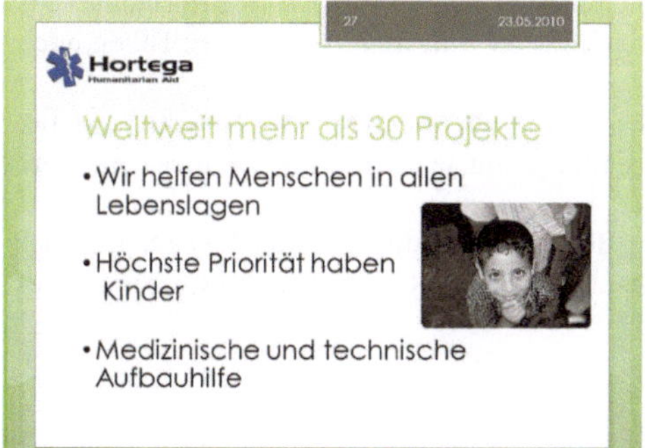

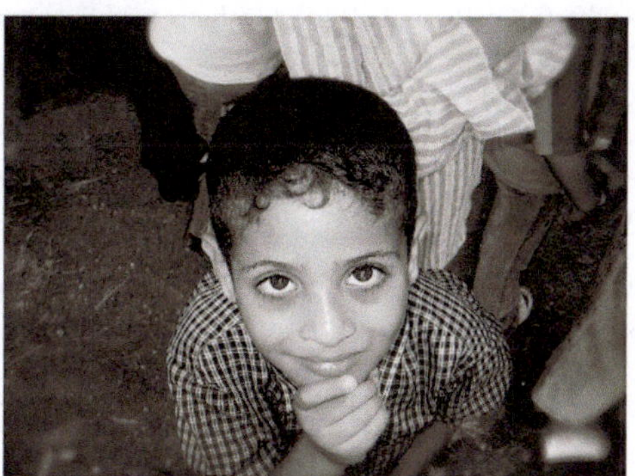

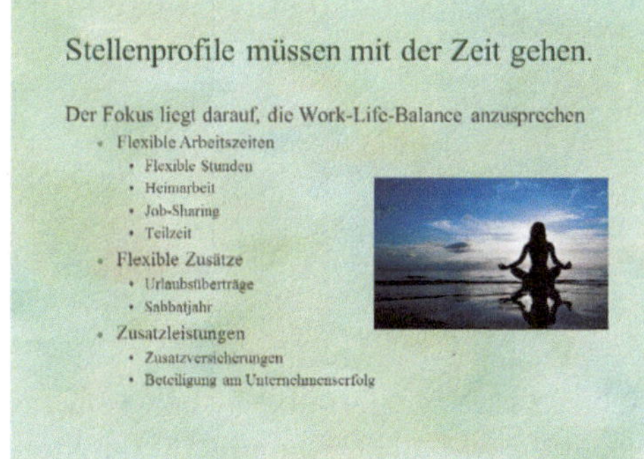

Abb. 3.5 Nutzen Sie einprägsame und ausdrucksstarke Bilder statt überladener Textfolien

Exkurs: Wo und wie findet man die richtigen Bilder?
Inzwischen gibt es eine Vielzahl von Plattformen und Webseiten, die rechtefreie Bilder, im englischsprachigen Raum auch „royalty free pictures“ genannt, zu erschwinglichen Preisen verkaufen. Rechtefrei heißen die Bilder deshalb, weil Sie für eine einmalige Nutzungsgebühr im Normalfall das Recht erhalten, die Medien zeitlich unbegrenzt, unbegrenzt oft und in verschiedenen Fällen auch kommerziell zu verwenden.

Dort können Sie ähnlich wie bei der Google-Suche einfach ein Stichwort wie „Gewinn“, „Mehrwert“ oder „Kundenzufriedenheit“ eingeben und erhalten dann je nach Anbieter meist mehrere hundert Bildvorschläge zu Ihrem Thema.

Die Anbieter unterscheiden sich meist nur in der Benutzerfreundlichkeit der Website und der Anzahl der Bilder, preislich liegen sie bis auf die Profianbieter wie Getty Images und Corbis alle auf gleichem Niveau.

Websites für günstige rechtefreie Bilder

- iStockphoto (www.istockphoto.de)
- Fotolia (www.fotolia.de)
- Shutterstock (www.shutterstock.com)

Websites für kostenlose Bilder

- Flickr Creative Commons (www.flickr.com/creativecommons)
- Creative Commons Search (www.search.creativecommons.org)
- Image After (www.imageaftercom)

Grundsätze zur Farbgebung und Typografie Ohne zu tief ins Detail gehen zu wollen, ist es dennoch wichtig, die Grundsätze der Farbgebung und Schriftgestaltung für Onlinepräsentationen zu beherrschen. Falls diese nicht schon vom Corporate Design Ihrer Firma vorgegeben sind, sollten Sie sich bei der Farbwahl auf eine Palette von zwei bis drei Farben beschränken.

Auch wenn Sie rein von der Darstellung her mehr Optionen als bei einer Beamerpräsentation haben, da heutzutage die meisten Menschen über recht hochwertige Bildschirme verfügen, sollten Sie sich auch hier zurückhalten. Passen Sie die Farbgestaltung Ihrem Thema an: Möchten Sie ein neues innovatives Konzept präsentieren, nutzen Sie junge, frische und dynamische Farben. Möchten Sie eher ein konventionelles Produkt verkaufen, sollten Sie eine dezente und bodenständige Farbpalette nutzen.

Versuchen Sie, Ihren Bildstil, d. h. die Farbgebung und -gestaltung Ihrer Bilder und Illustrationen, an Ihre Farbpalette anzupassen. Haben Sie eher dezente Naturfarben, sollten Ihre Bilder nicht in knalligen Bunttönen sein. Zwei Beispiele für die Festlegung einer geeigneten Farbpalette können Sie Abb. 3.6 entnehmen.

▸ **Tipp** Sollte Ihre Farbplatte z. B. durch den Firmen-Master schon vorgegeben sein, versuchen Sie, auch hier nicht alle Farbakzente zu nutzen, sondern beschränken Sie sich auf die „Hauptfarben“ in der obersten Leiste.

Die passende Farbplatte:

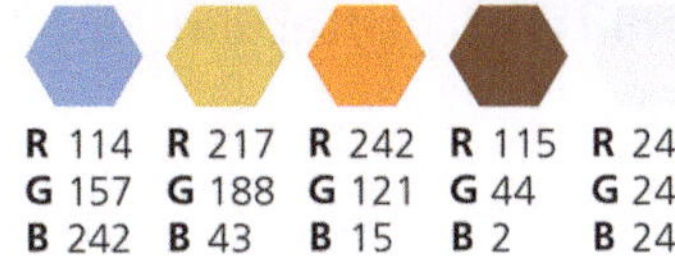

Die passende Farbplatte:

R 114 **G** 157 **B** 242
R 217 **G** 188 **B** 43
R 242 **G** 121 **B** 15
R 115 **G** 44 **B** 2
R 242 **G** 242 **B** 242

Abb. 3.6 Passen Sie Ihren Bildstil an die Farbpalette an

Unterschiedliche Schriftarten:

Serifenschrift

Cambria	Vogel Quax zwickt Johnys Pferd Bim.
Courier	Vogel Quax zwickt Johnys Pferd Bim.
Georgia	Vogel Quax zwickt Johnys Pferd Bim.
Times New Roman	Vogel Quax zwickt Johnys Pferd Bim.

Serifenlose Schrift

Arial	Vogel Quax zwickt Johnys Pferd Bim.
Century Gothic	Vogel Quax zwickt Johnys Pferd Bim.
Helvetica Neue	Vogel Quax zwickt Johnys Pferd Bim.
Tahoma	Vogel Quax zwickt Johnys Pferd Bim.

Abb. 3.7 Serifenlose Schriftarten vereinfachen das Lesen

Bei der Wahl der richtigen Schrift gibt es für Onlinepräsentationen wegen des nur sparsamen Gebrauchs an Text eine einfache Grundregel: Nutzen Sie serifenlose Schriften wie Arial, Helvetica oder Gill Sans. Diese sind, da sich der Text bei einem guten Webinar nur auf Überschriften und kurze und prägnante Aussagen beschränkt, einfacher zu lesen und haben eine klarere Wirkung als „verschnörkelte" Serifenschriften wie Times New Roman, Cambria oder Courier. Abbildung 3.7 verdeutlicht in einem direkten Vergleich die Unterschiede der beiden Varianten. Verwenden Sie, wenn es unbedingt sein muss, maximal zwei verschiedene, aufeinander abgestimmte Schriftarten. Wenn es sich jedoch vermeiden lässt, bleiben Sie bei einer klaren Schriftart.

Ähnlich verhält es sich auch mit der Schriftgröße. Hier sollten Sie jeweils eine einheitliche Größe für Überschriften und Text nutzen. Gerade bei einer schnellen Abfolge von Folien kann es sehr störend sein, wenn beispielsweise Ihre Überschriften wegen unterschiedlicher Schriftgrößen „springen" und so vom Wesentlichen, Ihrem Inhalt, ablenken.

Animationen richtig im Webinar einsetzen – und was Sie falsch machen können Mit den richtigen Animationen können Sie die Aufmerksamkeit Ihres Publikums steuern und vielleicht auf den ersten Blick nicht webinartaugliche Folien zerlegen. Stellen Sie ein Drei-Stufen-Konzept vor? Wie wäre es damit, die drei einzelnen Säulen Schritt für Schritt zu animieren und Stimmung aufzubauen? Sie haben ein kompliziertes Ablaufdiagramm, das aber unbedingt auf eine Folie muss? Sprechen Sie es einzeln durch und animieren Sie es nacheinander. Sie haben ein verblüffendes Bild, das alles sagt? Wie wäre es damit, das Bild in zwei Hälften zu zerlegen und durch eine Animation für einen „Wow-Effekt" zu sorgen?

Sie sehen, es gibt viele Möglichkeiten, Animationen sinnvoll in Webinaren zu verwenden. Vermeiden Sie jedoch, jede einzelne Folie Ihrer Onlinepräsentation mit solchen Effekten auszustatten. Eine gute Animation kann ein tolles Highlight sein und Ihre Präsentation auflockern.

Vermeiden Sie jedoch zu ausgefallene Animationen, die Buchstaben, Bilder oder Elemente auf dem Bildschirm kreisen oder durch die Gegend fliegen lassen. Diese Effekte wirken spielerisch und unprofessionell und haben in einem guten Webinar nichts zu suchen.

Noch ein wichtiger Hinweis zu Effekten und Animationen in Webinaren: Manchmal kann es eine geringe zeitliche Verzögerung bei der Übertragung von Effekten und Animationen im Vergleich zu Ihrer Stimmübertragung geben – dies ist von rein technischer Natur. Achten Sie also darauf, nicht zu schnell Effekte hintereinanderzureihen. Es kann sonst passieren, dass Sie dann über Dinge reden, die zwar schon auf Ihrem Bildschirm, beim Publikum aber noch nicht „angekommen" sind. Das sorgt für ungewollte Irritationen.

Strukturfolien – diese Folien braucht jedes gute Webinar Da Webinare für viele Menschen immer noch ein sehr neues Thema sind, ist es wichtig, den „Neuankömmlingen" im virtuellen Raum Orientierung zu geben. Dies fängt bei einfachen Beschreibungen an, wie sie den virtuellen Raum betreten können, und hört bei wichtigen Strukturfolien in der eigentlichen Onlinepräsentation auf, die jedes gute Webinar beinhalten sollte und Sicherheit, Übersicht und begleitende Informationen geben.

Begrüßungsfolie Die Begrüßungsfolie empfängt die Teilnehmer und gibt erste Informationen wie die Startzeit des Webinars, wie man sich richtig in die Telefonkonferenz oder via VoIP einwählt und wer Gastgeber oder Präsentierender ist.

Funktionsbenutzung Wenn Sie Funktionen wie den Chat oder die Umfrage nutzen, sollten Sie kurz davor eine Folie zeigen, die kurz beschreibt, wie man beispielsweise das Chatfenster richtig nutzen kann. Gehen Sie nicht davon aus, dass alle Teilnehmer immer auf Anhieb sofort alle Funktionen der Programme kennen und nutzen werden. Wenn Sie Interaktionen über den Chat planen, führen Sie kurz vor, wie dies funktioniert.

Agenda Eine bildhafte, klare Agenda hilft Ihrem Publikum zu verstehen, wo es sich gerade inhaltlich befindet und was noch im weiteren Verlauf des Webinars auf es zukommen wird. Dabei verstehen wir unter einer Agenda keine minutiöse Gliederung mit zehn Unterpunkten, sondern, wie im Beispiel gezeigt, eine klare Übersicht, wo man gerade steht. Nutzen Sie hier Animationen und die Möglichkeiten von PowerPoint, klar hervorzuheben, wo Sie sich gerade befinden.

Schlussfolie Ebenso wichtig wie die Begrüßungsfolie ist die Schlussfolie, die quasi der Abspann Ihres Webinars ist. Hier können Sie nochmals Ihre Kontaktdaten oder die nächsten Schritte festhalten. Möchten Sie Kontaktdaten sammeln? Dann bitten Sie Ihre Teilnehmer, an einer Umfrage zum Webinar teilzunehmen, und verlosen dabei unter den Teilnehmern etwas. Nutzen Sie die Schlussfolie als eine letzte Möglichkeit, mit Ihrem Publikum zu interagieren.

Abbildung 3.8 zeigt Ihnen jeweils ein mögliches Beispiel für eine Begrüßungsfolie, eine Folie zur Funktionsbenutzung, eine Agenda sowie eine Schlussfolie.

Begrüßungsfolie

Funktionsbenutzung

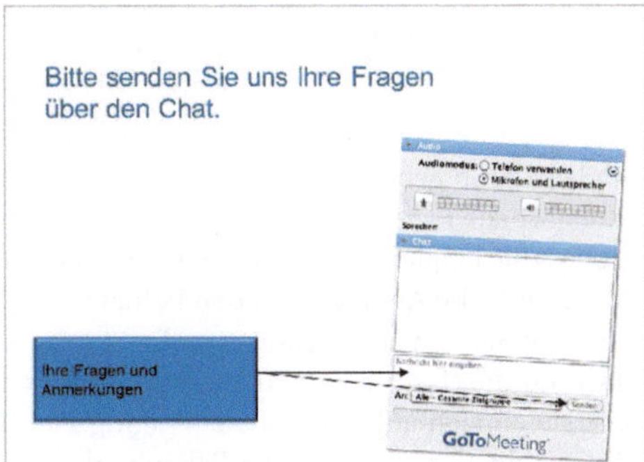

Agenda

Schlussfolie

Abb. 3.8 Geben Sie Ihren Teilnehmern durch Strukturfolien Orientierung

Exkurs: „Konvertierung" einer vorhandenen Präsentation zu einem Webinar
Haben Sie vielleicht schon eine inhaltlich gute Präsentation, die Sie gerne als Onlinepräsentation zeigen möchten, die aber noch nicht den gerade vorgestellten Designstandards entspricht? Lesen Sie im folgenden Exkurs, wie Sie schnell und effektiv eine klassische Präsentation zu einem guten Webinar umwandeln können.

1. Präsentation bereinigen und Folien umwandeln. Noch bevor es an die eigentliche Struktur der Präsentation gehen wird, muss die Ursprungspräsentation bereinigt werden. Dazu gehen Sie in die normale *Folienansicht* und machen den Bereich für Notizen (unterer Bildschirmrand) größer, sodass Sie bequem Text hineinkopieren können. Denn zuerst muss der gesamte, so weit vorhandene Text, die Aussage, von den Folien in die Notizenseiten gebracht werden. Bei diesem Schritt können Sie sich auch schon erste Evidenzen, visuelle Belege, überlegen und direkt als Kommentare auf die (fast) leeren Folien schreiben. Sollten Sie schon gute Visualisierungen haben, lassen Sie sie einfach auf den Folien. Wichtig vor allem für den nächsten Schritt ist es, dass Sie jetzt immer die Kernaussagen der Folien in den jeweiligen Titel schreiben. Dies wird Ihnen dabei helfen, im nächsten Schritt die entschlackten Folien neu zu sortieren, zu gliedern und optimal zu strukturieren.
2. Strukturen schaffen. Nehmen Sie sich den HRP-Webinar-Strukturplan und füllen Sie ihn für Ihr bestehendes Thema aus. Nach diesem Plan können Sie die entschlackten Folien neu anordnen und behalten gleichzeitig mit den prägnanten Titeln die inhaltliche Übersicht. Fügen Sie ruhig schon die wesentlichen Strukturfolien ein, um Ihrem Webinar einen ersten umfassenden Anstrich zu geben.
3. Folien finalisieren. Nachdem jetzt weitgehend das Grundgerüst steht, geht es um die finale Überarbeitung der Folien. Jetzt können Sie die hier vorgestellten Designregeln anwenden: Gestalten Sie bildhafte, visuell ausdrucksstarke und überzeugende Folien. Vielleicht müssen Sie jetzt die eine oder andere Folie in mehrere „Häppchen" aufteilen oder andere ganz streichen. Dieser Schritt wird wesentlich mehr Zeit in Anspruch nehmen als die vorherigen. Versuchen Sie auch hier wieder, eine einheitliche Bild- und Farbsprache zu wählen und Ihre Ideen, Konzepte, Gedanken und Inhalte weitestgehend zu visualisieren.

Jetzt haben Sie Ihre bestehende Präsentation in nur wenigen Schritten zu einer ansehnlichen Onlinepräsentation konvertiert – jedoch nur visuell. Vergessen Sie jetzt nicht den didaktischen Part und setzen Sie Highlights und Interaktionen und arbeiten Sie weiter an Ihrem guten Webinar mit der HRP-Webinar-Storyline.

Ein letzter Check in der Ansicht Foliensortierung Wenn Ihre PowerPoint-Präsentation fertig ist, wechseln Sie noch einmal in die Ansicht *Foliensortierung*: Ist die Präsentation logisch nachvollziehbar, funktioniert die Storyline? Ist die Präsentation überzeugend, funktionieren die Bilder und der Text? Ist die Präsentation spannend und fesselnd, sind genügend Highlights und Interaktionen eingebaut? Werden die Onlinetools sinnvoll eingesetzt?

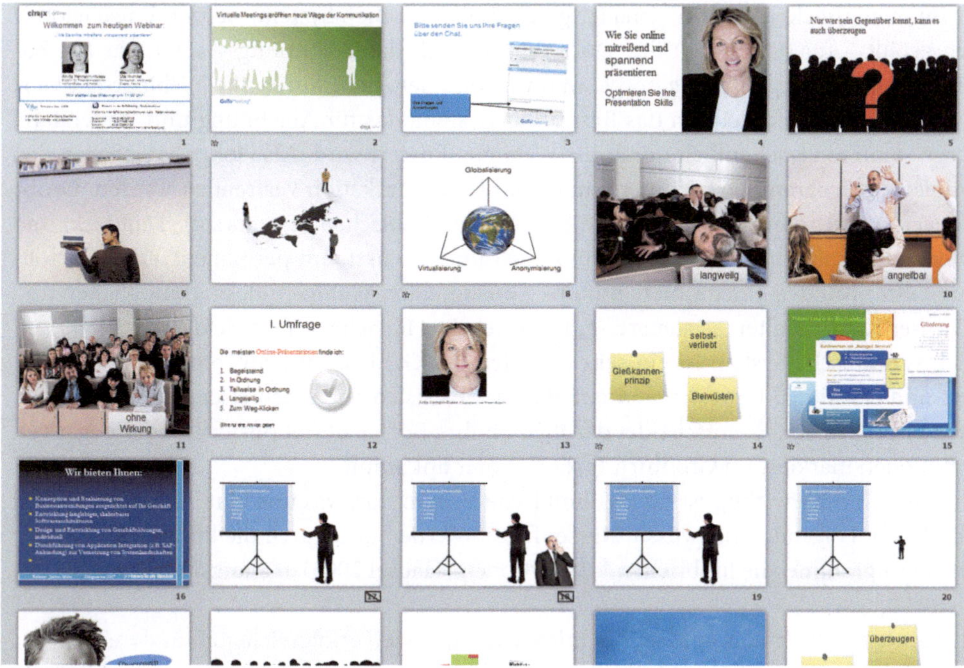

3.5 Schritt 5: Das Publikum bei Laune halten – die belohnende Onlinedramaturgie

Nachdem Sie nun den HRP-Webinar-Strukturplan in PowerPoint übertragen haben, Ihre Visualisierungen im Chart-Bereich und Ihren Text auf den Notizenseiten generiert haben, ist Ihre Onlinepräsentation fast fertig. In diesem Schritt überprüfen wir die Gesamtdramaturgie und unterziehen die Präsentation einem Belohnungscheck. Damit stellen wir sicher, dass wir wirklich an jeden Teilnehmertyp gedacht haben und alle Teilnehmer abholen.

In Kap. 1 haben wir Ihnen deshalb das Limbische Kommunikationsmodell (LKM) vorgestellt, weil es sehr gut erklären kann, welche unterschiedlichen Menschentypen es gibt, warum diese unterschiedlich sind und mit welchen Kommunikationsstilen wir sie am besten erreichen. Wir haben auch gesehen, dass das Belohnungssystem eine ganz große Rolle spielt. Nur Botschaften, die das Belohnungssystem aktivieren, sorgen für leuchtende Augen, Zustimmung und Begeisterung. Botschaften, die ganz besonders stark auf das Belohnungssystem einzahlen, stellen wir Ihnen in diesem Kapitel vor. Jeder limbische Typ bevorzugt seine eigenen Belohnungen in Form von typgerechten Aussagen (Inhalt und Stil), Evidenzmitteln, Highlights und Onlinemethoden.

▸ **Tipp** Weitere belohnende dramaturgische Elemente erhalten Sie in **Anhang G.** Kapitel 5 gibt Antworten auf die Frage, wie viel Onlinemethodik nötig ist.

Im menschlichen Gehirn, genauer gesagt im limbischen System, werden Entscheidungen gefällt – für oder gegen Sie. Dort befindet sich das Belohnungssystem, das für Zustimmung und Begeisterung sorgt, wenn es beispielsweise durch Ihr Webinar aktiviert wird. Und dort befindet sich das Bestrafungssystem, das für Ablehnung und Widerstand sorgt, wenn es versehentlich durch Ihr Webinar aktiviert wird. Also lohnt es sich, mit den limbischen Programmen und der limbischen Kommunikation vertraut zu werden. Große Konzerne und große Marken haben die Macht des limbischen Systems längst entdeckt und nutzen die limbische Kommunikation gezielt und bewusst, um permanent auf die Belohnung ihrer Kunden einzuzahlen, um uns Konsumenten Wohlgefühle zu ermöglichen und so unser Kaufverhalten zu steuern (vgl. Häusel 2003 ff.; Scheier und Held 2006 ff.).

Das limbische System ist ein sehr alter Teil des Gehirns, in dem Informationen gefiltert und emotional bewertet werden. Stellen Sie es sich wie einen strengen Wächter vor dem Großhirn vor. Er entscheidet darüber, ob Ihre Botschaft mit positiven oder negativen Emotionen markiert im Großhirn Ihrer Zuhörer ankommt.

Nützlich oder wichtig ist für das limbische System nur, was uns hilft, möglichst gut zu überleben. Folgende unbewusste Nutzenfragen werden also durch die limbischen Hintergrundprogramme, die limbischen Instruktionen (Häusel 2003), ständig ausgelöst:

1. Gewinner-Instruktion: Macht es mich stärker, besser, erfolgreicher als andere?
2. Sicherheits-Instruktion: Macht es mein Leben sicherer, verlässlicher, vorhersehbarer?
3. Verbundenheits-Instruktion: Bringt es mir soziale Geborgenheit und harmonische Verbundenheit?
4. Entdeckungs-Instruktion: Hilft es mir, Neues zu entdecken? Ist es spannend und abwechslungsreich? Macht es mich einzigartig?

Diese Fragen muss Ihr Webinar eindeutig positiv beantworten, sonst verliert es an Relevanz und Motivationskraft für Ihre Zuhörer.

Folgen wir den Programmen, dann werden wir mit positiven Emotionen belohnt – folgen wir ihnen nicht, werden wir mit negativen Emotionen bestraft. Die einzelnen limbischen Instruktionen sind nicht bei jedem Menschen gleich stark ausgeprägt.

- Bei dem einen hat die Gewinner-Instruktion ein größeres Gewicht. Ein Teilnehmer mit so einem limbischen Wächter lässt dann eher Botschaften ins Bewusstsein, die Größe, Dominanz und Siege versprechen. Sein Belohnungssystem bevorzugt präzise Botschaften und einen nüchternen, zahlenorientierten Kommunikationsstil, den sogenannten logischen Code. Teilnehmer mit einer ausgeprägten Gewinner-Instruktion nennen wir den logischen Teilnehmertyp.
- Ein zweiter hat eine stärkere Sicherheits-Instruktion. Er bevorzugt eher Botschaften, die Sicherheit und Verlässlichkeit versprechen. Sein Belohnungssystem bevorzugt geordnete Botschaften. Es belohnt einen strukturierten, nachvollziehbaren und bodenständigen Kommunikationsstil, den strukturierten Code. Teilnehmer mit einer ausgeprägten Sicherheits-Instruktion nennen wir den strukturierten Teilnehmertyp.

- Ein dritter besitzt eine stärkere Verbundenheits-Instruktion. Sein limbischer Wächter lässt dann eher die Botschaften positiv markiert zum Großhirn durch, die ihm Anziehung und Harmonie in Aussicht stellen. Sein Belohnungssystem mag es, wenn Ihre Botschaften sinnlich und gefühlvoll gekleidet sind. Es steht auf einen erzählerischen, subjektiven, dialogischen Kommunikationsstil, den sogenannten gefühlvollen Code. Teilnehmer mit einer ausgeprägten Verbundenheits-Instruktion nennen wir den gefühlvollen Teilnehmertyp.
- Und ein vierter besitzt eine stärkere Entdecker-Instruktion. Dessen limbischer Wächter bevorzugt die Botschaften, die aufregend neu, anders als die anderen, verblüffend oder originell sind. Die limbische Instruktion des experimentellen Denkstils ist begeistert von einer unterhaltsamen, originellen und spannenden Sprache. Sie steht auf einen provokanten, ironischen, außergewöhnlichen Kommunikationsstil, auch experimenteller Code genannt. Teilnehmer mit einer ausgeprägten Entdecker-Instruktion nennen wir den experimentellen Teilnehmertyp.

Was für den einen eine Belohnung ist, kann für andere eine Bestrafung sein. Dieser Satz hat es in sich – er ist der neurobiologische Grund dafür, dass wir mit unseren Worten und Argumenten so meilenweit danebenliegen können, dass wir andere ungewollt in Abwehrhaltung bringen. Das ist auch der neurobiologische Grund dafür, dass Onlinepräsentationen so gähnend langweilig sein können. In all diesen Fällen haben wir voll ins Bestrafungssystem getroffen, obwohl wir unser Bestes gegeben haben.

Wenn Sie limbisch kommunizieren, dann können Sie mit Worten bewegen. Dann treffen Sie mit Ihren Worten, Argumenten, Charts und Demonstrationen mitten ins Belohnungssystem Ihrer Zuhörer.

Da das Belohnungsprogramm Ihrer Zuhörer vielleicht ein anderes ist als Ihres, ist es wichtig, die Botschaft auf das bevorzugte Programm Ihrer Zielgruppe abzustimmen, da Sie sonst Ihre Zielgruppe nicht erreichen und im schlimmsten Fall gegen sich aufbringen oder verlieren. Wenn Sie vor einem sehr homogenen oder kleinen Teilnehmerkreis sprechen, dann können Sie Ihre Präsentation auf die Präsentationsvorlieben Ihrer Zielgruppe abstimmen. Wenn Sie jedoch vor unbekannten, unterschiedlichen oder sehr vielen Teilnehmern sprechen, dann empfiehlt es sich, alle vier Zuhörertypen zu berücksichtigen. Eine Übersicht über die vier limbischen Instruktionen und deren Belohnungs- und Bestrafungssysteme bietet Abb. 3.9.

Nutzen Sie die vier limbischen Codierungen auch, um Abwechslung in Ihre Präsentation zu bringen. Sie bedenken so nicht nur die Zahlen und Fakten (logisch), Sie präsentieren umsetzbare Lösungen (strukturiert), sie vergessen nicht die menschlichen Aspekte (gefühlvoll) und Sie heben sich wohltuend von langweiligen Präsentationen ab (experimentell). Sie persönlich wirken dadurch auf Ihre Zuhörer sehr durchdacht und gewinnen schnell Vertrauen und Sympathie. Geben Sie ein rundes Bild der Dinge und strukturieren Sie, indem Sie einmal einen Rundgang durch alle Belohnungsprogramme machen. In der PowerPoint-Ansicht *Gliederung* funktioniert dieser Rundgang am besten: Schauen Sie sich noch einmal alle Charts an und ergänzen sie, falls Sie einen anwesenden Typ zu wenig bedacht haben:

	Belohnung	Bestrafung
1. Gewinn/Durchsetzung: Macht es mich stärker, besser, erfolgreicher als andere?	Stolz, Siegesgefühl	Ärger, Wut, Ohnmacht
2. Sicherheit/Kontrolle: Macht es mein Leben sicherer, verlässlicher, vorhersehbarer?	Sicherheit, Vertrauen	Angst, Stress, Unsicherheit
3. Gemeinschaft/Verbundenheit: Bringt es mir soziale Geborgenheit und harmonische Verbundenheit?	Geborgenheit, Liebe	Einsamkeit, Trauer
4. Entdeckung/Fortschritt: Hilft es mir Neues zu entdecken? Ist es spannend und abwechslungsreich?	Prickeln, Verblüffung	Langeweile, Schwere

Abb. 3.9 Übersicht über die vier limbischen Instruktionen und deren Belohnungs- und Bestrafungssysteme. Beantwortet Ihr Webinar die vier Instruktionen, sind die Zuhörer überzeugt und motiviert. Tut es das nicht, dann kommt es zu Einwänden, Langeweile oder Desinteresse

Checkliste: Habe ich für jeden die richtige („belohnende") Onlinedramaturgie?

Checkliste für den logischen Teilnehmertyp

- Ist das Ziel Ihrer Präsentation klar ersichtlich?
- Gibt es eine logische Struktur?
- Gestalten Sie eine kurze und prägnante Präsentation?
- Verwenden Sie hochwertige Diagramme und Grafiken?
- Belegen Sie Ihre Aussagen mit Statistiken, Berechnungen, Messungen, Studien, Experimenten?
- Motivieren Sie mit der Hoffnung auf Gewinne, Effektivität und Status?
- Kommen Sie in Ihren Aussagen auf den Punkt?
- Konzentrieren Sie sich auf drei bis vier Kernbotschaften?
- Setzen Sie die neueste Technik ein und beherrschen Sie sie sicher?
- Halten Sie Backup-Folien bereit, um im Notfall Fragen professionell und ausführlich beantworten zu können?
- Nutzen Sie folgende Interaktionen: Zahlen schätzen lassen, Quizfragen, Umfragen?

Checkliste für den strukturierten Teilnehmertyp

- Strahlen Sie als Referent Sicherheit aus (Vorstellung als erfahrener Experte; sichere Beherrschung der Technik; sicheres Auftreten)?
- Werden Ihre Teilnehmer sicher im virtuellen Raum geführt? (Werden Ihre Teilnehmer in die Technik eingewiesen? Wie werden Regeln für Ihr Webinar kommuniziert? Gibt es Anleitungsfolien?)
- Gibt es eine nachvollziehbare und einfache Struktur?
- Haben Sie eine Strukturfolie eingebaut, die immer wieder die Struktur visualisiert und anzeigt, wo Sie sich gerade befinden?
- Geben Sie Ihren Teilnehmern Sicherheit durch Verlässlichkeit (d. h. Einhalten alle Versprechen, Pünktlichkeit, Aufstellen von Regeln)?
- Malen Sie auch ab und an den Teufel an die Wand? (Was passiert, wenn nicht gehandelt wird?)
- Erzählen Sie Geschichten, die Sicherheit vermitteln?
- Verwenden Sie Strukturbilder, Flussdiagramme und Schaubilder, um Abläufe zu vereinfachen und grafisch darzustellen?
- Arbeiten Sie mit „soliden“ Bildern und Farben, die nicht zu auffällig/extravagant sind?
- Halten Sie Links/Dokumente zu Quellen bereit?
- Halten Sie sich streng an Ihren Ablaufplan/Ihrer Gliederung?
- Haben Sie konkrete Beispiele vorbereitet?
- Geben Sie Ihren Teilnehmern gute praktische Tipps, „How to …“, mit? Können Sie irgendwo ein „X-Schritte-Programm zum Erfolg“ einbauen?
- Gibt es Downloads/Literatur/Unterlagen/Checklisten zum Nachbereiten?

Checkliste für den emotionalen Teilnehmertyp

- Sind Sie 10 Minuten eher im Chatroom anwesend und begrüßen Sie die Teilnehmer persönlich (bei wenigen Teilnehmern) und mit Ihrem freundlich lächelnden Foto bei einem Webinar-Event mit vielen Teilnehmern?
- Ist es möglich, mit Webcam zu arbeiten? Wenn ja, lächeln Sie sichtbar und schauen Sie dabei direkt in die Webcam und nicht auf Ihren PC, um „Blickkontakt“ herzustellen?
- Stellen Sie sich persönlich und warmherzig vor?
- Sind Sie nah bei den Sorgen und Nöten Ihrer Teilnehmer?
- Erzählen Sie in einem Ton, als ob Sie mit einem guten Freund plaudern?
- Erzählen Sie eine persönliche oder eine bewegende Geschichte?
- Haben Sie ein berührendes Zitat gefunden, das zu Ihrem Thema passt?
- Haben Sie ästhetisch ansprechende Fotos von Menschen?
- Gestalten Sie eine formschöne Präsentation mit warmen Farben und fröhlichen Bildern? Vermeiden Sie reine Textfolien ganz?
- Nutzen Sie die Folien vor allem, um Geschichten mithilfe von Bildern zu erzählen (Diashow)?

- Bauen Sie Ihre Präsentation wie eine Geschichte auf?
- Nutzen Sie Humor, Cartoons und witzige Fotos, um Ihre Präsentation aufzulockern?
- Können sich Ihre Teilnehmer mit Ihnen austauschen? Antworten Sie (oder der Moderator) unmittelbar auf jeden Chatbeitrag? Loben Sie Ihre Teilnehmer und bedanken Sie sich bei ihnen für die Mitarbeit?
- Können sich die Teilnehmer untereinander kennenlernen, austauschen und unterstützen?
- Können Ihre Teilnehmer nach der Präsentation zu Ihnen Kontakt aufbauen?
- Wann kann man Sie auch mal „zum Anfassen" kennenlernen?

Checkliste für den experimentellen Teilnehmertyp

- Haben Sie den Mut, anders zu sein als die anderen? Gehen Sie neue Wege?
- Entwerfen Sie eine Vision von der Zukunft?
- Gestalten Sie eine kreative und originelle Präsentation mit Überraschungen und Spannung?
- Nutzen Sie eine breite Auswahl verschiedener Präsentationstools, um Ihre Präsentation aufzulockern?
- Haben Sie Bilder von außergewöhnlichen Projekten, Produkten, Kunden?
- Nutzen Sie die Onlinetools auf eine kreative, spielerische und inspirierende Art und Weise?
- Stimmen Sie Wort und Bild perfekt aufeinander ab („Metapher")?
- Gibt es eine Metapher oder Analogie, mit der Sie Ihr Thema anschaulich und spannend erklären können?
- Provozieren Sie ab und an mit Ironie, Zuspitzungen, Übertreibungen?
- Nutzen Sie „Negativ-Highlights", um ohne erhobenen Zeigefinger über negative Konsequenzen zu sprechen (z. B. „Die zehn besten Wege, damit niemand Ihren Blog liest")?
- Haben Sie ein ansprechendes Foliendesign?
- Haben Sie interessante und spannende Geschichten zu erzählen – von sensationellen Entdeckungen, verblüffenden Studien, Insidergeheimnissen?
- Erzählen Sie locker, unterhaltsam und ungezwungen?
- Verblüffen Sie Ihr Publikum?

▸ **Tipp** Im Literaturverzeichnis erhalten Sie weiterführende Literatur zum Limbischen Kommunikationsmodell, wenn Sie noch weitere Inspiration für (limbisch) belohnende Dramaturgie suchen. 70 weitere Highlights mit detaillierter Beschreibung (Was? Wie? Wozu? Wann?) finden Sie beispielsweise in meinem Buch *Highlight-Rhetorik. Anleitung zur emotionalen Rhetorik mit 70 Highlights*, GABAL-Verlag.

Schauen Sie sich Ihre Präsentation nun noch einmal in der Ansicht *Gliederung* an. Überprüfen Sie noch einmal, ob Ihre Präsentation den allgemeinen Anforderungen an Onlinepräsentationen entspricht:

- Sie benötigen viel mehr Charts als in realen Präsentationen – alle 1 bis 2 Minuten sollte das Chart wechseln.
- Die Charts sollten bildreich, emotional und limbisch anziehend sein.
- Sie benötigen viele Highlights – alle 5 bis 8 Minuten sollte ein spannendes rhetorisches oder onlinemethodisches Highlight die Aufmerksamkeit der Zuhörer fesseln.
- Sie benötigen regelmäßig interaktive Elemente – Chats, Polls, Quiz, Gruppenarbeit, Einzelarbeit.
- Sie benötigen eine sichtbare, nachvollziehbare Struktur.
- Sie benötigen stilistische Abwechslung in Ihrer Präsentation, um die Aufmerksamkeit aller Zuhörer zu halten.

3.6 Schritt 6: Manuskript, Feinschliff und Stimmübungen

Zur Gesamtdramaturgie Ihrer Onlinepräsentation gehört auch die Frage, wie ***flüssig***, wie ***klar*** und wie ***lebendig*** Sie formulieren. Flüssig präsentieren wir, wenn wir ein gutes Manuskript haben, mit dem wir üben können. Klar präsentieren wir, wenn wir an unseren Formulierungen feilen. Lebendig präsentieren wir, wenn wir unsere Stimme gut einsetzen. Um diese drei Aspekte geht es nun in Schritt 6.

3.6.1 Flüssig präsentieren mit Stichwortmanuskript

Wenn Sie bisher Ihre Präsentation mit dem in diesem Buch vorgestellten Konzept vorbereitet haben, sind Sie nun im Besitz eines fertigen Manuskripts. Es handelt sich um die Notizenseiten von PowerPoint. Jetzt stellt sich die Frage: ablesen oder frei sprechen? Beide Techniken haben Vor- und Nachteile: Ablesen gibt Sicherheit, wirkt aber „wie aus der Konserve" monoton und langweilig. Frei sprechen wirkt live und lebendig, birgt aber die Gefahr, den Faden zu verlieren, viele „Ähms" und „Ähs" zu benutzen und schwammig und ausladend zu formulieren. Was also tun? Kombinieren Sie das Beste aus beiden Welten und produzieren Sie ein Stichwortmanuskript. Üben Sie damit so lange, bis Sie es so sicher wie möglich vortragen. Manuskripte sind so individuell wie ihre Besitzer. Jeder Mensch hat andere Anforderung an sein Manuskript. Suchen Sie sich Ihren Weg. Lesen Sie deshalb auch die folgende Methode mehr als Anregung.

Allgemein gelten folgende Tipps für ein Manuskript:

- durchnummerieren
- große Schrift verwenden
- viele Gliederungshilfen (Einrückungen/Markierungen etc.)
- mit Farben arbeiten
- einseitig ausdrucken

- gelesene Seiten nach links mit dem Gesicht nach oben verschieben – nicht unter den Stapel
- darauf achten, leise umzublättern, damit Ihr Webinar-Publikum nicht das Rascheln des Papiers hört

Herstellungsprozess Manuskript

- Speichern Sie Ihre Gesamtpräsentation zweimal ab:
  - 1. Version: Onlinepräsentation
  - 2. Version: Manuskript
- 1. Version: Unterdrücken Sie in der Version „Onlinepräsentation“ alle Folien, die Sie nicht zeigen wollen, indem Sie in der Ansicht *Foliensortierung* mit der rechten Maustaste auf die Folie klicken, die Sie nicht zeigen wollen. Drücken Sie dann auf *Folie ausblenden.*
- 2. Version: In Ihrem Manuskript lassen Sie alle Folien sichtbar. Schreiben Sie nun auf den Notizenseiten Ihr Manuskript fertig:
  - Stichworte (oder ausformulierter Text)
  - Anmerkungen
  - Regieanweisungen
  - rhetorischer Feinschliff (brillante Formulierungen, Metaphern ...)
  - Stimmanweisungen: Pausen, Hervorhebungen, Betonungen
  - Zeitangaben: Es reicht, wenn Sie die Zeitangaben auf den Strukturfolien vermerken.
  - Während Sie Ihr Webinar proben (Schritt 7), feilen Sie weiter an Ihren Formulierungen und notieren das, was Sie festhalten möchten, im Manuskript.

3.6.2 Präzise und klar präsentieren durch Feinschliff

Wenn Ihre Präsentation fertig ist, sprechen Sie sie zum ersten Mal laut. Verwandeln Sie nun alle schwammigen Formulierungen in klare und präzise Sprache. Mit den folgenden rhetorischen Prinzipien können Sie an Ihren Formulierungen feilen. Vor allem während der Proben haben Sie die Gelegenheit, immer weiterzufeilen und zum Schluss treffende und prägnante Formulierungen auf Ihrem Manuskript stehen zu haben.

Wiederholen Wiederholungen machen einen Beitrag einfach, glaubwürdig und eindringlich. Wiederholungen senken den Aufwand beim Zuhören. Wir erfreuen so die Zuhörer, da diese der Präsentation ohne große Anstrengung folgen können. Ohne Wiederholung prägen sich auch Ihre Inhalte nicht so gut ein. Dies ist durch empirische Studien zum Lern- und Vergessensprozess belegt. Nutzen Sie Wiederholungen sowohl im Kleinen (Schlüsselworte) wie im Großen (zentrale Botschaften).

Ordnen Es fällt uns leichter, einem Beitrag zu folgen, wenn wir eine Ordnung darin erkennen. Vom ersten zum zehnten Modul, vom Kleinen zum Großen, vom Unwichtigen zum

Wichtigen, von der Theorie zum Beispiel, vom Anfang zum Ende, von der Vergangenheit in die Zukunft. Auch hier wird Energie beim Zuhören gespart. Außerdem erhöht die Vorhersagbarkeit das gute Gefühl der Kontrolle: Der Zuhörer weiß jederzeit, wo er gerade ist und was ihn als Nächstes erwartet. Das Publikum kann mühelos der Rede folgen.

Kürzen Prägnanz erzeugen wir, wenn wir uns auf das Wesentliche beschränken: kurze Sätze, knackige Formulierungen, plakative Aussagen. Auch hier spart das Zuhörer-Gehirn wieder Energie und erfreut sich an der Effizienz der Rede. Gießen Sie vor allem Ihre zentralen Botschaften in kurze und knackige Slogans.

Kontrastieren Ein beliebtes Mittel der Rhetorik ist der Kontrast: schnell – langsam, verschwenderisch – profitabel, kompliziert – einfach etc. Die Wirkungsweise von Antithesen: Der dunkle Antiwert lässt meinen Wert noch heller leuchten.

Anregen durch Fragen Fragen regen zum Nachdenken an und halten als schönen Nebeneffekt das Publikum wach. Mit Fragen ziehen Sie im Nu Ihr Publikum aus dessen Welt in Ihre. Fragen machen aber auch neugierig. Sie können mit Fragen einen Spannungsbogen auf die Antwort/Lösung hin aufbauen, wenn Sie sie nicht sofort beantworten.

Vergleichen Analogien und Metaphern sind hilfreich beim Verstehen. Sie sind Strukturen, um Dinge auf der Basis von Vorhandenem zu verstehen und zu verknüpfen (das Neue ist so ähnlich wie das Bekannte/das Neue entspricht dem Bekannten so: …). Wichtig ist, die Vergleiche in der Lebenswelt der Zuhörer zu suchen.

▸ **Tipp** 30 rhetorische Feinschliffe mit detaillierter Beschreibung (Was? Wie? Wozu? Wann?) finden Sie im Buch *Highlight-Rhetorik. Anleitung zur emotionalen Rhetorik mit 70 Highlights.*

3.6.3 Lebendig präsentieren mit engagierter Stimme

Erinnern Sie sich an unser Quintilian-Zitat zur Stimme in Abschn. 1.4.4? Wer das Ohr beleidigt, dringt nicht bis zur Seele vor. Noch mehr wie für eine Präsenzveranstaltung gilt dieser Satz für virtuelle Veranstaltungen. Stimme gewinnt aus zwei Gründen so immens an Bedeutung:

- Headset – lenkt Ihre Stimme unmittelbar ins Ohr Ihrer Zuhörer. Jedes Atmen, jedes Zischen, jedes „Ähm" ist ganz genau zu hören.
- Fehlende Körpersprache – verstärkt den Fokus auf die Stimme. Ihre Stimme und Ihre Charts müssen Ihre fehlende körperliche Präsenz wettmachen und das Publikum emotional berühren und mitreißen.

Ein inhaltlich und rhetorisch perfektes Webinar kann von einer langweiligen, stockenden, piepsigen, brüchigen oder monotonen Stimme zunichtegemacht werden. Meiden Sie deshalb folgende Sprechweisen:

- **Monotone Sprechweise.** Es gibt keine Höhen und keine Tiefen, keine Tempiwechsel, keine Hervorhebungen von Schlüsselworten, keine Kontraste. Der Zuhörer kann nur schwer folgen und kämpft mit dem Schlaf.
- **Zu schnelles Sprechen.** Dank Adrenalin und Aufregung durch die Präsentation hetzen; das Publikum kann nicht folgen; gute Argumente haben keine Zeit zu wirken; Überzeugungskraft geht verloren.
- **Ohne Punkt und Komma sprechen.** Ohne Pausen hat das Publikum keine Zeit nachzudenken und nachzuspüren, Wichtiges kann nicht hervorgehoben werden: Die Wirkung verpufft.
- **Nuscheln und Silben verschlucken.** Der Mund bleibt fast zu beim Sprechen, die Zunge liegt schwer im Mund, Endsilben werden verschluckt – das Publikum kann nicht verstehen, und was nicht verstanden wird, kann nicht überzeugen. Außerdem wird undeutliches Sprechen mit Schlampigkeit und Ungenauigkeit in Verbindung gebracht; dem Sprecher wird eine niedrigere soziale Stellung und Schulbildung attestiert.

▸ **Tipp** In **Anhang H** stelle ich Ihnen einige effektive Stimmübungen vor, mit denen Sie ganz einfach und ohne viel Aufwand allein Ihre Stimme trainieren können.

Tipps für eine wohlklingende und engagierte Stimme

- **Wechseln Sie die Stimmlage.** Sprechen Sie nicht monoton, denn gleichmäßiges Sprechen langweilt. Heben Sie wichtige Worte und Sätze hervor, indem Sie die Stimme heben und senken. Schlüsselworte, Kernbotschaften und wichtige Passagen werden betont, indem Sie eine kurze Pause davor machen, mit der Stimme nach unten gehen und etwas mehr Energie in die Stimme legen.
- **Sprechen Sie nicht zu hoch.** Sie verschleißen Ihre Stimme zu schnell. Eine wohltönende Stimme liegt eher tiefer als zu hoch. Sprechen Sie nicht zu laut, aber auch nicht zu leise.
- **Variieren Sie das Tempo Ihrer Sätze, das wirkt lebendig.** Wichtige Wörter und Sätze müssen Sie langsam sprechen. Das prägt sich besser ein. Geschichten und Exkurse sprechen Sie schneller. Übrigens: Dauer-Schnellsprecher verbreiten eine hektische Stimmung.
- **Machen Sie Pausen.** Ihr Publikum hat Zeit zum Nachdenken, Ihre Inhalte bleiben besser im Gedächtnis der Hörer haften, und Sie wirken souverän, kompetent.
- **Markieren Sie in Ihrem Manuskript Betonungen und Pausen.** Kurze senkrechte Linien nach einem Wort bedeuten kurze Pause. Lange senkrechte Linien nach einem Wort bedeuten lange Pausen, sogenannte Wirkpausen. Diese haben die Funktion, die Bedeutung des Gesagten hervorzuheben.

- **Aufrichten:** Entscheidend für Ihre Stimme ist die Luftversorgung – und dabei nicht etwa die Brust-, sondern die Bauchatmung. Wer verkrampft sitzt oder steht, lässt dem Zwerchfell kaum Freiraum. Testen Sie, ob Sie Ihr Webinar besser im Stehen oder im Sitzen abhalten können. Proben Sie mal im Stehen, mal im Sitzen. Lassen Sie sich Feedback geben, was besser ankommt.
- **Trinken:** Die „geölte Stimme" ist wichtig. Wer viel trinkt, hält seine Stimmlippen geschmeidig. Stellen Sie sich ein Glas Wasser ohne Kohlensäure griffbereit. Trinken Sie immer dann, wenn der Moderator dran ist, stellen Sie dabei Ihr Mikrofon auf stumm.

3.7 Schritt 7: Üben und Generalprobe

Damit Sie Ihre Onlinepräsentation sowohl inhaltlich wie rhetorisch und auch technisch sicher präsentieren, sind einige Proben nötig. Da gerade bei großen Online-Marketingevents ein ganzes Team notwendig ist, brauchen wir auch eine Generalprobe, bei der das ganze Team dabei ist und vor allem das Zusammenspiel geprobt und getestet wird. In diesem Kapitel erhalten Sie einen Probeplan mit sieben Wiederholungen: zweimal offline, zweimal online, zweimal online mit Publikum und eine Generalprobe online mit Publikum und Team. Als Publikum reicht ein einziger Mensch aus. Wichtig ist nur, dass Sie die Interaktionen üben können.

Die Ziele in diesem Schritt sind:

- alle „Ahs" und „Ähms" zu eliminieren und flüssig und lebendig zu sprechen
- alle schwammigen Formulierungen in gestochen scharfe, klare und präzise Sprache zu verwandeln
- die Technik zu beherrschen und Absicherungen einzubauen
- mit dem Moderator zu üben, sich die Bälle im Webinar geschickt zuzuspielen

Je mehr Sie Ihr Webinar beherrschen, umso mehr Sicherheit bekommen Sie, umso mehr Freude können Sie spüren und umso mehr Begeisterung können Sie übertragen. Je mehr Sie sich ganz „hingeben", umso mehr werden sich Ihnen Ihre Teilnehmer „hingeben". Finden Sie also prägnante Formulierungen und sprechen Sie diese während des Übens mit Energie und Engagement – immer und immer wieder. In Tab. 3.3 erhalten Sie einen Übungsplan mit sechs Wiederholungen. Wenn Sie als erfahrener Sprecher mit weniger auskommen – gut, wenn Sie als Neuling mehr Wiederholungen benötigen – nur zu.

Hier noch einige praktische Hinweise zum Einüben

- **Rhetorischer Feinschliff.** Schreiben Sie weiterhin alle präzisen Formulierungen oder guten Metaphern, die Sie während des Probens finden, sofort in Ihr Manuskript. Suchen Sie bewusst nach griffigen Formulierungen und anschaulichen Bildern. Feilen Sie mit rhetorischen Techniken an Ihren Sätzen (vgl. Schritt 6).

Tab. 3.3 Inspiration für Ihren Probenplan

Modus	Ziele
Offline 2-mal	flüssig sprechen üben präzise Formulierungen finden (Feinschliff) Überleitung von einer Folie zur nächsten üben Blättern im Manuskript und Klicken in der Präsentation abstimmen und üben Zeit in den Griff bekommen
Online mit Publikum 2-mal	Technik üben Sicherungen einbauen Interaktionen üben Q&A üben Zeit in den Griff bekommen Feedback bekommen Optimierungen vornehmen immer besser werden
Online mit Moderator 1-mal	Übergänge üben sich Bälle zuspielen üben ganzes Webinar zusammen üben Zeit kontrollieren Feedback bekommen
Generalprobe 1-mal	Gesamtablauf üben Zusammenspiel aller Teammitglieder testen Zeit kontrollieren Technik absichern Aufzeichnung zur Analyse erhalten vom Team Feedback bekommen

- **Überleitungen.** Trainieren Sie unbedingt die Animationen und Überleitungen von einer Folie zur nächsten. Was sagen Sie, wann klicken Sie, was sagen Sie dann? Schreiben Sie gelungene Überleitungen sofort in Ihr Manuskript.
- **Ankündigungen.** Üben Sie auch den Dialog mit Ihren Teilnehmern. Mit welchen Worten kündigen Sie eine Umfrage an, mit welchen Worten lösen Sie die Umfrage auf? Wann und wie möchten Sie Ihre Teilnehmer zum Chatten auffordern, welche motivierende Frage möchten Sie stellen? Schreiben Sie die Fragen ins Manuskript.
- **Entertainment mit Ihrem Moderator.** Machen Sie es wie im Radio und schreiben Sie Überleitungen von Moderator zum Presenter und zurück. Erzeugen Sie dadurch Abwechslung und Spaß. Spielen Sie sich Bälle zu, seien Sie humorvoll, ohne flapsig zu sein, wenn das möglich ist. Schreiben Sie sich gute Überleitungen in Ihr Manuskript.
- **Humor.** Finden Sie Pointen, humorvolle Geschichten. Menschen lieben es zu lachen. Bringen Sie so oft es geht Ihr Publikum zum Schmunzeln oder Lachen, wenn es zu Ihnen oder zu Ihrem Thema passt.

- **Dialog.** Üben Sie so lange, bis Sie in einem niveauvollen Plauderton sprechen. Stellen Sie sich vor, Sie reden mit einem einzelnen Menschen, der vor Ihnen sitzt. Meiden Sie das Dozieren, das wirkt oberlehrerhaft und besserwisserisch.
- **Spannung.** Finden Sie immer wieder kleine Spannungsbogen, während Sie sprechen. Stellen Sie zum Beispiel Fragen, die Sie nicht sofort beantworten, lösen Sie Statistiken nicht sofort auf etc.
- **Publikumsgeschmack treffen.** Vielleicht liegen Ihnen inzwischen schon die Anmeldelisten vor. Welche Schlüsse lassen sich daraus ziehen? Wie können Sie Ihr Webinar noch besser auf die Bedürfnisse Ihrer Teilnehmer abstimmen? Wenn Sie ein Onlinetraining halten, dann nehmen Sie Kontakt mit Ihrem Publikum auf und befragen es nach Zielen, Wünschen, Problemen, Kenntnisstand. Vermerken Sie Anpassungen Ihrer Präsentation aufgrund dieser Informationen im Manuskript.
- **Plan B für die Frage- und Antwortrunde.** Haben Sie einige vorbereitete Fragen in petto für die Diskussionsrunde, in der die Teilnehmer Fragen stellen können. Die brauchen Sie für die Proben, aber auch als Plan B, falls im Webinar keine „echten" Fragen gestellt werden (was entweder ein schlechtes Zeichen wäre, da dann das Webinar das Publikum nicht erreicht hat – oder ein gutes Zeichen, weil das Webinar so fantastisch war, dass keine Fragen offen blieben). In beiden Fällen macht es aber keinen guten Eindruck, wenn Q&A groß angekündigt werden und bleiernes Schweigen die Antwort ist.
- **Zeit im Griff.** Kontrollieren Sie während der Übungsphase immer wieder, ob Sie mit Ihrem Vortrag die vorgesehene Zeit einhalten. Machen Sie sich Notizen in Ihrem Manuskript, wann Sie wo sein müssen. Kontrollieren Sie immer wieder, ob Sie schneller oder langsamer werden müssen. Hetzen Sie nie durch ein Webinar. Falls Sie merken, Sie kommen mit der Zeit nicht aus, kürzen Sie lieber auf der Ebene der Highlights (zum Beispiel eine Geschichte weniger erzählen oder eine Umfrage auslassen).
- **Wirkpausen im Manuskript vermerken.** Testen Sie beim Üben, wo eine Wirkpause besonders wirkungsvoll ist, und markieren Sie sie im Manuskript mit einem großen senkrechten Strich.
- **Körperhaltung.** Testen Sie, ob Sie besser im Sitzen oder im Stehen präsentieren. Wie fühlen Sie sich wohler? Was kommt besser beim anderen an?
- **Präsentation mit oder ohne Webcam.** Testen Sie, ob Sie lieber mit oder lieber ohne Webcam präsentieren. Wenn Sie sich für Webcam entscheiden, testen Sie verschiedene Kleidungen, Beleuchtungen, Hintergründe.
- **Technik und Onlinemethodik testen.** Wenn Sie online üben, führen Sie immer alle Onlinemethoden aus, als ob es sich um das richtige Webinar handeln würde. Nur so bekommen Sie ein Gefühl dafür, ob die Interaktion rhetorisch und technisch funktioniert. Ändern Sie die Dramaturgie, wenn Sie spüren, dass Sie mit einem Onlinetool nicht zurechtkommen. Polls kann man durch Chats ersetzen oder durch Hand-hoch-Abfragen. Streichen Sie im Notfall lieber ein Onlinetool, als ängstlich ins Live-Webinar zu gehen.
- **Hardware testen. Funktioniert Ihre Webcam?** Wie sieht der Hintergrund aus? Benötigen Sie eine professionelle Lampe, um Ihr Gesicht auszuleuchten? Funktioniert das

Tab. 3.4 Notfallplan für Webinar-Pannen

Panne	Plan B
VOIP – Tonqualität nimmt ab	Wählen Sie sich parallel über Telefon ein. Schalten Sie das Telefon auf stumm und legen Sie den Hörer griffbereit. Wenn die VOIP-Qualität abnimmt, sprechen Sie über Telefonleitung weiter. Ziehen Sie generell die Telefonleitung der VOIP vor.
Technische Probleme bei den Teilnehmern	IT-Support oder eine andere technisch orientierte Person kümmert sich per Chat oder telefonisch um die Teilnehmer. IT ist über eigenen Rechner eingeloggt und beobachtet Chat mit. Übernimmt telefonische Hotline.
Alle Teilnehmer können sich nicht einloggen	Wahrscheinlich falschen Einwahllink versendet. Entweder richtigen Link versenden oder selbst in den richtigen Raum gehen (über den Link der Teilnehmer). Wenn alles nichts hilft: neues Meeting anlegen, neue Mails versenden, Session in 10 Minuten neu starten. Kontakt über E-Mail halten.
Technische Probleme mit der Präsentation	Moderator immer über eigenen Rechner einloggen. Er übernimmt, solange Presenter nach Lösung sucht, den Bildschirm und beschäftigt die Teilnehmer. Moderator hat immer auch die Präsentation auf seinem Rechner gespeichert. Er kann im Notfall die Präsentation zeigen und auf Kommando des Presenters weiterklicken. Presenter: Schließen Sie die Präsentation und öffnen Sie sie neu. Wenn das nicht hilft: Loggen Sie sich wieder aus und wieder ein. Meist hilft das die Präsentation wieder zu starten.
Sie sind als Presenter nicht zu hören	Wahrscheinlich haben Sie sich als Teilnehmer eingeloggt. Sind nun vom Organisator/Moderator alle Teilnehmer auf stumm gestellt, sind Sie es automatisch auch. Loggen Sie sich immer in der richtigen Rolle ein.
Unterbrechung der Internetverbindung	Sollte sich das Problem nicht beheben lassen, das Event verschieben.

Headset? Wie ist seine Qualität? Funktioniert VOIP/Telefon? Funktioniert die Funkmaus? Haben Sie Ersatzbatterien?

- **Never change a winning team.** Benutzen Sie im Webinar den Rechner, die Internetleitung, das Telefon, die Webcam etc., die Sie in den Proben genutzt haben. Proben Sie nicht im Home-Office, wenn Sie Ihr Webinar im Büro halten werden. Kaufen Sie sich nicht am Tag der Livepräsentation eine tollere neue Webcam. Proben Sie immer mit der Hard- und Software, die Sie am Tag des Liveevents nutzen, und in der Umgebung, in der Sie sich dann aufhalten werden.
- **Arbeiten Sie am Plan B.** Während dieser Woche antizipieren Sie alles, was schiefgehen kann, und ersinnen zu jedem Risiko einen Plan B. Vermerken Sie Plan B in Ihrem Manuskript mit einer anderen Farbe.

Tabelle 3.4 unterstützt Sie darin, in dieser Phase Absicherungen einzubauen, und gibt Ihnen Empfehlungen für Ihren Plan B.

Noch eine wichtige Anmerkung zum Schluss. Ein Webinar ist eine Liveveranstaltung. Pannen können jedem jederzeit passieren. Bleiben Sie ruhig. Übertragen Sie die Last der Panne an Ihren Moderator oder den IT-Support. Halten Sie Kontakt zu den Teilnehmern per Chat oder E-Mail, während Ihr Team sich um die Lösung kümmert. Wenn Ihre Präsentation hängt und Sie das Problem lösen müssen, dann übergeben Sie den Bildschirm an den Moderator und bitten ihn, in Kontakt mit dem Publikum zu bleiben, bis Sie Ihre Präsentation neu gestartet oder sich neu eingeloggt haben. Der Moderator sollte auf solche Situationen gefasst sein und ca. 15 Minuten selbstständig überbrücken können. Er kann eine Diskussion per Chat starten, einen vorbereiteten „Notfallpoll" oder eine „Notfallpräsentation" zeigen. Hier erleben wir, wie wichtig es ist, im Team zu moderieren. Wenn Sie allein sind, dann bleibt Ihnen nur eine Lösung: Bitten Sie per Mail oder per Chat Ihre Teilnehmer um eine kurze Pause, in der Sie das Problem in Ruhe lösen können.

Planen Sie, vor allem wenn Sie ein unerfahrener Präsenz-Presenter sind und/oder wenig Erfahrung mit Onlinetechnik haben, in der Woche vor Ihrem Liveevent täglich eine Stunde zum Üben ein. Blocken Sie diese Zeit so früh wie möglich in Ihrem Terminkalender. Denn mit dem Üben steht und fällt der Erfolg eines Webinars. Ohne Üben kommt ein Teufelskreis in Gang, an dessen Ende Sie vielleicht die Lust verlieren, weitere Webinare zu halten. Das wäre schade, denn Sie würden alle Vorteile verlieren, die Ihnen die virtuelle Präsentationsform bietet. Wenn Sie sich nun fragen: „Wie soll ich nur so viel Zeit freischaufeln?", dann rechnen Sie einfach die gesparte Zeit im Vergleich zu einer Präsenzpräsentation dagegen. Wie viele Stunden würden Sie in Hotels und auf Reisen verbringen? Wie viele Kunden müssten Sie besuchen, um denselben Effekt zu erzielen? Motivieren Sie sich damit zum regelmäßigen Üben, indem Sie sich vergegenwärtigen, dass jede neue Fertigkeit, die wir erlernen, Zeit kostet. Aber danach können wir etwas, was uns keine Wirtschaftskrise und kein Eurozusammenbruch nehmen kann. Sie können danach virtuell präsentieren.

3.8 Schritt 8: Die Präsentation halten

Der große Tag Ihres Onlineevents ist gekommen. Jetzt kommt es darauf an, sich in eine gute Stimmung zu bringen, die Technik ein letztes Mal zu checken und alle Störungen auszuschalten. Wenden Sie sich 1 Stunde vor dem Event mit einem letzten Reminder an Ihre Teilnehmer. Oft haben sie vor lauter Stress und Hektik den Termin vergessen, vor allem bei den kostenlosen Webinaren. Das Webinar sitzt inhaltlich, rhetorisch und technisch, sodass Sie sich ganz darauf konzentrieren, mit Ihrem Webinar eine gute Stimmung zu erzeugen, um Ihre Teilnehmer mit Ihrem Onlineevent zu motivieren und zu fesseln.

Bringen Sie sich in eine gute Stimmung Nur wer selbst brennt, kann andere entzünden. Selbst zu brennen ist im Fall eines Onlineevents viel schwieriger als in einer Liveveranstaltung. Dort sorgen die prickelnde Atmosphäre, die anwesenden Teilnehmer und die unmittelbare körperliche Präsenz dafür, dass unser Körper wach und energiegeladen wird. Doch während der Onlinepräsentation sitzen wir allein in unserem Büro und sprechen mit unserem leblosen Rechner. Unsere Teilnehmer sind kilometerweit weg, meist kennen wir sie gar nicht. Die Situation hat etwas Absurdes – und ist ein Hauptgrund, warum manche Menschen vor Onlinepräsentationen zurückschrecken. Was können wir tun, um diese ungewohnte und hinderliche Situation zu verbessern?

Machen Sie Stimmübungen zur Einstimmung Sind Sie aufgeregt und angespannt? Oder sind Sie angesichts der Tatsache, dass niemand anwesend ist, zu entspannt und ohne Energie? Eine der besten Einstimmungen in ein Webinar sind Stimmübungen. Diese Einstimmmethode ist ungemein effektiv, weil sie drei Ziele mit einer Aktion erreicht:

- Sie stimmt Sie ein, weil sie Ihren ganzen Sprechapparat locker und geschmeidig macht.
- Sie bringt Sie in eine gute Stimmung, weil die Übungen Ihren ganzen Körper aktivieren, lustig sind und negative Gedanken vertreiben. Vor allem wenn Sie die Zungenbrecher aufsagen, müssen Sie sich so konzentrieren, dass Katastrophenszenarien keinen Platz haben.
- Sie hilft Ihnen, Anklang zu finden – weil sie Ihr Bewusstsein auf die Stimme lenkt, eines Ihrer wichtigsten Werkzeuge, um ein engagiertes und lebendiges Webinar zu halten.

▸ **Tipp** Wechseln Sie Korkenübung, Kutschersitzübung und Zungenbrecher ab (vgl. **Anhang H**). Wenn noch andere Menschen im Raum sind, machen Sie die Übungen gemeinsam.

Aktivieren Sie Ihre Energie auch dadurch, dass Sie sich bewegen Holen Sie sich etwas zu trinken am anderen Ende des Gangs, laufen Sie einmal um den Block. Trinken Sie Wasser, das bringt Energie in jede Zelle des Körpers. Stellen Sie unbedingt auch ein Glas stilles Wasser für Ihre Livepräsentation bereit. Lachen Sie, und wenn das nicht geht, dann lächeln Sie. Experimente haben eindeutig bewiesen, dass unsere Körperhaltung Einfluss auf unsere Stimmung hat. Sind wir verärgert, wird unser Mund zum schmalen Strich. Verharren wir in diesen Körperbildern, dann bleiben die schlechten Gefühle. Wenn wir missgelaunt vor unserem PC lümmeln, dann spüren das unsere Teilnehmer, auch wenn sie uns nicht sehen. Eine einfache Technik hilft: Stellen Sie sich wie ein Sieger hin und Sie werden erleben: Bald fühlen Sie sich wie ein Sieger. Lächeln Sie eine Minute lang – und Ihre Laune wird steigen. Stehen Sie aufrecht und gerade, heben Sie die Brust und blicken Sie nach vorne – die Angst geht, und Zuversicht kommt. Nehmen Sie auf alle Fälle eine aufrechte und stolze Haltung ein – auch wenn niemand Sie sieht.

Machen Sie sich „bühnenschick" – auch wenn Sie keiner sieht So verlockend es auch sein mag, das Webinar vom „Küchentisch" aus zu machen, ganz bequem und leger gekleidet – tun Sie es nicht. Halten Sie auch im Home-Office nie ein Webinar unrasiert und im Pyjama. Erstens kann es Ihnen gerade in Präsentationen mit Kunden passieren, dass einer der Teilnehmer plötzlich sagt: „Lassen Sie uns die Kamera anmachen. Das ist persönlicher!"

Wenn Sie nun zerzaust in die Kamera blicken, macht das keinen guten Eindruck. Das gilt aber auch, wenn keine Kamera im Spiel ist. Kleider wirken auf uns zurück. Wir assoziieren mit ihnen bestimmte Situationen und somit bestimmte emotionale Zustände. Suchen Sie sich die Kleider aus, von denen Sie hundertprozentig wissen, dass Sie sich darin wohlfühlen. Wenn Sie sie anziehen, dann legen Sie sie wie ein Ritter seine Rüstung an. Ziehen Sie sich so an, als ob Sie zu einer Präsenzpräsentation gehen würden.

Vermeiden Sie eine One-Man-Show und laden Sie „reale" Zuschauer ein Wenn Sie zu den Menschen gehören, denen schon die Vorstellung missfällt, mit einem Rechner zu sprechen statt mit „echten" Menschen, für den kann folgende Methode hilfreich sein: Laden Sie Kollegen, Freunde, Praktikanten ein, um bei Ihrem Webinar „echt" dabei zu sein. Je ähnlicher Ihr „echtes" Publikum Ihrem Onlinepublikum ist, umso besser. Denn dann können Sie an der Körpersprache erkennen, ob Sie es mit Ihrem Vortrag erreichen oder nicht. Oft reicht es, wenn auch nur ein weiterer Mensch außer Ihnen im Raum ist. Schon ein einziger Mensch kann Ihnen das Gefühl „Ich muss mit einem Rechner sprechen" ganz einfach nehmen. So wirken Sie natürlicher und lebendiger.

Schalten Sie alle Stör- und Fehlerquellen aus Ein Webinar ist ein Liveevent, und in einem Liveevent dürfen Pannen passieren. Es muss Raum für Unvorhergesehenes geben. Trotzdem möchte ich Ihnen einige Tipps geben, wie Sie Störungen so gut wie möglich ausschalten, da ein störungsfreies Umfeld sehr wichtig ist, um sich ganz auf das Publikum zu konzentrieren.

- **Handys und Telefone.** Schalten Sie Ihr Handy aus. Das Gleiche gilt für alle Teammitglieder. Wenn Sie über VOIP präsentieren, dann stellen Sie das Telefon auf stumm. Achten Sie darauf, dass alle Leitungen stumm sind, auch die vom Fax.
- **Störungsfreier Raum.** Reservieren Sie einen Raum mit wenigen Störungen. Bringen Sie ein Schild an die Tür an: „Bitte nicht eintreten – Liveübertragung Webinar bis xx Uhr".
- **Home-Office-Fallen ausschalten.** Wenn Sie im Home-Office präsentieren: Stellen Sie die Klingel Ihrer Wohnung/Ihres Büros ab; hängen Sie ein erklärendes Schild an die Haustür und Bürotür, sodass niemandem einfällt, wie wild zu klopfen oder zu rufen oder an Ihr Fenster zu hämmern. Wenn Sie einen Hund haben, der viel und laut bellt, schicken Sie ihn solange (mit Ihren Kindern) Gassi. Weihen Sie Ihre Familie und vor allem Ihre Kinder und deren Freunde ein.
- **Technikcheck.** Machen Sie ein letztes Mal einen Technikcheck. Prüfen Sie die Software, die Hardware und ob alle Materialien am richtigen Ort sind. Wählen Sie sich 30 bis 40 Minuten vorher ins Meeting ein. Treffen Sie sich mit dem Organisator und Moderator, bereiten Sie den virtuellen Raum vor und testen Sie die Technik.
- **Absicherungen bereitstellen.** Wenn Sie über VoIP präsentieren, dann wählen Sie sich auch auf dem Telefon als Absicherung ein. Stellen Sie das Telefon auf stumm und legen Sie den Hörer griffbereit neben Ihren PC. Fahren Sie ein zweites Notebook hoch und registrieren Sie sich hier als Teilnehmer. Checken Sie Ihre Präsentation auch aus Teilnehmersicht.

- **Präsentationscheck.** Gehen Sie noch einmal Klick für Klick Ihre Präsentation durch, aber üben Sie nicht mehr. Sie würden zu viel Energie vergeuden, die Sie für das Liveevent benötigen.

3.9 Schritt 9: Nachbereitung – interne Auswertung, Marketing und Vertrieb

Einer der größten Vorteile, die Onlinepräsentationen gegenüber Präsenzveranstaltungen haben, zeigt sich in der Follow-up-Phase. Der „Return on Event" kann sehr hoch sein, viel höher als konventionell. Der ganze Einsatz der neun Schritte rechnet sich jetzt. Je nachdem, welche Rollen Sie während des Events eingenommen haben, werden Sie einen anderen Part im Webinar-Follow-up übernehmen und einen anderen „Return on Event" einfahren. Für manche sind es neue Kunden, für andere neue Kontaktadressen oder mehr Besucher im Onlineshop, für wieder andere die Anerkennung des Managements oder die Steigerung des Expertenimage. Sie haben sich intensiv mit einer neuen Kommunikationsform auseinandergesetzt, haben sich dadurch neue Möglichkeiten der Präsentation geschaffen und die Chancen des virtuellen Raums bestens genutzt. Was immer Ihr „Return" ist: Sichern Sie ihn sich durch eine akribische Dokumentation und beherzte Kontaktaufnahme. Schauen wir uns an, wie der Follow-up intern, im Marketing und im Vertrieb aussieht:

Interner Follow-up

- **Evaluation.** Werten Sie die Evaluationen aus und ziehen Sie Schlüsse für weitere Events. Analysieren Sie nochmals alle Fragen der Teilnehmer im Chat.
- **Reportings.** Nutzen Sie alle Post-Meeting-Tools und erstellen Sie einen Report für die Geschäftsleitung.
- **Lernende Organisation.** Überlegen Sie, was gut lief und was Sie in Zukunft noch besser machen können. Leiten Sie Optimierungen in die Wege. Geben Sie Feedback an das gesamte Team und sorgen Sie für kontinuierliche Verbesserung (Lessons Learned, Best Practice). Geben Sie jedem Einzelnen individuelles und konkretes Feedback.
- **Dokumentation.** Drucken Sie alle zur Dokumentation wichtigen Dokumente aus, speichern Sie alle Daten in Ihrem Webinar-Archiv.
- **Schulung.** Die Aufzeichnung der Präsentation kann anderen Mitarbeitern als Infoquelle oder als interne Schulung dienen. Mitarbeiter, die am Livetermin verhindert waren, können das Event jederzeit und an jedem Ort ansehen.

Follow-up für Marketing

- **Verwerten der kostenlosen Aufzeichnung.** Verschicken Sie die Aufzeichnung an Ihren Verteiler und bitten Sie die Empfänger, das Webinar an Kollegen weiterzuleiten, wenn es ihnen gefallen hat. Wie im besten viralen Marketing verbreiten Sie so kostenlos Ihr

Wort im globalen Netz. Veröffentlichen Sie die Aufzeichnung auf SlideShare, Vimeo, YouTube oder auf Webinar-Portalen. Berichten Sie auf Ihrem Blog oder in Google+ über das Event. Verwerten Sie die Aufzeichnung auf Ihrer Internetseite.

- **Vermarkten Sie die Aufzeichnung von Bezahlwebinaren.** Werten Sie die Aufzeichnung mit guten Zusatzmaterialen auf und machen Sie daraus ein Produkt. Stellen Sie es zum Download auf Ihre Internetseite und trommeln Sie erneut im Internet, diesmal für Ihr „Webinar-on-Demand".

Follow-up für Vertrieb

- **Sichern Sie sich neue E-Mail-Adressen.** Wenn der Marketingplan zur Generierung neuer Kontakte verholfen hat, dann sichern Sie jetzt alle neuen Kontakte in Ihrer Datenbank.
- **Schreiben Sie eine Dank-Mail an alle Teilnehmer**. Schicken Sie ihnen alle Links und Materialien zu, die während des Webinars versprochen wurden. Nutzen Sie die Follow-up-Mail als Einladung/Hinweis zum nächsten Webinar oder zu einer anderen Veranstaltung.
- **Nehmen Sie persönlichen Kontakt auf.** Kontaktieren Sie bzw. Ihr Vertrieb innerhalb der nächsten 24 Stunden die Teilnehmer telefonisch und leiten Sie die nächsten Schritte im Saleszyklus ein. Am besten ist es, wenn die Vertriebsmitarbeiter selbst als Teilnehmer im Webinar anwesend waren oder es zumindest aus der Generalprobe bzw. der Aufzeichnung der Generalprobe kennen. Dann finden sich schnell Gemeinsamkeiten, die in einem Telefonat mit Interessenten angesprochen werden können. „Wärmer" kann man eine kalte Akquise nicht starten.
- **Bieten Sie Zusatznutzen.** Vertiefen Sie die Beziehung, indem Sie Ihren Teilnehmern persönlichen Zusatznutzen bieten. Schreiben Sie Mails, schicken Sie Material für die Nachbearbeitung oder treten Sie mit Ihren Teilnehmern persönlich in Kontakt.

4 Webinare spannend und abwechslungsreich durchführen

Nachdem Sie nun mit Kap. 3 ein überzeugendes und stringentes Webinar vorbereitet haben, widmen wir uns in diesem Kapitel Ihrem Liveauftritt auf der Onlinebühne. Mit dem HRP-Webinar-Strukturplan haben wir schon in der Vorbereitung dafür gesorgt, ein spannendes und abwechslungsreiches Webinar zu konzipieren.

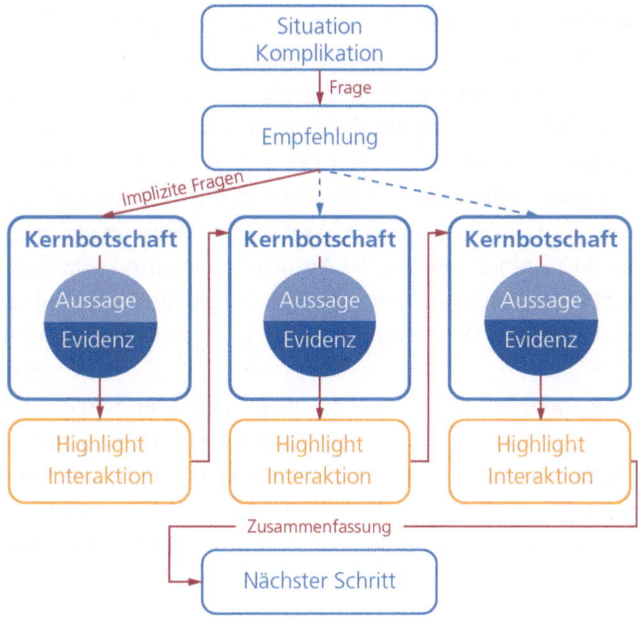

Wenn wir den Strukturplan entlang der Storyline gerade ziehen, erhalten wir die Reihenfolge der Durchführung:

A. Hermann-Ruess und M. Ott, *Das gute Webinar*, X.media.press,
DOI 10.1007/978-3-658-03859-5_4, © Springer Fachmedien Wiesbaden 2014

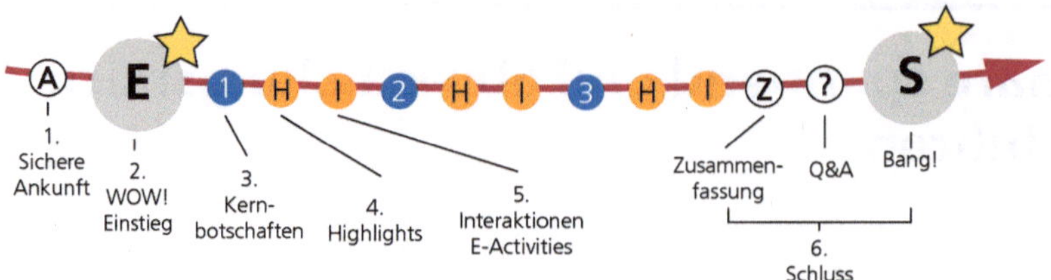

Um die Teilnehmer über 45 Minuten und länger zu begeistern, ist es wichtig, abwechslungsreich zu präsentieren. Aussagen, Evidenzmittel (1, 2, 3), Rhetorik-Highlights (H) und Interaktionen (I) vor allem über Onlinemethodik (I) wechseln sich ab und garantieren Stimulanz und Motivation. Egal wie gut wir präsentieren, nach spätestens 10 Minuten wird es schwierig für unsere Teilnehmer, starr auf den Bildschirm zu sehen. Deshalb folgen in regelmäßigen Abständen immer wieder Interaktionen, bei denen wir unsere Teilnehmer auffordern, mitzumachen. Die Teilnehmer werden aktiviert und können nun entweder abstimmen, mitreden, Fragen stellen, Übungen lösen, Rollenspiele spielen oder tun, was immer unsere Onlinetools hergeben. Wir ziehen über diese Mitwirkung die Teilnehmer ganz in die Präsentation hinein. Das Miteinander erzeugt Nähe und den Eindruck, als ob wir uns gemeinsam in einem Raum befänden. Mit einem starken motivierenden Schluss (S) beenden wir das Webinar und machen es so zu einem unvergesslichen Ereignis.

Wir tauchen in diesem Kapitel etwas tiefer ein in die Welt der Onlinemethodik und der Highlight-Rhetorik. Damit Sie möglichst viel aus diesem Kapitel lernen, haben wir uns entschlossen, Ihnen eines unserer Webinare als praxisnahes Anschauungsbeispiel zur Verfügung zu stellen. Es handelt sich um die Aufzeichnung des Webinars „Wie Sie online mitreißend und spannend präsentieren“ mit der Software „GoToWebinar“ von Citrix-Online. Den Aufbau unseres Webinars haben Sie schon in Kap. 3 kennengelernt, als wir Ihnen ein praktisches Beispiel für eine „ausgefüllte“ Webinar-Struktur zeigten (vgl. Abschn. 3.3). Es waren insgesamt 442 Teilnehmer bei 753 Anmeldungen zum kostenlosen Webinar anwesend.[1] Die PowerPoint-Charts wurden von Max Ott gestaltet. Die Teilnehmer erhielten zusätzlich noch ein 15-seitiges Whitepaper zum Thema Limbisches Kommunikationsmodell.

Schauen wir uns gemeinsam das *Beispiel-Webinar* Schritt für Schritt an. Jede rhetorisch und methodisch wichtige Aktion wird analysiert und kommentiert, sodass Sie erkennen, welche Funktion sie in der Gesamtdramaturgie eines Webinars hat. Auf der Website[2] zum Buch können Sie sich das Webinar im Vorfeld oder beim Lesen ansehen, damit Sie den inhaltlichen Zusammenhang verstehen und das Webinar als Ganzes erleben.

[1] Die Quote ist typisch für *kostenlose* Webinare, zu denen sich ca. 50 % mehr Teilnehmer anmelden, als zum Schluss teilnehmen. Die Aufzeichnung kann trotzdem an alle Registrierten verschickt werden, sodass sich die Quote derer, die das Webinar anschauen, durch den asynchronen Nutzen von Webinaren nochmals erhöht.

[2] www.dasgutewebinar.de.

Die Struktur dieses Kapitels bildet die Webinar-Storyline, visualisiert als roter Faden des Webinars. Die Storyline ist gleichzeitig roter Faden und Zeitschiene. Wir starten bei Minute 0 mit der sicheren Ankunft der Teilnehmer im virtuellen Raum und enden nach 58 Minuten mit der Verabschiedung. Neben der Uhrzeit steht in Klammern, um welche Kategorie auf der Storyline es sich handelt:

- (A) = Sichere Ankunft
- (E) = Einstieg
- (1), (2), (3) = Kernbotschaften mit Aussage und Evidenz
- (H) = Highlights
- (I) = Interaktionen/Onlinemethodik
- (S), (Z), (?) = Schluss

Unser Ziel war es, ein abwechslungsreiches und fesselndes Webinar zu halten, welches die Zuhörer gespannt und interessiert verfolgen. Am Anfang eines Webinars ist es deshalb vor allem die Aufgabe des Moderators, für eine sichere Ankunft im virtuellen Raum zu sorgen, Orientierung zu geben und Vertrauen aufzubauen. Starten wir also unsere Analyse mit dem ersten Punkt auf unserer Storyline – mit der sicheren Ankunft der Teilnehmer im virtuellen Raum.

Noch bevor die eigentliche Präsentation beginnt, sorgen ein Begrüßungschart und die Moderatorin dafür, dass die Teilnehmer sicher im virtuellen Raum „landen" und sich sehr schnell zurechtfinden. Dazu gehört auch, den Teilnehmern – auf möglichst sinnvolle und spielerische Art – die Onlinetools zu erklären.

Bevor wir uns die Webinar-Analyse Schritt für Schritt ansehen, erhalten Sie noch einige praktische Hinweise, die für einen störungsfreien und sicheren Lauf Ihrer Livepräsentation garantieren:

Sicherer Lauf Ihrer Livepräsentation

- Schalten Sie alle Teilnehmer in großen Events auf stumm. Es passiert immer wieder, dass man in Onlinesessions Zeuge von Gesprächen wird, die nicht für einen selbst bestimmt sind. Das können Sie vermeiden, indem Sie rechtzeitig „muten" – also alle auf stumm schalten.
- Muten Sie sich selbst, wenn Sie nicht möchten, dass Ihre Gespräche gehört werden. Manche Programme bieten „Hinter der Bühne-Gespräche" zwischen Organisator, Moderator und Presenter an, die die Teilnehmer nicht hören können.
- Starten Sie die Aufzeichnung des Events. Es ist sehr peinlich, wenn Sie den Teilnehmern die Aufzeichnung versprechen und dann vergessen, auf den Knopf zu drücken. Machen Sie oder der Moderator sich ein großes Ausrufezeichen an den Rechner, um sich an die Aufzeichnung zu erinnern.
- Starten Sie pünktlich, denn es ist ärgerlich, wenn man noch auf Organisator, Moderator oder gar Presenter warten muss.

Tab. 4.1 Analyse des Beispiel-Webinars „Wie Sie online mitreißend und spannend präsentieren"

Funktion (Belohnung)	Evidenzmittel/Highlights
Begrüßungschart Das Erste, was Ihre Teilnehmer sehen, wenn sie sich über den Link anmelden, ist das Begrüßungschart. Hier sollten alle wichtigen Informationen aufgelistet sein, die die Teilnehmer benötigen, um sicher zu „landen": Logo des Organisators Titel des Webinars Name und Foto des Moderators und Presenters Uhrzeit, wann Webinar genau startet Wie man sich über VoIP einwählt Wie man sich über Telefon einwählt Das Chart gibt über die beiden Fotos ***Sicherheit*** und ***Orientierung*** und schafft zumindest ein wenig ***persönliche Nähe***.	00:00 (A) 
Regeln erläutern Helfen Sie Ihren Teilnehmern, die Technik zu nutzen, indem Sie die Technik und den Modus des Webinars erläutern (z. B. alle sind auf stumm geschaltet/alle können jederzeit mit Moderator chatten/Feedback über Chat/Fragen jederzeit über Chat etc.). Zeigen Sie, wie Bildschirmübertragung und Ton funktionieren, vor allem wenn Ihre Teilnehmer neu auf dem Gebiet der Onlinemethodik sind. Dieses Vorgehen nimmt den Teilnehmern die Angst vor dem Unbekannten und macht sie mit Onlinegepflogenheiten vertraut. Gibt viel ***Sicherheit*** und ***Orientierung***.	00:30 (A) Virtuelle Meetings eröffnen neue Wege der Kommunikation GoToMeeting
Chat: „Von wo aus hören Sie heute zu?" Durch diese erste Interaktion werden Onlinetools ***spielerisch*** erläutert. Technik wird so erklärt, dass es ***Spaß*** macht, sie zu nutzen. Teilnehmer chatten, von wo aus sie zusehen. Sie werden ***aktiviert*** und in die Präsentation von Anfang an ***eingebunden***. So lernen sie, den Chat zu nutzen. Eine Visualisierung mit PowerPoint hilft dabei und gibt ***Unterstützung*** und ***Orientierung***. Die Moderatorin liest die Namen der Städte, Länder und sogar der Kontinente vor. Es entsteht ein Gefühl der ***Vertrautheit, Gemeinschaft*** und ein wenig ***Nähe***. Der Icebreaker kann die Anonymität zumindest ein wenig reduzieren. Indem die Moderatorin ergänzt, von wo aus sie und die Expertin zugeschaltet sind, entstehen zumindest „geografische Bilder" in den Köpfen der Zuhörer, die die Fremdheit überbrücken helfen und ***Vertrautheit*** erzeugen.	00:48 (A/I) 

Tab. 4.1 (Fortsetzung)

Funktion (Belohnung)	Evidenzmittel/Highlights
Chat: „Geben Sie uns Feedback zur Tonqualität und stellen Sie uns jederzeit Fragen." Teilnehmer erhalten die Möglichkeit, sich jederzeit an die Moderatorin zu wenden. Sie bekommen die Möglichkeit zum ***Austausch*** und zum ***Feedback.*** Sie fühlen sich ***gut aufgehoben*** und ***wertgeschätzt***. Es entsteht das Gefühl der ***Verbundenheit.*** Das unmittelbare Feedback ermöglicht den Teilnehmern die ***Kontrolle*** über das Geschehen. Da sie sich mit allen Fragen und Problemen an die Moderatorin wenden können und unmittelbar Antwort bekommen (meist mit Namen und persönlicher Ansprache), verringert sich das Gefühl des Alleinseins. Erzeugt ***Verbundenheit*** und gibt ***Unterstützung.***	01:02 (A/I) Bitte senden Sie uns Ihre Fragen über den Chat. Ihre Fragen und Anmerkungen GoToMeeting
Vorstellung Presenter (Chart mit Foto) Moderatorin stellt Expertin vor und ***legitimiert***, warum gerade sie heute dieses Webinar hält. Erzeugt ***Glaubwürdigkeit***, ***Sicherheit*** und vermittelt ***Kompetenz.*** Das Foto kompensiert die körperliche Abwesenheit und erzeugt ein Gefühl von ***Anwesenheit*** und ***Nähe.*** Das Lächeln und der offene Blick in die Kamera ersetzen den Blickkontakt der „realen" Begrüßung.	02:06 (A/H) Wie Sie online mitreißend und spannend präsentieren Optimieren Sie Ihre Presentation Skills 
Situation schildern Mit dem Einstieg kommt das Webinar sofort auf den Punkt, um den es geht. Direkt mit dem Thema zu beginnen vermittelt ***Prägnanz*** und ***Präzision*** und belohnt vor allem die logischen Teilnehmer. ***Erleichtert*** über Logik (Prämisse zuerst) ***das Zuhören,*** da nun die Teilnehmer wissen, wie sie den weiteren Ausführungen (Thesen/Argumenten) zuhören sollen. Die Wort-Bild-Koppelung mit PowerPoint (H) erzeugt ***Spannung*** und ***Motivation.*** Die Teilnehmer fragen sich, was sich hinter dem Schattenriss und dem Fragezeichen verbirgt, und warten gespannt auf die Auflösung.	03:02 (E/H) Nur wer sein Gegenüber kennt, kann es auch überzeugen 

Tab. 4.1 (Fortsetzung)

Funktion (Belohnung)	Evidenzmittel/Highlights
Komplikation mit einer Analogie schildern Die Analogie „Presenting behind a wall" erzielt im doppelten Sinn **Evidenz** für das Problem: 1. über die sprachliche Analogie „Ein Webinar zu halten ist, wie hinter einer Mauer zu präsentieren". Macht das Problem ***einleuchtend***. 2. über das Bild auf PowerPoint. Die Wort-Bild-Koppelung stellt das Problem noch ***deutlicher*** und ***eindringlicher*** dar.	03:19 (E/H) 
Negative Konsequenz, wenn Problem nicht gelöst wird/„Hölle-Story" mit PowerPoint/Wort-Bild-Koppelung/Dreierschritt/Anapher/Rhetorische Frage Baut ***Motivation*** zum Umdenken über „Hölle-Argumente" auf. Hölle-Argumente zielen auf das Bestrafungssystem und erzeugen Motivation über Angst. Sie wollen bewusst negative Emotionen erzeugen, um die Überzeugungskraft zu steigern. Sie führen die negativen Konsequenzen vor Augen, wenn nicht gehandelt wird. Diese **Evidenz** wird über Wort-Bild-Koppelung der PowerPoint-Charts erzeugt. Der Dreierschritt in der Argumentation macht die negativen Konsequenzen über Wiederholung und Rhythmus noch ***eindringlicher***. Alle drei visualisierten Hölle-Storys werden mit den gleichen Worten eingeleitet, mit einer sogenannten Anapher (H): „Wenn wir unsere Teilnehmer nicht kennen, dann ..." Die Anapher ***erleichtert*** es den Teilnehmern, ***zuzuhören***, da der Dechiffrierungsaufwand im Gehirn gesenkt wird. Außerdem wird die Botschaft durch Wiederholung (H) im Gehirn verankert. Rhetorische Fragen (H) ***verstärken die negativen Gefühle*** der Hölle-Story, z. B.: „Was passiert mit unseren Ideen? Nichts. Keine Anrufe, keine Umsetzung, keine Zustimmung."	05:23 (E/H)  

Tab. 4.1 (Fortsetzung)

Funktion (Belohnung)	Evidenzmittel/Highlights
Poll (Umfrage) Diese Interaktion zieht die Teilnehmer nun in die Präsentation hinein. Sie ***aktiviert*** und ***fesselt*** die Teilnehmer und regt sie zum Denken an. Die Umfrage hat **Highlight-** (Anregung) **und Evidenzcharakter** (Demonstration). Sie will „am eigenen Leib" die These belegen, dass nur sehr wenige Onlinepräsentationen begeisternd sind. Der Ausgang der Umfrage **belegt die These** des Webinars, dass es schwer ist, im virtuellen Raum zu begeistern. Nur 3 % der Teilnehmer geben an, Onlinepräsentationen begeisternd zu finden. Steigert die ***Glaubwürdigkeit.***	06:46 (E/I) I. Umfrage Die meisten Online-Präsentationen finde ich: 1. Begeisternd 2. In Ordnung 3. Teilweise in Ordnung 4. Langweilig 5. Zum Weg-Klicken  (Bitte nur eine Antwort geben) 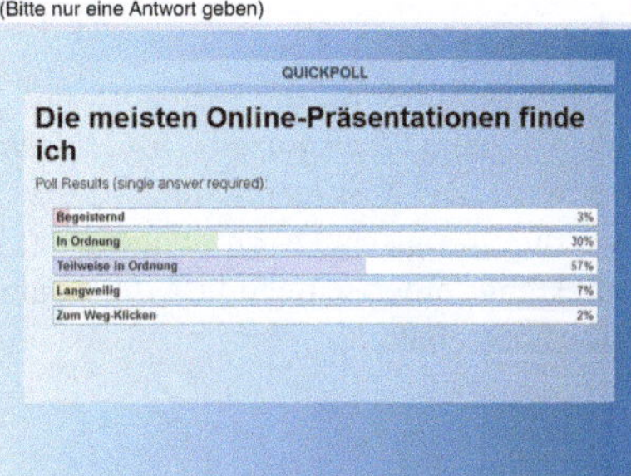
Highlight mit PowerPoint-Animation Die Animation der Wort-Bild-Koppelung „Fatale Folgen für Presenter, sein Image sinkt", während das Bild des Presenters schrumpft, wirkt vor allem auf Highlight-Ebene. Sie soll mit ***Humor*** und ***Ironie*** die negative Konsequenz evident machen, wenn mit Textcharts präsentiert wird.	09:43 (E/H) 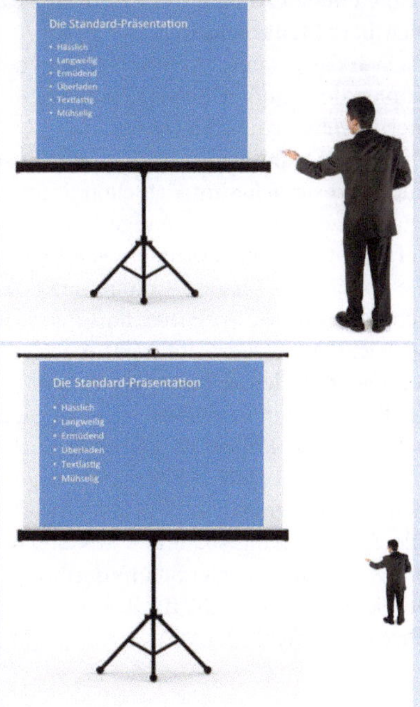

Tab. 4.1 (Fortsetzung)

Funktion (Belohnung)	Evidenzmittel/Highlights
Brennende Frage Die explizite Erwähnung und Visualisierung der „brennenden Frage" macht den Teilnehmern deutlich, worum es genau in diesem Webinar geht. Steigert ***Klarheit*** und ***Deutlichkeit*** des Webinars.	10:01 (E) 
Empfehlung Die Empfehlung ist die Antwort auf die brennende Frage. Erzeugt ***Transparenz*** und ***Nachvollziehbarkeit*** aller weiteren Aussagen. Steigert die ***Überzeugungskraft*** durch logische Argumentation (Obersatz zuerst) und erzeugt eine zwingende Argumentation (Untersätze/Kernbotschaften).	10:48 (E) 
Fragen in den Köpfen der Zuhörer = Kernbotschaften **Sichtbare Strukturfolie** Da sich das gesamte Webinar entlang der Fragen in den Köpfen der Zuhörer bewegt, sichert es bei den Teilnehmern ***Relevanz*** und ***Interesse.*** Die klare Struktur nimmt die Teilnehmer an die Hand und führt sie ***sicher*** im virtuellen Raum. Die Konzentration auf wenige Kernbotschaften verhindert das Gießkannenprinzip, wahllos alles Material auf die Zuhörer zu „gießen" – oft in Form von Bullet-Charts. Schafft ***Ordnung, Prägnanz*** und ***Relevanz***. Die sichtbare Strukturfolie (H) materialisiert die Struktur. Dies hilft den Teilnehmern, immer wieder zurück in die Präsentation zu finden, und vermittelt ***Orientierung im virtuellen Raum***. Es gibt aber auch dem Presenter ***Überblick*** und ***Halt***, weil er immer genau weiß, wo er sich gerade befindet. Die Ankündigung späterer Punkte erzeugt auch ***Spannung,*** da immer wieder Spannungsbögen aufgebaut werden können (vgl. 12:50 ff.). Erhöht die ***Motivation*** und die ***Neugierde***.	11:17 (1, 2, 3/H)  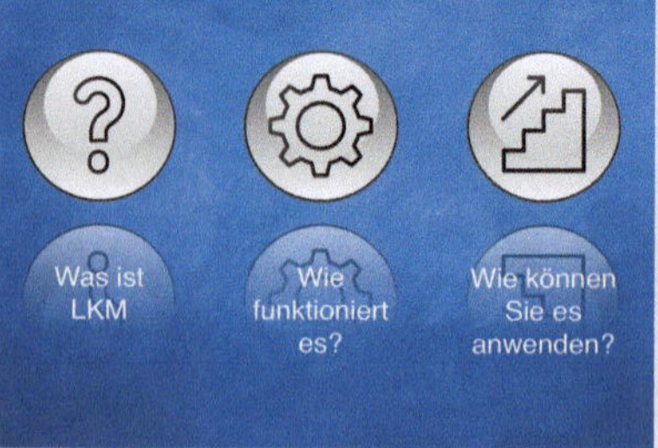

Tab. 4.1 (Fortsetzung)

Funktion (Belohnung)	Evidenzmittel/Highlights
1. Kernbotschaft LKM ist innovativ und durchdacht. Aussage: Wissenschaftlicher Vortrag Evidenz: Illustration mit PowerPoint Vortrag mit Wort-Bild-Koppelungen Die naturwissenschaftlichen Erkenntnisse werden anschaulich über Wort-Bild-Koppelungen, Metaphern, Analogien und Beispiele evident gemacht. Diese Verbildlichungen potenzieren das ***Verständnis*** und ***erleichtern*** es dem Zuhörer, komplexe und abstrakte Zusammenhänge ***über Anschaulichkeit nachzuvollziehen***. Die logische Ableitung des Themas „Begeisterung" aus einer naturwissenschaftlichen Prämisse (Belohnungssystem) macht das „softe" Thema auch für **logische** (technisch-, naturwissenschaftlich-, zahlenorientierte) **Teilnehmer** nachvollziehbar. Die naturwissenschaftliche Ableitung erhöht die ***Glaubwürdigkeit*** und ***Überzeugungskraft*** für diesen Teilnehmertyp. Im weiteren Verlauf des Webinars wird das abstrakte und komplexe Thema nacheinander für den experimentellen, den gefühlvollen und den strukturierteren Teilnehmer evident gemacht.	12:06 (1) 

Tab. 4.1 (Fortsetzung)

Funktion (Belohnung)	Evidenzmittel/Highlights
Analogie **Das Limbische System ist wie ein Wächter.** ***Verdeutlichung*** des naturwissenschaftlichen Themas für die **experimentellen Teilnehmer** mit einer Analogie aus der Lebenswelt dieser Teilnehmer. Durch die dreifache Visualisierung (Wächter, Filter, Türsteher) entsteht ein Bild des limbischen Gesamtprozesses vor Augen, ein „Big Picture" ***veranschaulicht*** und ***verdeutlicht*** den Prozess. Wörtliche Analogie: „Das Limbische System ist wie ein Wächter bzw. Türsteher vor speziellen Lokalen, in die nur ganz besondere Menschen hineindürfen." Wort-Bild-Koppelung „Filter" = „Entscheidungskriterien" mit PowerPoint Weitere wörtliche Analogie: Unbewusste Entscheidungskriterien im limbischen System werden verglichen mit dem Entscheidungsfilter der Türsteher.	14:34 (H) 
Personifizierung der limbischen Instruktionen Wörtliche Rede ***Verdeutlichung*** des naturwissenschaftlichen Themas für die **gefühlvollen Teilnehmer** mit einer Personifizierung. Limbische Instruktionen werden als unterschiedliche Wächter vermenschlicht und befragen nun in wörtlicher Rede die Botschaften, ob sie eine Belohnung darstellen: „Machst du mich erfolgreicher? Machst du mein Leben sicherer? usw." Die Funktionsweise der somatischen Markierung von Präsentationsbotschaften wird so ***lebendig*** vermittelt. Die Vermenschlichung hilft vor allem dem **gefühlvollen Teilnehmer,** sich ***mit diesem wissenschaftlichen Thema wohlzufühlen.***	15:35 (H)

Tab. 4.1 (Fortsetzung)

Funktion (Belohnung)	Evidenzmittel/Highlights
Demonstrationen mit PowerPoint-Animation, wie limbisches System arbeitet ***Verdeutlichung*** des naturwissenschaftlichen Themas für die **strukturierten Teilnehmer** mit einer praktischen, sequenziellen Demonstration. Dass unterschiedliche Menschen dieselbe Botschaft unterschiedlich markieren, wird nun anhand eines konkreten Beispiels demonstriert. Dieses erläutert das Prinzip der primären, unbewussten emotionalen Markierung von Botschaften im limbischen System. Macht Abstraktes und Komplexes ***anschaulich*** und ***einfach nachvollziehbar.*** Die Animation sorgt dafür, dass auf dem Bildschirm etwas passiert und PowerPoint ***lebendig*** und ***interessant*** wird. Die schrittweise Erläuterung hilft vor allem dem **strukturierten Teilnehmertyp,** dem Thema ***einfach zu folgen.***	16:29 (H) ↑ Limbischer Wächter: Gewinn „Mehr Gewinn" „Brauch ich!" ↑ Limbischer Wächter: Bindung „Mehr Gewinn" „Wozu?" ↑ Limbischer Wächter: Bindung „Mehr Wohlfühlen" „Brauch ich!"
Antithese **Wort-Bild-Koppelung** „Was für den *einen* eine *Belohnung*, ist für den *anderen* eine *Bestrafung*." Rhetorischer Feinschliff (Kontrast) mit Antithese, um die Botschaft ***prägnant*** und ***griffig*** auf den Punkt zu bringen. Die Aussage wird mit PowerPoint noch ***anschaulicher*** und ***evidenter***.	17:51 (H) 

Tab. 4.1 (Fortsetzung)

Funktion (Belohnung)	Evidenzmittel/Highlights
Zitat **Wort-Bild-Koppelung** ***Beglaubigung*** durch Argumente einer Autorität einerseits (Sprachphilosoph Wittgenstein). Andererseits Highlight für experimentell-gefühlvolle Teilnehmer: ***harmonisches, warmes*** Bild, ***berührende Sprache*** (gefühlvoll) und ***visionäres Pathos*** „Grenzen weiten" (experimentell). Verleiht dem Thema eine höhere Dimension und zeigt auf, dass limbische Kommunikation mehr als nur Grammatik ist, sondern Persönlichkeitsentwicklung. ***Erhöht das Thema*** (Pathos) aus den „Niederungen" alltäglicher Businesskommunikation.	18:05 (H) 
2. Kernbotschaft LKM ist effektiv und wirkungsvoll. Aussage: Erläuterung, wie es funktioniert Evidenz: Demonstration am Fallbeispiel „Lumonia", Beispiel Mr Sale Vortrag mit einem Beispiel Fallbeispiel Demonstration in der Demonstration Das imaginäre Fallbeispiel „Lumonia" ist **Evidenzmittel und Highlight zugleich**, weil es einerseits die ***These*** „Das LKM ist effektiv und wirkungsvoll" ***belegt*** und andererseits das Webinar ***anschaulich*** und ***lebendig*** macht. Das Beispiel von Herrn Sale macht das Thema ***menschlich*** und ***einfacher nachvollziehbar***. Indem wir ihm über die Schulter schauen, wie er Schritt für Schritt seine Präsentation mit dem LKM aufbaut, wird das System ***anschaulich*** und ***einfach*** erklärt. Die Schritt-für-Schritt-Demonstration gibt viel ***Sicherheit*** und unterstützt die Teilnehmer, das abstrakte und komplexe Thema ***leichter zu verstehen***.	19:06 (2) 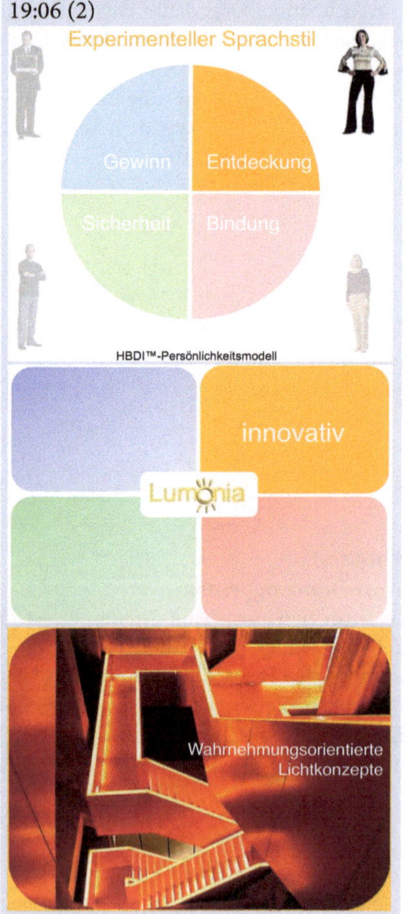

Tab. 4.1 (Fortsetzung)

Funktion (Belohnung)	Evidenzmittel/Highlights

Personenevokation: Mr Sale Unter Personenevokation versteht die Rhetorik das Auftreten einer (fiktiven) Person in der Rede. Ihre Funktion ist es, der Präsentation ***Lebendigkeit*** und ***Anschaulichkeit*** zu verleihen. Mr Sale vertritt den Zuhörer, der sich nun mit ihm identifizieren und ihm bei der Anwendung des LKM über die Schulter schauen kann.	(H) Business Case: Lumonia 
Chat: „Wie gefällt Ihnen das Bullet-Chart?" Auch dieser Chat hat zwei Funktionen: Er soll **Evidenz** schaffen für die These der unbewussten somatischen Markierung von Bullet-Charts mit negativen Emotionen. Die Teilnehmer erleben die somatische Markierung am eigenen Körper („langweilig", „hässlich" etc.) und chatten ihre somatischen Marker an die Moderatorin. Die Antworten **belegen die These** der unbewussten somatischen Markierung einerseits und dass Bullet-Charts negativ markiert werden andererseits. Das Durchstreichen der Folie zum Schluss mit zwei roten Balken verstärkt die Evidenz. Gleichzeitig erzielt der Chat auch die ***Aktivierung und Fesselung*** der Teilnehmer durch Interaktion. Es entsteht ***Verbundenheit,*** da sie ein Gefühl dafür bekommen, wie die anderen Teilnehmer empfinden, und verstärkt das ***Gemeinschaftsgefühl*** dadurch, dass sie ähnlich empfinden.	20:02 (I)  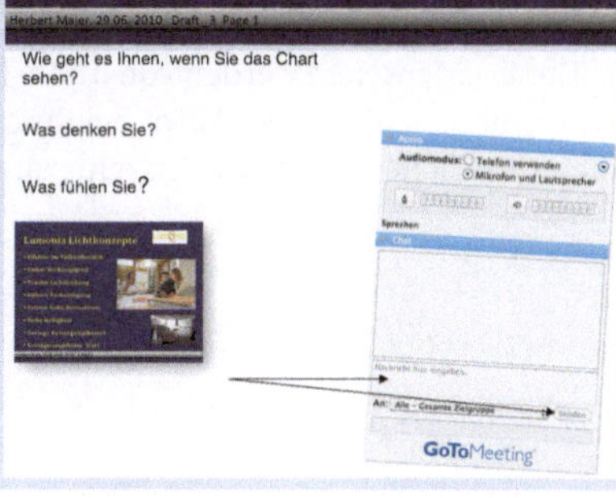

Tab. 4.1 (Fortsetzung)

Funktion (Belohnung)	Evidenzmittel/Highlights
Es ***fesselt*** die Teilnehmer an den Bildschirm und ***zieht sie in den virtuellen Raum hinein***, da sie über die aktive Beteiligung ganz „in der Präsentation drin" sind. Der Chat ist ***spannend***, da niemand weiß, was die Moderatorin als Nächstes vorlesen wird. Und er ist ***lustig***, weil manche Teilnehmer humorvoll antworten.	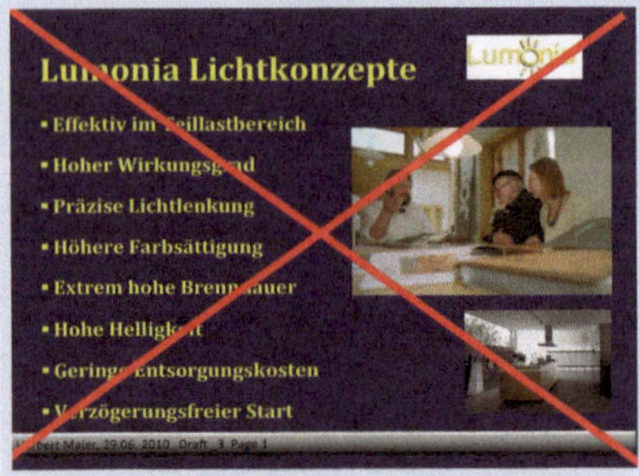 
Parallelismen/Anaphern/Sichtbare Strukturfolien/ Beispiele Wiederholungen (H) gefallen den meisten Zuhörern, da sie den Aufwand im Gehirn senken. Ein Thema wird so ***eingängiger*** und ***leichter zu verstehen.*** Die Produktion einer Präsentation mit dem LKM wird nun Schritt für Schritt und parallel für alle vier Typen aufgebaut. Die Beispiele (Diagramme, Zertifikate etc.) haben zwei Funktionen. Sie erzeugen erstens **Evidenz**, indem sie belegen, dass sich unterschiedliche rhetorische Inszenierungen unterschiedlich „anfühlen". Der Teilnehmer erlebt die Wirkung am eigenen Körper. Die Beispiele haben auch **Highlight**-Charakter, da sie *inspirierend, abwechslungsreich* sind und *anschaulich* die Unterschiede der limbischen Inszenierungen aufzeigen.	21:35 (H) 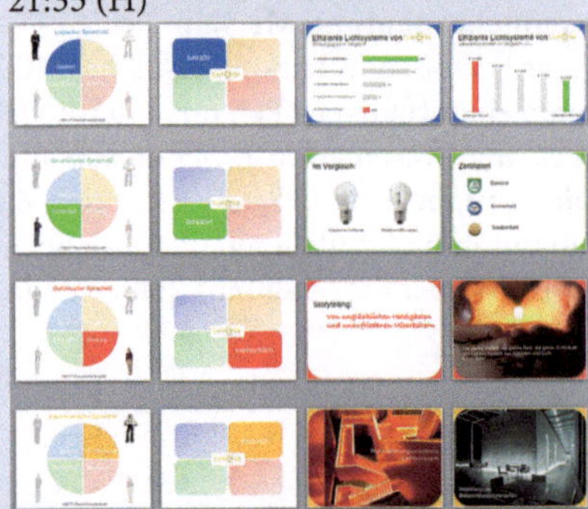
PowerPoint-Animation Auch diese Animation hat zwei Funktionen. Einerseits macht sie die ***These*** „LED-Lampen sind prozesstauglich" ***evident***, andererseits erzeugt sie durch die Animation ***Spannung*** und einen ***„Wow!"-Effekt***. Auf der Ebene der LKM-Präsentation (nicht Ebene „Lumonia") soll sie für einen Aha-Effekt sorgen und den strukturierten Denkstil **evident** machen: „Aha, das also bevorzugen strukturierte Typen, interessant!" Sie belegt die These: „Menschen werden von ihrem limbischen System für unterschiedliche Werte belohnt und benötigen unterschiedliche rhetorische Inszenierungen."	24:58 (H) 

Tab. 4.1 (Fortsetzung)

Funktion (Belohnung)	Evidenzmittel/Highlights
Alliteration **S**ervice, **S**icherheit, **S**auberkeit – da alle drei Worte mit dem Buchstaben S anfangen, handelt es sich um eine Alliteration. Alliterationen sind Wiederholungsfiguren (H) und machen eine Botschaft ***einfach und eindringlich***.	25:09 (H) 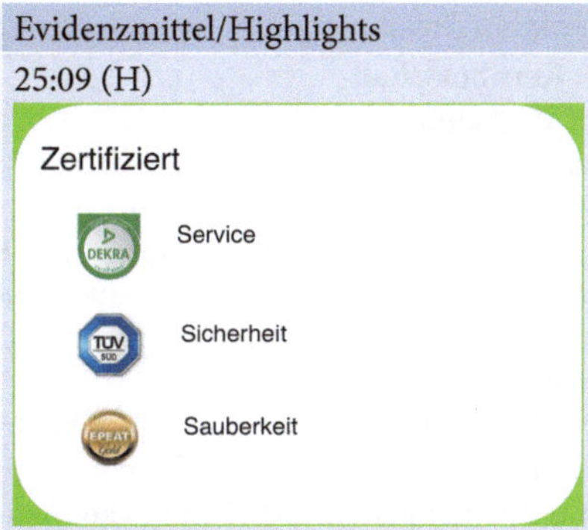
Poll: „Welche der vier limbischen Inszenierungen hat Ihnen am besten gefallen?" Diese Umfrage ist Evidenz und Highlight zusammen. Sie **belegt einerseits die These**: „Menschen lassen sich von unterschiedlichen Botschaften und Inszenierungen überzeugen." Teilnehmer horchen in sich hinein und erleben wieder am eigenen Körper ihre eigenen limbischen Entscheidungskriterien. Sie erkennen über die unterschiedlichen Antworten, dass andere wirklich andere Botschaften und Inszenierungen bevorzugen. Sie **akzeptieren so eher die Botschaft** des Webinars: „Nutze das LKM bei deiner nächsten Präsentation, um alle unterschiedlichen Menschen zu gewinnen." Auf der anderen Seite fungiert die Umfrage als **Highlight**. Durch die Fragetechnik (H) der Umfrage werden die Zuhörer zum Nachdenken ***angeregt***. Sie werden ***in die virtuelle Präsentation hineingezogen***. Sie erzeugt ***Gemeinschaftsgefühl und Verbundenheit***. Die Teilnehmer spüren, dass sie nicht allein dieser Präsentation zuhören. Sie erleben sich als Teil einer Gemeinschaft, obwohl sie allein vor dem Rechner sitzen und die anderen Teilnehmer nicht sehen. Kompensiert die körperliche und visuelle Abwesenheit anderer Menschen. Die Umfrage erzeugt auch ***Nähe***. Teilnehmer lernen sich zumindest ein ganz wenig näher kennen. Sie erfahren, wie der Rest der Zuhörerschaft tickt und etwas über sich selbst in Relation zu den anderen. Die Umfrage an sich ist ***spannend***. Da die Ergebnisse nicht sofort sichtbar sind und alle auf diese warten, ergibt sich ein Spannungsbogen, der alle ***gebannt*** auf den Bildschirm schauen lässt und die Teilnehmer an die Präsentation ***fesselt***.	28:46 (I) II. Umfrage Mich spricht an der Lumonia-Präsentation am meisten an: 1. Die logische Botschaft: lukrativ (Gewinn) 2. Die strukturierte Botschaft: bewährt (Sicherheit) 3. Die gefühlvolle Botschaft: menschlich (Verbundenheit) 4. Die experimentelle Botschaft: innovativ (Entdeckung) (Bitte nur eine Antwort geben) 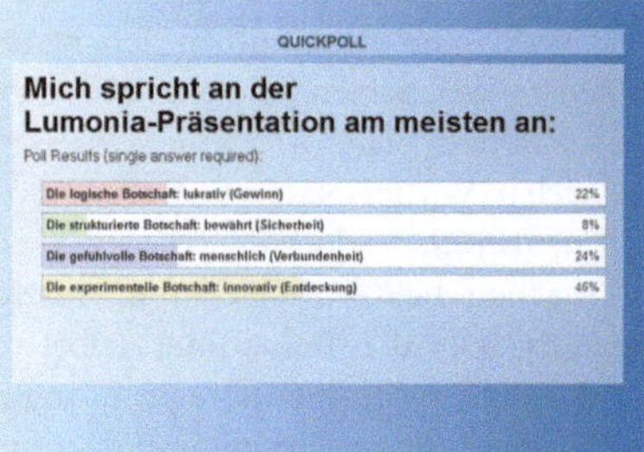

Tab. 4.1 (Fortsetzung)

Funktion (Belohnung)	Evidenzmittel/Highlights
3. Kernbotschaft LKM ist einfach und hilfreich. Aussage: Auch Sie können es einfach umsetzen. Evidenz: Interaktion in 7 Schritten Die Aussage der 3. Kernbotschaft: „Auch Sie können das LKM ganz einfach bei Ihrer nächsten Onlinepräsentation umsetzen", wird durch eine interaktive Demonstration evident gemacht. Die Teilnehmer erhalten nun 7 ganz konkrete Tipps und können gleich mitmachen und an ihrer eigenen Onlinepräsentation parallel arbeiten. So können sie sich gleich selbst davon überzeugen, dass das LKM einfach in der Anwendung ist. Dies steigert die ***Glaubwürdigkeit*** der 3. These. Außerdem können so die Teilnehmer ihre Zeit gut nutzen und etwas dazulernen. Vor allem die Gewinner-Instruktion des **logischen Typs** ***freut sich über diesen kostenlosen Zeit- und Know-how-Gewinn.*** Die Demonstration verwandelt „Wissen" in „Können" und unterstützt den Lerntransfer des Webinars und somit das Ziel: „Nutzen Sie bei Ihrer nächsten Präsentation das LKM." Sie vermittelt ***Hoffnung und Motivation***, es auch wirklich ganz einfach umsetzen zu können. Viele praktische Tipps, oft in Schritt-für-Schritt-Anleitungen zerlegt, zeigen, wie man z. B. richtige Ziele setzt, und vermitteln ***Sicherheit und Selbstvertrauen.*** Die vielen Vorher-Nachher-Beispiele zeigen einleuchtend ***anschaulich***, dass die Thesen (7 Tipps) stimmen, und machen die Kernbotschaft ***überzeugend.*** Dadurch, dass die Teilnehmer selbst machen können, was die Referentin über Screensharing zeigt, sind sie in die Präsentation eingebunden und somit an den PC „gefesselt". Viele Beispiele, praktische Tipps, Anleitungen, Dos & Don'ts, Formulierungsbeispiele, Details, Demos, Beispiele, Sequenzen verstärken den Nutzen und führen zu der Gewissheit, viel für sich aus dem Webinar ***„mitnehmen zu können"***, und machen den Besuch des Webinars ***profitabel.***	33:02 (3) 7 Tipps für Ihre (Online) Präsentation 1 Klares ZIEL  Möglichkeiten **maximieren** 

Tab. 4.1 (Fortsetzung)

Funktion (Belohnung)	Evidenzmittel/Highlights
Ringstruktur/Wiederholungen/Anaphern Die These „Webinare brauchen mehr von allem“ wird ein paarmal wiederholt, um sich ***im Gedächtnis einzuprägen***. Sie eröffnet und sie schließt die Präsentation der 3. Kernbotschaft. So eine Wiederholungsfigur am Anfang und am Ende heißt in der Rhetorik Ringstruktur. Ringstrukturen machen eine These ***harmonisch und rund***. Die Anapher „Sie brauchen mehr Highlights, sie brauchen mehr Abwechslung, sie brauchen mehr Interaktion, sie brauchen mehr Emotionen“ machen die Botschaft ***eindringlich und prägnant***.	31:35 (H)
Visualisierte Metapher Die Wort-Bild-Koppelung macht die Aussagen „Im virtuellen Raum eine Beziehung aufbauen und den Teilnehmer regelrecht an den Bildschirm fesseln“ ***evident und anschaulich***.	33:09 (H)
An der eigenen Präsentation zeitgleich arbeiten Die Interaktion ***bindet die Teilnehmer ein*** und ***aktiviert*** sie. Durch Papier und Stift wird der taktile, haptische Sinn aktiviert. So wird ein großes Manko von Webinaren – die Abwesenheit des Physischen – kompensiert und ausgeglichen. Dies erfreut vor allem die **gefühlvollen Teilnehmer**, die gerne Dinge ***berühren und spüren***.	33:32 (I) 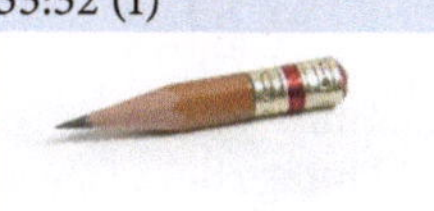
Demonstration Schritt für Schritt wird dem Teilnehmer gezeigt, wie er eine sichtbare Strukturfolie machen kann. Gibt **Sicherheit** und ermutigt die Teilnehmer, es selbst auszuprobieren. Sichert Transfer.	35:20 (H) 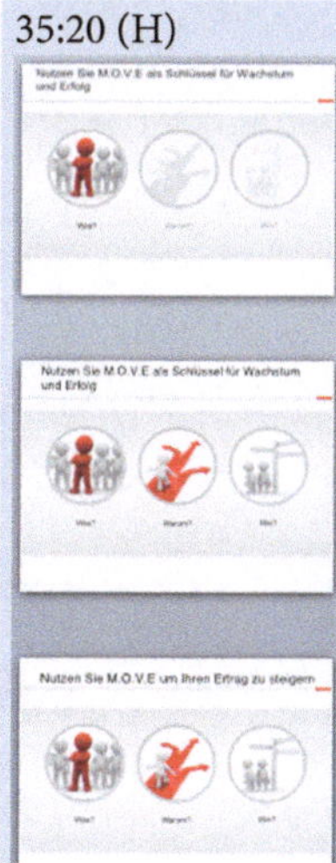

Tab. 4.1 (Fortsetzung)

Funktion (Belohnung)	Evidenzmittel/Highlights
Aufschreiben lassen: „Wie viel würden Sie spenden im ersten, wie viel würden Sie spenden im zweiten Fall?" Aktivieren Diese Interaktion hat zwei Funktionen. Einmal möchte sie die **These beweisen:** Charts mit großen Bildern ohne Text sind um 48,5 % wirkungsvoller als Textcharts. Auf der Ebene der Highlights ***bindet*** sie die Teilnehmer ***ein***, ***regt das Denken an***, fördert den taktilen Sinn über das Mitschreiben und ***fesselt*** die Teilnehmer.	36:53 (I) 27 23.05.2010 Hortega Weltweit mehr als 30 Projekte •Wir helfen Menschen in allen Lebenslagen •Höchste Priorität haben Kinder •Medizinische und technische Aufbauhilfe 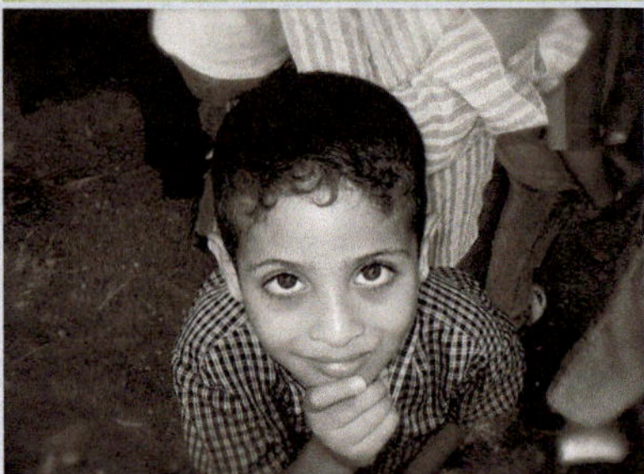
Poll: „Wie viel würden Sie spenden im Vergleich zum Bullet-Chart?" Aufsehenerregende Zahl Die Antworten der Umfrage **beweisen** schwarz auf weiß und durch die eigene Beteiligung ***sehr eindrücklich***, dass die Mayer-Moreno-Studie stimmt. 44 % Prozent würden über 50 % mehr im Fall von bildhaften Charts spenden.	38:01 (I) III. Umfrage Wie viel würden Sie spenden im Vergleich zum Bullet-Chart? 1. Weniger 2. Gleich viel 3. 20% mehr 4. 50% mehr 5. Mehr als 50% mehr QUICKPOLL Wie viel würden Sie spenden im Vergleich zum Bullet-Chart? Poll Results (single answer required) Weniger 7% Gleich viel 16% 20% mehr 23% 50% mehr 28% Mehr als 50% mehr 26% 48,5% höheres „Verständnis" Quelle: Mayer/Moreno (1998)

Tab. 4.1 (Fortsetzung)

Funktion (Belohnung)	Evidenzmittel/Highlights
Vorher-Nachher-Demonstration **Anapher** Sehr schön lassen sich Antithesen (H) mit PowerPoint **evident** machen. Die Kontrasttechnik von „Vorher: So nicht" und „Nachher: So ja" ist ein Überzeugungsklassiker, da sie ***anschaulich und eindrücklich*** zeigt, dass die These „Halten Sie Ihre Diagramme so einfach wie möglich" stimmt. Die Anapher (H) „Sehr klar, sehr schön, sehr einfach" bringt kurz, knackig und eingängig die Aussage zu Chart 2 auf den Punkt.	39:46 (H) Graphische Darstellung der Umsatzentwicklung in Millionen Euro 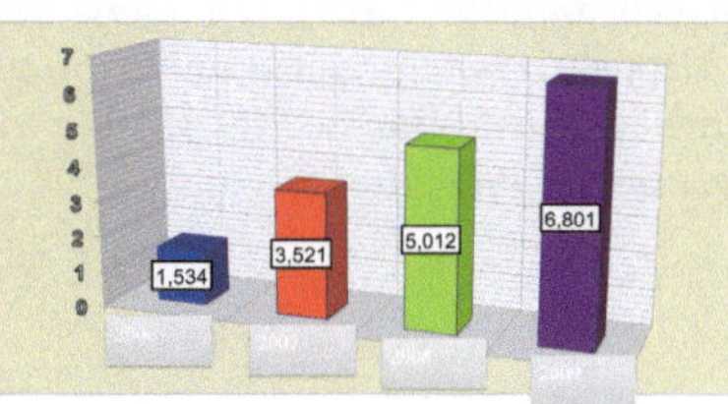 Geschäftsbericht 2009 23. Februar 2010 22 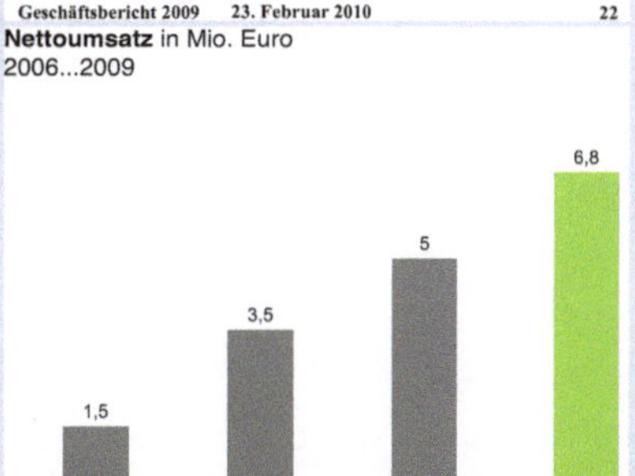
Geschenk: Download der Präsentation „NewPowerPoint" Die Teilnehmer werden aufgefordert, sich die E-Mail-Adresse zu notieren. Dieses kleine Aktivierungsmoment führt wieder dazu, dass die Teilnehmer ihren ***taktilen Sinn nutzen.*** Das kostenlose Give-away ***erfreut das Belohnungssystem*** aller Menschen. Die Funktion von Geschenken ist seit Jahrtausenden, ***die Beziehungen unter den Menschen zu festigen und zu vertiefen.***	40:26 (I) 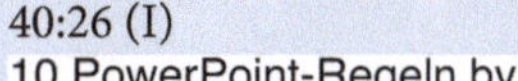 Hermann-Ruess & Partner E-Mail an: seminare@hermann-ruess.de Stichwort: NewPowerPoint 
Visualisierte Metapher **Wort-Bild-Koppelung** Die Aussage, dass auch Botschaften, die auf das Bestrafungssystem einzahlen, überzeugend sind und ein gutes Webinar beide Systeme aktivieren sollte, wurde mithilfe einer visualisierten Metapher verpackt: „Spielen Sie beide Tasten auf der Klaviatur der Emotionen." Macht abstrakte Aussagen ***evident und anschaulich.***	41:40 (H) Himmel und Hölle

Tab. 4.1 (Fortsetzung)

Funktion (Belohnung)	Evidenzmittel/Highlights
Spannung mit PowerPoint-Animation Damit die Teilnehmer nicht zu lange auf dasselbe Chart schauen müssen, werden komplexe Textcharts in kleine Häppchen zerlegt und animiert. So passiert etwas auf dem Bildschirm, und die Präsentation wird im Nu ***lebendiger und spannender***.	42:24 und 42:52 (H) 

Tab. 4.1 (Fortsetzung)

Funktion (Belohnung)	Evidenzmittel/Highlights
Q&A Die Q&A-Phase ermöglicht es den Teilnehmern, sich über Chat direkt und unmittelbar mit dem Referenten auszutauschen. Sie können all die Fragen loswerden, die ihnen unter den Nägeln brennen. Die Q&A-Phase sollte so lang wie möglich sein, weil sie immer sehr relevant für die Teilnehmer ist und die ***Beziehung zwischen Referent und Publikum vertieft***. Der Referent hat in der Q&A-Phase die Möglichkeit, seine ***Glaubwürdigkeit*** noch mehr zu steigern, weil die Teilnehmer erkennen, dass er alle Fragen auch ganz spontan und frei beantworten kann und nicht nur sein Manuskript abliest. Die Q&A-Phase steigert die ***Glaubwürdigkeit*** und das ***Vertrauen*** und ***vertieft die Beziehung***.	47:55 (Z/I/?) 
Zusammenfassung Die Zusammenfassung der wichtigsten Botschaften ***verankert*** diese im Gedächtnis und ***motiviert*** die Teilnehmer, sich einen Ruck zu geben und der Empfehlung des Webinars zu folgen. Dass dieses Ziel erreicht wurde, konnten wir an den Rankings meiner Bücher auf Amazon verfolgen. Sie schnellten sofort nach dem Webinar und in den nächsten Tagen auf die obersten Plätze im Bereich „Rhetorik" und „Präsentation", was für uns eines der Zeichen war, dass wir unser Webinar-Ziel erreicht haben.	55:05 (S/Z) 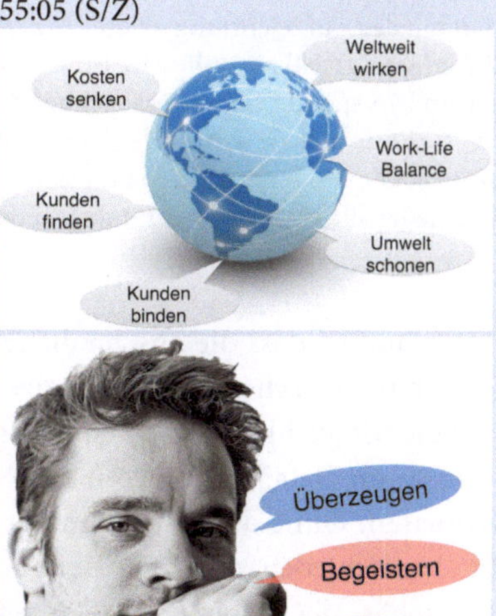

Tab. 4.1 (Fortsetzung)

Funktion (Belohnung)	Evidenzmittel/Highlights
Enden mit Highlight Mit einem letzten Highlight verabschiedet sich die Referentin. Der Schattenriss wird „enthüllt" und fasst noch einmal das zentrale Thema des Webinars zusammen: „Nur wer sein Gegenüber kennt, kann es auch überzeugen." Evidenz der Aussage „Ich hoffe, dass Ihnen das Wissen aus dem Webinar helfen wird, Ihr unbekanntes und unsichtbares Publikum besser zu kennen und zu erkennen." Die PowerPoint-Animation, die langsam aus dem Schattenriss ein erkennbares Gegenüber macht, bewirkt ***Lebendigkeit, Spannung und Staunen.*** Die „aufgelöste" Ringstruktur rundet das ganze Webinar zu einem ***harmonischen Ganzen*** ab.	55:49 (S/H) 
Verabschiedung durch Moderator Die Moderatorin übernimmt den Bildschirm und verabschiedet sich von den Teilnehmern. Sie verweist noch auf die Evaluation, das Whitepaper und die Follow-up-Mail mit der Aufzeichnung. Dieser Mehrwert gibt wieder ***Sicherheit*** („Ich kann alles in Ruhe noch mal nachlesen und in meinem Tempo anschauen") und ***verstärkt das Gefühl, viel Gewinn aus dem Webinar ziehen zu können.*** Die Moderatorin bedankt sich noch einmal, verabschiedet alle und beendet pünktlich das Webinar.	58:00 (Z)

Wir hoffen, dass die anschauliche und sequenzielle Analyse Ihnen zeigen konnte, mit welchen rhetorischen, argumentativen und methodischen Mitteln Wirkung erzeugt wird.

Diese Möglichkeit, Ihnen ein live gehaltenes Webinar zu zeigen und die Onlinepräsentation so im Detail analysieren zu können, verdanken wir dem asynchronen Nutzen von Webinaren. Ohne die Aufzeichnung hätten wir uns nicht für dieses didaktisch sinnvolle Mittel entschieden, da es viel zu mühsam gewesen wäre, den Sinnzusammenhang und die Atmosphäre des Webinars als Ganzes gedruckt wiederzugeben. Webinare werden im pädagogischen Bereich eine große Rolle spielen, da der asynchrone Nutzen Lehrenden und Lernenden viele weitere Möglichkeiten gibt, Wissen zu erwerben und zu vertiefen. Webinare werden auch im Marketing und Vertrieb eine große Rolle spielen, da sie eine effektive und wirkungsvolle Möglichkeit sind, Botschaften in und um die Welt zu schicken.

Schauen Sie sich auf unserer Website weitere Webinare an, lassen Sie sich inspirieren und setzen Sie nach und nach immer mehr Onlinetools in Ihren Webinaren ein. Im nächsten Kapitel finden Sie viele weitere Anregungen für fesselnde Interaktionen mittels Onlinemethodik.

Mit Online-Methodik fesselnd und lebendig präsentieren

5

In unseren Webinar-Workshops erleben wir zwei Tendenzen in Bezug auf die Online-Methodik: Bei technischen Laien einen großen Respekt vor den Onlinetools und somit eine Vermeidung in der Anwendung. Bei technischen Cracks erleben wir genau das Gegenteil: ein wahres Feuerwerk an Onlinetools, die mehr verwirren und vom Wesentlichen ablenken als nützen.

Einige Präsenztrainer, die nun auch online Trainings anbieten, haben begonnen, ihre Präsenzmethoden in Onlinemethoden zu übersetzen – mal mit mehr, mal mit weniger Erfolg. Plötzlich werden online Kreuzworträtsel gelöst, Buchstaben in einem Buchstabensalat gesucht, banale Fragen mit Onlinetools aufgebläht – oft ohne Bezug zu Inhalt und Ziel des Webinars. Statt gefesselt, werden die Zuschauer gelangweilt durch oft zeitraubende, aufgesetzt wirkende und für alle mühsame Online-Spielereien.

Wie können wir diese negativen Tendenzen vermeiden? Wie können wir Online-Methodik sinnvoll einsetzen? Darum geht es in diesem Kapitel, in dem Sie viele kreative Anregungen erhalten, damit Ihre Interaktionen als fesselnd, lebendig und sinnvoll erlebt werden.

5.1 Online-Methodik sinnvoll einsetzen

In Kap. 2 haben wir Ihnen die Onlinetools unter technischen Gesichtspunkten vorgestellt. In Kap. 3 haben Sie erfahren, welche Rolle Online-Tools in einem Webinar spielen: Sie sind Ihre Brücke und Verbindung zum Publikum. Mit ihnen binden Sie das Publikum ein, erzeugen Nähe, Lebendigkeit und Spannung. In Kap. 4 haben Sie die Online-Methodik in Aktion erlebt. Sie haben gesehen, dass im Schnitt alle 7 Minuten ein interaktives Element das Publikum miteinbezogen hat. In diesem Kapitel möchten wir Ihnen die Onlinetools unter methodisch-didaktischen Gesichtspunkten vorstellen.

Schauen wir uns in Tab. 5.1 noch einmal unsere Webinarstoryline an und fragen uns: Welche Funktion erfüllt die Online-Methodik in den unterschiedlichen Phasen:

A. Hermann-Ruess und M. Ott, *Das gute Webinar*, X.media.press,
DOI 10.1007/978-3-658-03859-5_5, © Springer Fachmedien Wiesbaden 2014

Tab. 5.1 Die genaue Funktion der Online-Methodik innerhalb der Storyline

Phase	Funktion der Online-Methodik
Sichere Ankunft	Kennenlernen der Tools Einüben der Tools Den virtuellen Raum erforschen Moderator/andere Teilnehmer kennenlernen Nähe und Verbundenheit herstellen Spielregeln aufstellen Fragen klären Unterstützung anbieten
Einstieg	Das Problem der Teilnehmer erfahren und vertiefen Den Kenntnisstand der Teilnehmer erforschen Die Wünsche/Ziele/Werte der Teilnehmer erfahren
Hauptteil	Kernbotschaften evident machen (visuell, auditiv und vor allem taktil) Kernbotschaften beweisen und belegen Kernbotschaften verankern Kernbotschaften verstärken Kernbotschaften vertiefen Meinungen zu Kernbotschaften erfahren Kernbotschaften diskutieren Fragen klären Unterstützung anbieten Zusatzmaterial anbieten
Schluss	Fragen klären Entscheidungen treffen Zum Handeln motivieren Umsetzung sichern Vernetzung der Teilnehmer herstellen Evaluation Empfehlungsmarketing ankurbeln

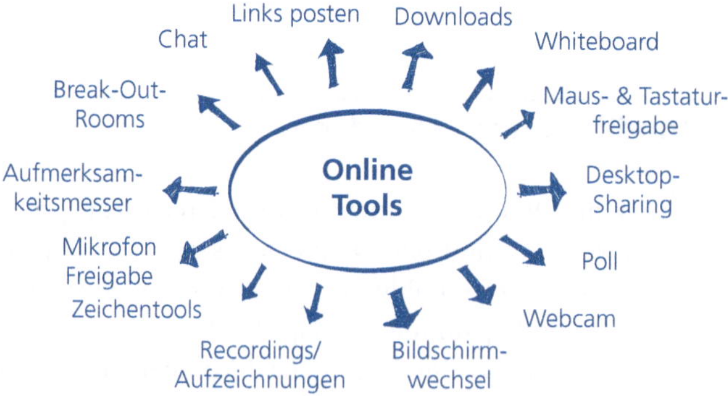

An keiner Stelle sollten Online-Tools spielerisch zum Selbstzweck eingesetzt werden. Natürlich können sie *aussehen wie ein Spiel* – aber unter der spielerischen Verpackung

verbirgt sich immer eine knallharte Funktion für das Gesamtgefüge des Webinars. Das bedeutet: Jede Online-Aktion bringt Sie einen Schritt Ihrem Ziel näher und zahlt auf die Belohnungssysteme Ihrer Teilnehmer ein, sodass diese gefesselt und begeistert vor dem Bildschirm sitzen und Ihrem Webinar gebannt folgen. Sie aktivieren Ihre Teilnehmer, etwas zu tun – deshalb heißen Online-Methoden in der Webinarliteratur oft auch E-Activities.

▸ **Tipp** Onlinetools sollten nie spielerisch-dekorativ eingesetzt werden, sondern immer mit einem Sinn für das Ziel des Gesamtevents „Webinar". Sie sollen Ihnen dabei helfen, Ihre Inhalte lebendig zu vermitteln, diese im Gehirn Ihrer Zuhörer nachhaltig zu verankern, Ihre Überzeugungskraft zu stärken, Ihr Publikum zu aktivieren und dadurch an den Bildschirm zu fesseln.

5.2 Wie viel Online-Methodik ist nötig?

Eine weitere Frage, die unsere Teilnehmer beschäftigt, ist die Frage, wie viel Online-Methodik nötig sei. Diese Frage lässt sich nicht pauschal beantworten. Sie hängt von Ihren Zielen ab, aber auch von Ihrem Thema, Ihrer Persönlichkeit und von den Präferenzen Ihrer Teilnehmer. Für ein Online-Training mit wenigen, exklusiven Teilnehmern werden Sie die Tools öfters einsetzen. Für eine Online-Präsentation mit Hunderten von Teilnehmern werden Sie weniger Tools einsetzen können.

Grundsätzlich gilt: Ein Online-Training benötigt mehr Online-Methodik als eine Online-Präsentation. Erinnern wir uns an unsere Grafik aus Kap. 1, so sehen wir, dass die interaktiven Elemente zunehmen, wenn wir das Ziel „Können" statt „Kennen" anpeilen. Dies hängt damit zusammen, dass wir neue Fertigkeiten wiederholt selbst ausprobieren müssen, um sie wirklich zu *können*. Die meisten Softwareanbieter bieten für diese unterschiedlichen Ziele unterschiedliche Softwarelösungen an, wie zum Beispiel Citrix mit GoToWebinar und GoToTraining. Lassen Sie sich beraten, welche Lösung für Sie die passende ist, oder lesen Sie das Kap. 2.

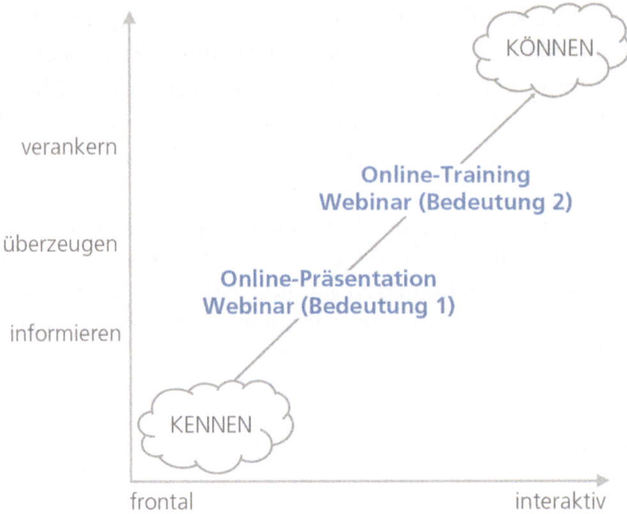

In Tab. 5.2 bekommen Sie eine differenzierte Antwort auf die Frage, wie viel Online-Methodik nötig ist. Überfordern Sie sich bei Ihren ersten Versuchen nicht. Fangen Sie mit den Klassikern Chat/Poll an und lassen Sie den Moderator die Fragen beantworten bzw. die Umfragen moderieren. Wenn Sie diese Tools beherrschen, wagen Sie sich an weitere Tools und kombinieren Sie die Tools zum Schluss miteinander.

Wie viel Online-Methodik ist nötig?

Tab. 5.2 Differenzierte Antworten auf die Frage, wie viel Online-Methodik nötig ist

Wie viel Online-Methodik-Erfahrung haben Sie, um die Tools sicher zu bedienen?	Je unerfahrener Sie mit den technischen Features sind, umso weniger interaktiv sollte Ihre Präsentation sein. Je sicherer und vertrauter Sie mit der Technik werden, umso mehr interaktive Webinar-Elemente wie Chat, Diskussionen, Umfragen, Whiteboards oder Gruppenarbeit können Sie verwenden. Lassen Sie sich die Zeit, die Sie benötigen, um nach und nach mit allen Tools vertraut zu werden.
Wie viele Zuhörer erwarten Sie?	Je mehr Zuhörer, umso weniger interaktiv können Sie Ihren Vortrag anlegen. Mit mehr als 20 Teilnehmern können Sie aber dennoch bequem Umfragen starten, geplant chatten, Experteninterviews und Q&A-Einheiten festlegen. Der offenen Diskussion und Gruppenarbeit sind verständlicherweise Grenzen gesetzt.

Tab. 5.2 (Fortsetzung)

Was kennt und bevorzugt Ihre Zielgruppe?	Haben sie schon Erfahrungen mit virtuellen Formaten? Wie erfahren sind sie mit den technischen Tools? Wie offen sind sie für neue Präsentationsmethoden? Je unerfahrener und konservativer Ihre Teilnehmer sind, umso weniger sollten Sie Ihre Teilnehmer mit zu vielen technischen Interaktionen (über)fordern. Je erfahrener Ihre Zielgruppe im virtuellen Raum ist, umso mehr können Sie sie mit neuen, kreativen Formaten überraschen und begeistern.
Was möchten Sie erreichen?	Möchten Sie nur informieren oder nachhaltig Wissen in Können verwandeln? Je mehr Sie das Denken und Verhalten Ihrer Teilnehmer verändern möchten, umso multimedialer, interaktiver und dialogischer sollte Ihre Präsentation sein.
Welcher konventionelle Vortragstyp sind Sie?	Gehen Sie auf Tuchfühlung mit Ihren Zuhörern oder sind Sie der eher distanzierte Fachexperte? Je nahbarer Sie als Persönlichkeit sind, umso mehr Austausch und Interaktion werden Sie einsetzen wollen, um einen guten Kontakt zu Ihrem Publikum aufzubauen. Sind Sie eine eher experimentelle Persönlichkeit, dann wird es Sie auch reizen, mit den neuen Möglichkeiten zu spielen und überraschende virtuelle Highlights zu konzipieren.
Wie viel möchten Sie von Ihren Teilnehmern erfahren?	Gute Präsentierende wissen: Je besser Sie Ihr Gegenüber kennen, umso überzeugender die Präsentation. Sie wissen auch, dass *Fragen* die Königsdisziplin jeder Überzeugungsarbeit sind. Je mehr Sie die Probleme, Wünsche, Ziele, Werte und Bedürfnisse Ihrer Teilnehmer erfragen möchten, umso dialogischer sollte Ihre Präsentation sein – und folglich umso kleiner der Teilnehmerkreis.
Wie spannend möchten Sie präsentieren?	Interaktion macht Ihre Präsentation lebendig und menschlich. Menschen aus Fleisch und Blut begegnen sich im Netz, tauschen sich aus und haben eine gute Zeit miteinander. Je unterhaltsamer und fesselnder Sie präsentieren möchten, umso abwechslungsreicher sollte Ihre Präsentation sein. Sie können in diesem Fall Interaktion nutzen, um Abwechslung und Spannung zu erzeugen.
Wie nachhaltig soll Ihre Botschaft im Gehirn der Zuhörer verankert werden?	Forschungsergebnisse belegen eindeutig, dass Menschen am meisten lernen, wenn sie etwas selbst tun. Lassen Sie Ihre Teilnehmer selbst etwas machen, entwerfen Sie Rollenspiele, Übungen, lassen Sie sie in Gruppen arbeiten (manche Programme lassen Gruppenräume zu) – wie Sie das in der persönlichen Begegnung auch machen würden.
Wie hoch soll der „Return on Invest“ sein?	Analysten der Unternehmensberatung Forrester* beobachteten, dass die meisten Unternehmen Collaboration-Tools nutzen, aber nicht wissen, wie sie das Potenzial der Software auch ausschöpfen können. Die Studie zeigt: Firmen, die sechs Tools nutzen, konnten ihre Reisekosten um 60 % reduzieren. Bei Firmen, die sieben Tools nutzen, sind es 80 %. Je mehr Collaboration-Tools, umso größer ist der Effekt. Jedoch beschränken sich zu viele Unternehmen auf einzelne Werkzeuge.

* Studie „The State of Collaboration Software Implementation: 2011“, JT Keitt, Forrester Research, 2011.

5.3 Welche Online-Tools benötige ich unbedingt?

In Kap. 2 haben wir Ihnen die wichtigsten Onlinetools und ihr Pendant in der Vor-Ort-Präsentationswelt vorgestellt (Tab. 2.2). Keine der am Markt befindlichen Software bietet Ihnen *alle* Tools an. Bei der Auswahl kann Ihnen die Differenzierung One-to-many (Online-Präsentation/Online-Training) und Many-to-many (Online-Meeting/Online-Collaboration) helfen.

One-to-many-Tools

- **Für Online-Präsentationen** mit vielen Teilnehmern benötigen Sie Chat und Poll *unbedingt,* Webcam und Whiteboard *fakultativ*. Die Teilnehmer sind alle auf stumm gestellt, sie können nur in eine Richtung chatten (mit dem Moderator/Organisator) – nicht untereinander. Das Whiteboard wird vom Referenten wie ein Flipchart genutzt. Die Teilnehmerliste ist verborgen – nur der Moderator/Organisator kann sie sehen.
- **Für Online-Trainings** mit wenigen Teilnehmern benötigen Sie *notwendig* Chat, Poll, Whiteboard, Mikrofonfreigabe, Zeichen-, Feedback- und Zeigetools, Webcam, Testings, Bibliothek, Downloadbereich. *Fakultativ* für Profis: Break-out-Rooms (Räume für Gruppenarbeit) und professionelles Moderationsmaterial. (Beides wird im Moment nur von Adobe Connect und dessen deutschen Partnerunternehmen reflact AG[1] angeboten). Mikrofone können in kleinen Gruppen für alle freigeschaltet werden. Chat ist in alle Richtungen möglich. Das Whiteboard wird vom Referenten wie ein Flipchart benutzt oder wie eine Moderationswand, an die die Teilnehmer Inhalte pinnen können. Die Teilnehmerliste ist für alle einsehbar.

Many-to-many-Tools

- Für **geplante und strukturierte Online-Meetings** sind Bildschirmwechsel, Tastatur- und Mausfreigabe, Whiteboard, Notizen, Chat, Webcam und Mikrofonfreigabe *notwendig* – Polls sind hier *fakultativ*. Alle Teilnehmer können sich sehen und hören, alle können das Whiteboard benutzen – sie können aber auch zeitweise auf stumm geschaltet werden (z. B. während der Referent eine Präsentation zeigt). Es gibt einen Moderator.
- Für **spontane Zusammenarbeit (Collaboration)** benötigen Sie Bildschirmwechsel, Tastatur- und Mausfreigabe. Alle Mikrofone sind freigeschaltet. Es gibt keinen Moderator.

[1] http://www.reflact.com (E-Moderation) oder Produktseite http://www.lets-focus.com. Let's focus unterstützt Präsentatoren mit Online-Moderationstools und eine Bibliothek von mehr als Hundert interaktiven Vorlagen und bewährten Moderationstechniken.

Welche Tools Sie nutzen, wer welche Rechte bekommt, wer welchen Einblick erhält – all das legen Referent/Moderator, aber hauptsächlich der Organisator im Vorfeld des Webinars fest (mit den Pre-Meeting-Tools, vgl. Abschn. 3.2.1). Diese Entscheidungen haben eine hohe strategische Bedeutung und sollten sorgfältig in der Event-Vorbereitung durchdacht werden (Abschn. 3.1 und 3.2).

5.4 Ideen für kreative Einsatzmöglichkeiten von Online-Tools

Indem Sie die Online-Tools für einen bestimmten rhetorisch-didaktischen Zweck nutzen, werden sie zur Online-Methodik. Online-Methodik geht viel weiter als nur die technische Nutzung der Tools. Wahre Meisterschaft besteht, wenn Online-Tools untereinander und mit Elementen aus der „realen" Welt kombiniert werden, um am effektivsten einen bestimmten Zweck zu erfüllen.

So können Sie beispielsweise ein Webinar über „Die 10 Geheimnisse herausragender Blogs" mit einer **Umfrage** starten, über **Webtouren** unterschiedliche Blogger besuchen, die Teilnehmer dann auffordern, über **Bildschirmwechsel** ihren Blog zu zeigen. Sie können Blogbeiträge über **One-way-Audio** vorlesen, die Sie sich **im Vorfeld** von den Teilnehmern haben **zumailen** lassen, können diese gemeinsam analysieren und verbessern, z. B. über **Handzeichen, Chat oder Mikrofonfreigabe**. Sie können am **Whiteboard** in einem paradoxen Brainstorming sammeln, wie man einen möglichst langweiligen Blogbeitrag schreibt. Oder Sie nutzen das **Whiteboard,** um Ideen für herausragende Blogs zu sammeln. In einer **Stillarbeit** lassen Sie die Teilnehmer diese Regeln auf einen ihrer Blogbeiträge anwenden. Per **Handzeichen** melden sich die Teilnehmer, die ihren verbesserten Blogbeitrag vorlesen möchten. Per **Bildschirmfreigabe** schalten Sie für 10 Minuten einen bekannten Blogger hinzu und machen mit ihm ein Interview. Im **Chat** verschicken Sie einen **Link** zu seinen Materialen. Die **Aufzeichnung inkl. Whitepaper** „Die 10 Geheimnisse eines herausragenden Blogs" erhalten die Teilnehmer nach dem Live-Webinar per **E-Mail**. Sie können über **Anzeige- oder Zeichentools** regionale Transfergruppen bilden und die Teilnehmer auffordern, sich virtuell und real zu **Gruppenarbeiten** zu treffen. Sie können einen **Post-Meeting-Test** erstellen, um das Wissen der Teilnehmer abzufragen und zu vertiefen. Und, und, und …

Auch wenn wir alle noch ganz am Anfang der virtuellen Methodik und Rhetorik stehen, bin ich mir sicher, dass die kreative Nutzung der Tools in Zukunft immer weiter voranschreiten wird. Webinare werden bald genauso spannend und mitreißend gehalten wie Präsenz-Präsentationen.

Im Folgenden erhalten Sie viele Ideen, Anregungen und Beispiele für die kreative Nutzung der Tools. Lassen Sie sich inspirieren und entwickeln Sie Ihre eigenen Ideen:

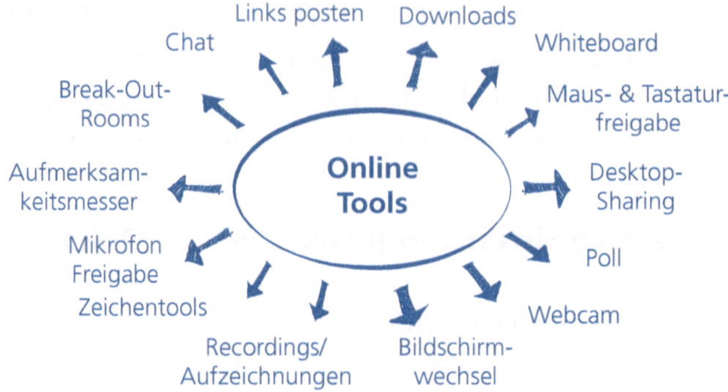

Chat – Austausch und Ansprache

- **Support und Hilfe.** Sie fordern Ihre Teilnehmer auf, sich bei Problemen und Fragen per Chat an Sie oder an den Moderator zu wenden. Unmittelbares Reagieren auf Hilferufe schafft Sicherheit und Nähe.
- **Fragen stellen.** Teilnehmer können ihre Fragen Ihnen oder dem Moderator schicken. Sie erhalten umgehend Antwort. Dieses Vorgehen schafft Verbundenheit und Verbindlichkeit. Quittieren Sie jede Frage positiv „Danke für Ihre Frage …“: „Das ist ein interessanter Aspekt …“ das zeigt Wertschätzung, schafft Verbundenheit und motiviert die Teilnehmer zu regem Austausch.
- **Kennenlernen.** Sie stellen Ihren Teilnehmern persönliche Fragen. Moderator liest Antworten vor. Fragen Sie beispielsweise die Teilnehmer von wo aus sie Ihnen zuhören.
- **Erfahrungsaustausch mit Chat.** Sie können einen Chat starten mit der Frage, welches das eindrücklichste negative/positive Erlebnis der Teilnehmer in Bezug auf Ihr Thema war.
- **Bedarfsanalyse.** Stellen Sie am Anfang Fragen nach den Problemen, Wünschen, Zielen, Kenntnisstand, Vorlieben Ihrer Zielgruppe. Sie erfahren wichtige Informationen, die Sie im Überzeugungsprozess berücksichtigen können
- **Diskutieren.** Sie starten eine Diskussion und lassen Ihre Teilnehmer per Chat mitdiskutieren. Zum Beispiel: „Wie finden Sie dieses Bullet-Chart?“ Moderator liest Antworten vor.

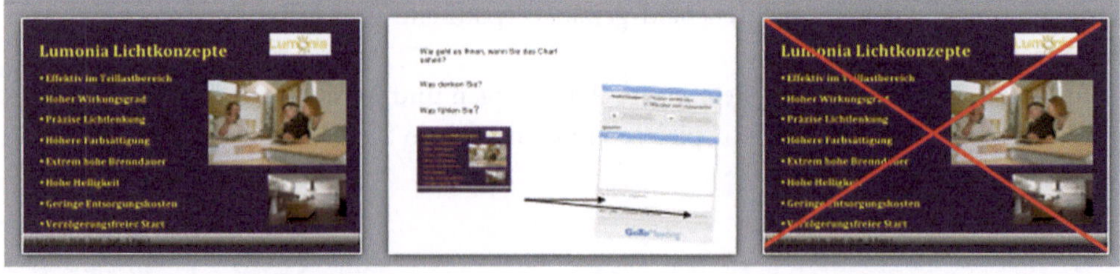

- **Quiz.** Sie lassen Ihre Teilnehmer etwas schätzen oder raten. Moderator liest vor.

- **Persönliche Ansprache.** Wenn Sie merken, dass ein Teilnehmer ganz besonders Ihre Ansprache braucht, wenden Sie sich an ihn.
- **Austausch in der Gruppe.** Teilnehmer können frei oder zu einem bestimmten Thema miteinander chatten.
- **Brainstorming.** Sammeln Sie Ideen, indem Sie eine Aufgabe verteilen und wie bei einem Flipchart-Zuruf die Teilnehmer per Chat „zurufen" lassen.

Polls – Wer fragt, der führt

- **Icebreaker/Kennenlernen.** Bereiten Sie einige Polls mit persönlichen Fragen zu Ihren Teilnehmern vor, sodass diese die Gelegenheit haben, sich besser kennenzulernen.
- **Bedarfsanalyse.** Stellen Sie am Anfang Fragen nach den Problemen, Wünschen, Zielen, Kenntnisstand, Vorlieben Ihrer Zielgruppe. Sie erfahren wichtige Informationen, die Sie im Überzeugungsprozess berücksichtigen können.
- **Untermauern von Statistiken.** Wenn Sie Statistiken präsentieren, können Sie die Zahlen wirksam untermauern, wenn Ihr Publikum auch so abstimmt. Verraten Sie jedoch nicht, dass Sie vorhaben, die Statistik zu untermauern. Wenn andere Zahlen im Poll herauskommen, erklären Sie die Differenz jedoch logisch.
- **Statistik/Studie einleiten mit einem Quiz.** Starten Sie eine Umfrage mit der Frage: „Schätzen Sie mal, wie vielen Menschen erzählen wir schlechte Serviceerlebnisse weiter?"

- **Umfrage durchführen mit dem Umfragetool.** Sie könnten eine Umfrage starten zum Thema „Wie beziehen Sie Ihre Kunden ein, um Ihre Prozesse noch kundenorientierter zu gestalten?". Sie könnten verschiedene Antworten vorgeben, die Teilnehmer abstimmen lassen und nachher die Ergebnisse zeigen und analysieren.
- **Wissensquiz.** Dieses kann spielerisch oder ernst erfolgen. Sie erfahren, wo Ihr Publikum steht und wo Sie noch mehr erklären müssen.

- **Quiz.** Lassen Sie Ihre Teilnehmer eine Zahl oder eine richtige Antwort schätzen.
- **Stimmung erzeugen durch Wettbewerb.** Sie könnten denjenigen, die mit der Schätzung der Lösung am nächsten liegen, einen kleinen Gewinn versprechen.
- **Hitparade.** Lassen Sie Ihre Teilnehmer über bestimmte gleichartige Produkte/Marken/Ideen abstimmen. Verraten Sie das Ergebnis nicht sichtbar, sondern machen Sie „auditiv" eine Hitparade. Sagen Sie: „Auf Platz vier ist … Auf den dritten Platz haben Sie gewählt … Der zweite Platz geht an … Und unser Sieger ist (Pause) …"
- **Hand-hoch-Fragen.** In Präsenzpräsentationen fragen wir oft: „Hand hoch, wer von Ihnen hat schon einmal xy gemacht?" Oder: „Hand hoch, wer von Ihnen ist schon Vater oder Mutter?" Online machen Sie hierzu eine Poll mit geschlossener Frage, die nur „Ja"- und „Nein"-Antworten zulässt.
- **Entscheidungen.** Zum Schluss Ihrer Onlinepräsentation (z. B. vor dem Team) können Sie das Team eine Entscheidung treffen lassen.
- **Stimmungsbarometer.** Lassen Sie Ihre Teilnehmer zu bestimmten emotionalen Themen abstimmen. „Ich fühle mich im Moment (1) … (2) … (3) …"
- **Zukunft vorwegnehmen.** Sie können die nächsten Schritte einleiten, indem Sie das Publikum befragen, was es gerne als Nächstes tun möchte. Beim Marketingevent lenkt es den Blick auf Ihr Ziel, beim Training den Blick auf Transfer.
- **Empfehlungsmarketing ankurbeln.** Fragen Sie, wem Ihre Teilnehmer dieses Webinar weiterempfehlen könnten: (1) Mitarbeiter, (2) Kollegen, (3) Partner, (4) Vorgesetzte – Mehrfachnennungen sind möglich.

Whiteboard – gemeinsam etwas erarbeiten

- **Skizzieren.** Skizzieren Sie Ihre Ideen auf dem Whiteboard. Das ist so ähnlich, als ob Sie in einer Präsenzpräsentation am Flipchart malen.
- **Brainstorming.** Sammeln Sie Ideen am Whiteboard. Das ist so ähnlich, als ob Sie in einer Präsenzpräsentation eine Moderationswand nutzen. Verteilen Sie Schriften und Farben so, dass nachvollziehbar ist, welche Idee von wem kommt. Sie könnten ein Whiteboard öffnen, an dem sich nun alle Teilnehmer schriftlich zum Thema äußern können: „Welche Ideen haben Sie, die Leser Ihres Blogs begeistern könnten?" Mit einer größeren Gruppe könnte der Austausch per Chat geschehen, und der Moderator könnte am Whiteboard für alle sichtbar mitschreiben.
- **Gruppenarbeit.** Legen Sie mehrere Whiteboards an und lassen Sie verschiedene Gruppen für Probleme Lösungen finden. Fragen Sie die Gruppenmitglieder über Audio, wer Gruppensprecher werden möchte. Dieser soll die Hand heben. Unmuten Sie den Gruppensprecher und lassen Sie ihn die Ergebnisse der Gruppe vortragen. Sammeln Sie evtl. die Lösungen an einem weiteren Whiteboard.
- **Moderation.** Es gibt Onlinekärtchen und die Möglichkeit, sie auf das Whiteboard zu pinnen, zu clustern, zu priorisieren. Für Adobe Connect gibt es ein Zusatztool der Firma

reflact AG.[2] Es unterstützt auf der Whiteboard-Oberfläche die aus Präsenzveranstaltungen bekannten Moderationsmethoden. Hier gibt es nun Onlinekärtchen und die Möglichkeit, sie auf das Whiteboard zu pinnen, zu clustern, zu priorisieren.

Bildschirm teilen/Desktopsharing – das gemeinsame visuelle Zentrum

- **Präsentieren** der vorbereiteten Präsentation.
- **Videos** gemeinsam ansehen.
- **Gemeinsam Webtouren** starten.
- **Weitere Dokumente** zeigen (Belege, Pläne ...).
- **Demonstrationen.** Vor den Augen der anderen etwas machen (schreiben, malen, vormachen). Ihnen dadurch Fertigkeiten beibringen oder eine These belegen.

Maus- und Tastaturfreigabe – gemeinsam etwas bearbeiten

- **Interaktion/Aktionen** bei Teilnehmern. Mausfreigabe für Teilnehmer erlaubt es, gemeinsam an einem Dokument zu arbeiten, gemeinsam etwas ausfüllen zu lassen.

Bildschirmwechsel – Abwechslung und Absicherung

- **Kontrolle.** Desktop des Teilnehmers zeigen lassen, um Richtigkeit einer Übung zu kontrollieren.
- **Abwechslung durch Presenterwechsel.** Den Desktop eines anderen zeigen, indem Sie z. B. einen Experten zuschalten und seinen Bildschirm freischalten. Mit mehreren Presentern präsentieren.
- **Pannen souverän lösen.** Den Bildschirm zu dem Moderator wechseln, wenn beim Presenter eine Störung vorliegt. Moderator sollte die Präsentation auch auf seinem Notebook/PC gespeichert haben. Presenter sollte Präsentation für diesen Fall ausgedruckt vor sich liegen haben. Moderator zeigt nun die Charts und blättert auf Kommando des Presenters.

Webcam – Persönlichkeit zeigen

- **Den Vortrag halten.** Webcambild groß einstellen und auf die linke Bildschirmseite platzieren. Den Redner am besten bis zur Hüfte zeigen. Präsentation genauso groß daneben laufen lassen. Ab und zu nach rechts auf „Präsentation“ zeigen. Eventuell mit einer guten Videokamera statt Webcam arbeiten. Für Unternehmen, die viele Webinare halten möchten, empfiehlt sich ein professionelles Studio bzw. eine professionelle Ausrüstung.

---

[2] http://www.reflact.com oder http://www.lets-focus.com.

- **Presenter/Moderator vorstellen.** Am Anfang der Präsentation Webcam anmachen. Nach der persönlichen Vorstellung die Webcam wieder ausmachen. In die Kamera sehen und nicht auf die Folien. Für gute Ausleuchtung sorgen, auf Hintergrund achten.
- **Verhaltensänderungen trainieren.** In einem Onlinetraining können Teilnehmer vor der Kamera Verhaltensänderungen trainieren und bekommen Feedback.
- **Rollenspiele.** In einem Onlinetraining können Sie zwei Rollen bestimmen und die beiden Rollenspieler bitten, ihre Kamera anzuschalten. Die Aufzeichnung als Feedback verschicken.
- **Demonstrationen.** Sie selbst können vor der Webcam etwas demonstrieren oder zeigen. Sie können auch Ihr Produkt oder Teile davon zeigen und bestimmte Funktionen erklären. Per Chat können Teilnehmer Fragen stellen, auf die Sie dann eingehen.
- **Weiteren Präsentierenden (z. B. Experten) mit Webcam zuschalten.** Bringt Abwechslung auf den Bildschirm.
- **Teilnehmer zeigen.** Bitten Sie die Teilnehmer, die sich zu Wort melden, ihre Webcam freizuschalten.
- **Kennenlernen.** In kleineren Gruppen bitten Sie am Anfang alle, ihre Kameras freizuschalten und sich kurz vorzustellen (evtl. Fragen beantworten lassen, die auf Whiteboard/PowerPoint sichtbar sind).

Feedbacktools – Rückmeldung erhalten im virtuellen Raum

- **Stimmungen abfragen** („Emoticons“).
- **Freiwillige finden** („Zustimmung“).
- **Wortmeldungen anzeigen lassen** („Hand hoch“).
- **Quiz**. Zum Beispiel ein leeres Ablaufdiagramm zeigen und fragen: Was glauben Sie, in welcher Phase des Ablaufdiagramms schreiben wir den Blogbeitrag? Die Teilnehmer können nun Punkte/Sterne/Pfeile (was immer ihr Programm hergibt) auf das Element des Ablaufdiagramms legen, das sie für richtig halten. Spannung erzeugen, indem Sie nicht gleich auflösen.
- **Punkten lassen (Abstimmungen)**. Wenn mehrere Ideen/Produkte/Lösungen zur Auswahl stehen, könnten Sie die Teilnehmer anonym punkten lassen und so eine demokratische Entscheidung herbeiführen. Ideen auf PowerPoint oder auf Whiteboard vorstellen, dann einzeichnen oder punkten lassen. (Im Notfall würde auch Chat gehen).
- **Ad hoc Fragen**. Setzen Sie das Handzeichentool ein, wenn Sie eine nicht vorbereitete Frage stellen wollen – zum Beispiel wenn Sie über den Aufmerksamkeitsmesser sehen, dass die Aufmerksamkeit abnimmt.
- **Applaus geben lassen**, zum Beispiel nachdem in einem Onlinetraining ein Teilnehmer etwas vorgeführt hat.
- **Sich Feedback geben lassen**. Zu Schnelligkeit, Lautstärke …
- **Entscheiden lassen**. Zustimmen, nicht zustimmen …
- **Applaus bekommen**.

- **Austausch durch Mikrofonfreigabe nach Handzeichen.** Mit einer kleinen Gruppe können Sie eine Diskussion beginnen. Geben Sie alle Mikrofone frei und bitten Sie die Teilnehmer, sich mit virtuellem Handzeichen zu melden. Danach moderieren Sie eine Diskussion zum Thema anhand einer vorbereiteten Frage auf beispielsweise PowerPoint.

Zeichentools – lebendig präsentieren

- **Icebreaker mit Zeichentools.** Zeigen Sie eine Landkarte (z. B. GoogleMaps) und bitten Sie die Teilnehmer, einen Pfeil an die Stelle einzuzeichnen, von der aus sie heute zuhören.
- **Gruppenarbeit.** Gemeinsam etwas ausfüllen oder zeichnen lassen.
- **Werte/Motive/Bedarf erfahren.** Auf einem Chart bestimmte Werte von den Teilnehmern hervorheben lassen.

Zeigetools – steuern und lenken im virtuellen Raum

- **Lenken.** Aufmerksamkeit erzeugen mit dem Spotlight oder Arrow (Pfeil).
- **Hinweisen.** Weisen sie mit dem Spotlight auf etwas hin. Steuern Sie den Blick der Teilnehmer.
- **Markieren.** Markieren Sie live wichtige Passagen oder Schlüsselworte.
- **Priorisieren.** Wichtigkeiten von den Teilnehmern highlighten oder einkreisen lassen.
- **Überzeugen.** Erkenntnisse in die weitere Präsentation einfließen lassen: „Sie zeigten mir vorher, dass Ihnen Qualität wichtig ist. Deshalb haben wir …".

Mikrofonfreigabe Audio (VoIP oder Telefon) – Vortrag und Diskussion

One-Way-Audio (alle sind gemutet bis auf Presenter)

- **Präsentation vortragen** (Text zu den Charts).
- **Rhetorische Elemente nutzen.** Mitreißend reden durch Nutzung rhetorischer Wirkmittel wie Anaphern, Antithesen, Metaphern … (vgl. hierzu Hermann-Ruess: Emotionale Rhetorik, 2014)
- **Storytelling:** Erzählen Sie immer wieder kurze Geschichten, illustrieren Sie mit konkreten Beispielen, nutzen Sie Analogien, Allegorien, Personifizierungen … (vgl. hierzu Hermann-Ruess: Emotionale Rhetorik, 2014)
- **Mit der Stimme Stimmung machen.** Die Stimme lebendig und mitreißend nutzen. Abwechslung in Stimmlage, Tempo, Lautstärke. Wie ein Radiomoderator sprechen.
- **Abwechslung durch Presenterwechsel.** Zwei unterschiedliche Presenter präsentieren lassen (zum Beispiel Mann/Frau, Experte/Vertrieb, erfahren/dynamisch, logisch/gefühlvoll, strukturiert/experimentell), um auditive Abwechslung zu erzeugen und möglichst viele Teilnehmer in ihrer Präferenz anzusprechen.

- **Pausen machen/Stille.** Pausen als wirkungsvolles Gestaltungselement einsetzen. Nach wichtigen Botschaften, rhetorischen Fragen oder Aufforderungen immer eine längere Pause machen, um dem Gesagten Gewicht zu verleihen oder den Teilnehmern Zeit zum Nachdenken zu geben.
- **Anweisungen geben.** Teilnehmer auffordern, etwas zu tun (schreiben, malen, Gymnastik ...), um den Aktivitätsgrad der Zuhörer zu erhöhen. Der Presenter könnte zum Schluss die Teilnehmer bitten, in einer Stillarbeit ganz konventionell mit Stift und Bleistift sich konkrete Ziele zu setzen. Einige lesen danach ihre Pläne vor (Handzeichen, Mikrofonfreischaltung).

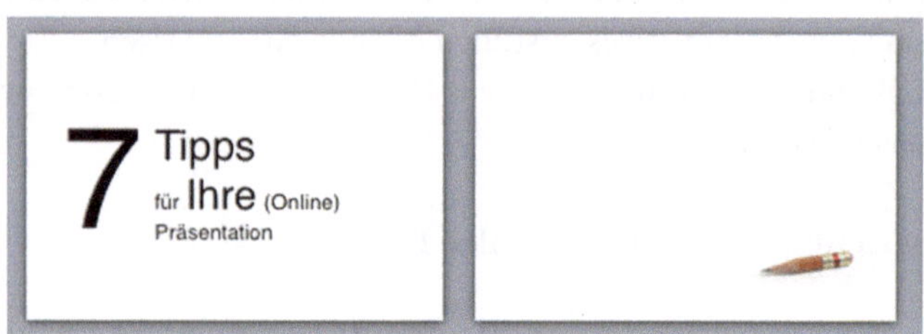

Two-Way-Audio (alle/einige sind unmutet)

- **Diskussion mit allen.** Alle sind unmutet, Wortmeldungen werden über Handzeichen angezeigt. Presenter/Moderator erteilt und nimmt das Wort. Ist nur in Webinar mit wenigen Teilnehmern sinnvoll.
- **Diskussion mit einzelnen Teilnehmern.** Einzelne sind unmutet. Moderator/Presenter kündigt an, dass er einzelnen das Mikrofon freischalten wird und stellt dann Fragen an diesen Teilnehmer.
- **Gruppenarbeit.** Einige ausgewählte Teilnehmer (z. B. freiwillige Gruppensprecher, Rollenspieler) sind unmutet. Moderator unmutet beispielsweise zwei Teilnehmer für ein Rollenspiel.

Recordings – Ihre virtuelle Videokamera

- **Videodokumentation.** Wie die Videoaufzeichnung von Rollenspielen im Präsenztraining. Kann den Teilnehmern nach dem Training zugeschickt und beim nächsten Training noch einmal besprochen werden.
- **Vertiefung.** Dokumentation verschicken, damit Teilnehmer den Stoff nachlernen können.
- **Feedback.** Als Online-Trainer für Rhetorik könnten Sie dem Teilnehmer die Aufnahme schicken, damit er ein Feedback zu Stimme und Storyline erhält.
- **Üben.** Zeichnen Sie Ihre Proben auf und sehen sie an. Nutzen Sie das Feedback der Aufzeichnung, um Verbesserungen einzubauen.

Aufmerksamkeitsmesser – Ihr virtueller Blickkontakt

- **Aufmerksamkeit steuern.** Wenn Sie sehen, dass die Aufmerksamkeit abnimmt, so wie Sie vor Ort ein verstohlenes Gähnen oder einen glasigen Blick wahrnehmen würden, dann steigern Sie bewusst die Dynamik, indem Sie eine Frage stellen, eine Umfrage durchführen, eine Pause machen – oder gar einige Charts mit Gymnastikübungen in petto haben, die sie nun gemeinsam machen können ☺)

Downloads/Bibliotheken – vertiefen und verankern von Inhalten

- **Vorbereitung der Teilnehmer.** Laden Sie Dokumente in die Bibliothek oder in den Downloadbereich, damit Ihre Teilnehmer sich auf Ihr Webinar vorbereiten können.
- **Abwechslung**. Zeigen Sie vorbereitete Dokumente, um Abwechslung von PowerPoint zu erzielen.
- **Übungen**. Lassen Sie Ihre Teilnehmer in vorbereiteten Dokumenten etwas ausfüllen oder durchlesen.
- **Belege.** Bereiten Sie Dokumente vor und setzen Sie sie auf der Evidenzebene wie einen „Zeugen" ein (Urkunden, Testergebnisse, Röntgenaufnahmen, Baupläne etc.).
- **Aufgaben/Zusatzblätter.** Halten Sie im Downloadbereich in Onlinetrainings Zusatzblätter bereit, auf denen bestimmte Aufgaben beschrieben sind. Leiten Sie damit Gruppenarbeiten oder Hausaufgaben ein.
- **Whitepaper.** Zeigen Sie das Whitepaper kurz, welches sich Ihre Teilnehmer auf Ihrer Internetseite herunterladen können (Traffic erhöhen).

Break-out-Rooms – Gruppenarbeit ermöglichen[3]

- **Gruppen bilden.** Automatische Funktion „Gruppe teilen" hilft, Teilnehmer schnell in Gruppen aufzuteilen.
- **Gruppenarbeit mit virtuellen Gruppenräumen.** Jede Gruppe kann ungestört an einem Thema arbeiten. Moderator kann einzelne Gruppen „besuchen" und sich mit ihnen austauschen. In der Gruppenarbeit könnten die Teilnehmer nun die vorher am Whiteboard gesammelten Ideen auswerten, um Umsetzungspläne aufzustellen.

Weblink-Pods – im virtuellen Raum auf Reisen gehen

Videos gemeinsam mit den Teilnehmern ansehen

- Imagefilme zeigen
- Animierte Erklärvideos zeigen
- Produkte vorführen

[3] Zum jetzigen Zeitpunkt nur mit Adobe Connect möglich.

- Testimonials und Referenzen als Video
- Referenzprojekte zeigen
- Demonstrationen zeigen (Evidenz)
- Lehrfilme/Trainingsfilme
- Kurze unterhaltsame/witzige Clips zur Unterhaltung/Erholung/Lachen

Internetseiten mit den Teilnehmern gemeinsam besuchen

- **Abwechslung** ins Webinar bringen
- **Referenzen** zeigen, Mehrwert bieten
- **Best Practice**. Auf besonders erfolgreichen Seiten surfen. Danach mit Chat Diskussion einleiten: Was haben diese Seiten gemeinsam? Oder Poll anschließen: Welche Seite hat Ihnen am besten gefallen?

Ich hoffe, wir konnten Ihnen mit der Auflistung Lust machen, die Tools so vielfältig und kreativ wie möglich einzusetzen.

Fangen Sie mit den wichtigsten Tools für Ihren Zweck an und steigern Sie sich nach und nach. Fangen Sie zum Schluss an, die Tools zu kombinieren. Trauen Sie sich, Tools auch auf ganz ungewöhnliche und inspirierende Art und Weise zu nutzen. Wir alle sind Anfänger auf dem Gebiet der virtuellen Präsentation, wenn man bedenkt, wie jung die virtuelle Rhetorik im Vergleich zur 2500 Jahre alten klassischen Rhetorik ist. In unseren Workshops erleben wir immer wieder, wie kreativ und mitreißend unsere Teilnehmer mit den Tools umgehen, sobald sie ihr Prinzip erkannt haben. Trauen Sie sich! Haben Sie keine Angst vor Fehlern. Wer nie einen Fehler macht, der kommt auch nicht weiter. Lernen Sie aus Fehlern und entwickeln Sie sich weiter – zu einem kompetenten und fesselnden Online-Speaker!

6 Lernen von den Besten – Beispiele erfolgreicher Onlinepräsentationen

von Max Ott

Onlinepräsentationen und Webinare werden gegenwärtig schon in den unterschiedlichsten Branchen, in großen und kleinen Betrieben und in weltumspannenden Organisationen zu den vielfältigsten Zwecken verwendet. In diesem Kapitel möchten wir Ihnen anhand von neun Fallstudien die schier unbeschränkten Möglichkeiten von Onlinepräsentationen zeigen und Ihnen damit einen Überblick über die gesamte Themenlandschaft ermöglichen.

Ausblick Wir möchten Sie dabei mit auf eine Reise nehmen, bei der wir einer Firma über die Schulter sehen, die schon heute ihre Kunden „virtuell" zu Hause besucht und damit viel näher bei ihnen sein kann, als dies früher möglich war. Ein weiteres Beispiel wird eine internationale gemeinnützige Vereinigung sein, die mittels Onlinepräsentationen wertvolle Spendengelder sparen konnte und zusätzlich noch produktiver wurde. Eine andere Firma nutzt Onlinepräsentationen zur Kundenbetreuung und als Kundenservice. Sie bietet ihrer Zielgruppe echten Mehrwert und spart dabei gleichzeitig Geld im Marketingbudget. Aber auch einer ganz anderen Organisation werden wir begegnen, die durch Onlinepräsentationen CO_2 sparen konnte und ihren Beitrag zum Schutz des Planeten beiträgt. Schlussendlich werden wir auch Firmen begegnen, bei denen Onlinepräsentationen die Teammitglieder auf verschiedenen Kontinenten und in unterschiedlichen Zeitzonen so nah zusammenbrachte, dass sie fast so schnell arbeiten konnten wie ein „normales" Team in einem Großraumbüro, obwohl Tausende von Kilometern ihre Arbeitsplätze trennen.

A. Hermann-Ruess und M. Ott, *Das gute Webinar*, X.media.press,
DOI 10.1007/978-3-658-03859-5_6, © Springer Fachmedien Wiesbaden 2014

6.1 Kunden gewinnen – Onlinepräsentationen als Akquisemittel

impuls systems GmbH/impuls Finanzmanagement AG www.impuls.com

Branche: Finanzdienstleistung

Unsere erste Fallstudie bringt uns direkt an den Wohnzimmertisch in einem typischen deutschen Haushalt. Der Finanz- und Versicherungsdienstleister impuls nutzt Onlinepräsentationen als Ergänzung und Erweiterung seiner Kundenbetreuung. Der Vertragsabschluss über das Internet ist für ihn Realität geworden. Versicherungen können nun im Online-Meetingraum mit Adobe Connect abgeschlossen und Beratungsgespräche ohne „physikalischen" Kundenbesuch am Wohnzimmertisch geführt werden.

Herausforderung Die impuls Finanzmanagement AG möchte rechtsgültige und sichere Vertragsabschlüsse komplett über das Internet realisieren, ohne dabei technische Sicherheitslücken zu schaffen oder Kundenzufriedenheit einzubüßen.

Lösung Die impuls systems GmbH entwickelte mit Adobe Connect einen Workflow für den Onlineabschluss von Versicherungsverträgen und richtete Callcenter für den Onlinevertrieb ein.

Ergebnisse Das Onlineangebot ergänzt die Vor-Ort-Beratung, entlastet die Außendienstmitarbeiter und verschafft der impuls Finanzmanagement AG einen Technologievorsprung. Die multimedialen Inhalte der Connect-Räume optimieren zusätzlich die Beratungsqualität.

Vermittlung aus einer Hand Die impuls Finanzmanagement AG ist Spezialistin für die Vermittlung von privaten Kranken- und Krankenzusatzversicherungen. Mit einem Vermittlungsvolumen von mehr als 62 Millionen Euro im Jahr übernimmt das Unternehmen

die Marktführerschaft in der unabhängigen Beratung und Vermittlung von privaten Krankenversicherungen (PKV). Dabei vergleicht impuls die Angebote von verschiedenen Versicherungsgesellschaften in mehr als 20.000 Tarifvarianten und analysiert gemeinsam mit dem Kunden die Versorgungssituation sowie Preis- und Leistungsvorteile.

Connect für rechtssicheren Onlineabschluss Die impuls systems GmbH startete 2005 mit fünf Angestellten der impuls Finanzmanagement AG. Inzwischen ist die Belegschaft auf knapp 70 Mitarbeiter angewachsen. Markus Humberg, Geschäftsführer der impuls systems GmbH, beschreibt seine Aufgabe folgendermaßen: „Uns erreichen täglich viele Ideen von Außendienstlern und Führungskräften, die wir systemisch umzusetzen versuchen." Mitte 2009 haben Außendienstmitarbeiter gemeinsam mit den IT-Experten überlegt, wie Kundenbesuche virtualisiert werden können. Nach dem Brainstorming stießen die Beteiligten bei der Marktanalyse auf Adobe Connect. Die impuls systems GmbH hat die Webkommunikationslösung für ihre Anforderungen erweitert. Erklärtes Ziel war es, ohne Kundenbesuch rechtsgültige Verträge via Internet mit Interessenten abzuschließen. Hier war gerade im Bereich der privaten Krankenversicherungen ein besonders sensibles und rechtskonformes Vorgehen gefragt. Die Kunden müssen neben ihren persönlichen Daten immerhin auch schützenswerte Informationen zu ihrer Lebensweise und ihrem Gesundheitszustand preisgeben. Humbergs Team schuf für diese Datenabfrage im Internet sowohl die rechtlichen als auch die technischen Voraussetzungen und entwickelte ein Connect-Plugin.

> Wir haben uns für das Webkommunikationssystem Connect entschieden, weil die Baukastenlösung achtzig Prozent unserer Anforderungen erfüllt. Nachdem das Produkt auf dem Server installiert ist, kann ich sofort mit einer Multimediakonferenz starten (Markus Humberg, Geschäftsführer der impuls systems GmbH).

Multimediale Überzeugungsarbeit Hinter der Technik für den digitalen Abschluss stehen bei impuls kompetente Berater, die mit den Kunden über Connect interagieren. Über diesen ergänzenden Vertriebsweg bedienen die Vermittler überwiegend erfolgreiche Selbstständige mittleren Alters. Mit dem Onlineangebot wird der Außendienst bei der anhaltend hohen Nachfrage entlastet und die Servicequalität optimiert. Im April 2007 wurde die Onlineabteilung impuls Direkt mit vier Außendienstmitarbeitern gegründet. Mittlerweile arbeiten dort 55 Mitarbeiter in einem Callcenter. Dort nehmen sie Anfragen entgegen und vereinbaren bei Bedarf eine Connect-Konferenz am PC. Im Connect-Raum zeigt der Berater mit Flash animierte Flyer, Videos, Präsentationen – ähnlich wie ein Außendienstmitarbeiter vor Ort, nur dass er seine Überzeugungsarbeit multimedial und virtuell leisten kann. Für das Bildschirmlayout hat impuls systems Miniapplikationen, sogenannte Pods, erstellt. Diese beinhalten Audio- oder Videostreams, Präsentationsfelder oder den Hauptpod mit den Antragsformularen.

Onlineengagement verdoppelt Aufgrund der guten Erfahrungen und der Beratungserfolge mit impuls Direkt eröffnet das Unternehmen im Dezember 2008 in Düsseldorf ein weiteres Callcenter mit 50 Arbeitsplätzen. Auch in Zukunft werden sich die IT-Experten von impuls systems der technischen Umsetzung von Ideen mit Erfolgspotenzial für die Vermittlung von Finanzdienstleistungen widmen.

6.2 Onlinezusammenarbeit im Kampf gegen HIV/Aids

International HIV/AIDS Alliance www.aidsalliance.org

Branche: Gemeinnützige Vereinigung

Bei der zweiten Fallstudie schauen wir uns kein Unternehmen, sondern eine gemeinnützige Organisation an. Die International HIV/AIDS Alliance (IHAA) wurde 1990 von einer Gruppe von Spendereinrichtungen und internationalen Organisationen gegründet, um die Verbreitung von HIV/Aids zu bekämpfen. Die Zentrale der karitativen Vereinigung, die mit 36 Organisationen und Hunderten unterschiedlichster Gemeindepartner zusammenarbeitet, um die Prävention von HIV-Infektionen zu unterstützen, von Aids betroffenen Gemeinden zu helfen und Pflege bereitzustellen, befindet sich im britischen Brighton. Im Folgenden möchten wir Ihnen zeigen, wie eine Non-Profit-Organisation Onlinepräsentationen zur Zusammenarbeit im Team intern nutzen kann. Hierbei verlassen wir das „klassische" Feld des Webinars und werden viele neue Einsatzmöglichkeiten sehen.

Herausforderung Die Kommunikation zwischen den Sekretariaten und Partnern in Asien, Osteuropa, Südamerika und Afrika ist für den Auftrag der IHAA unerlässlich. Es stellte sich heraus, dass E-Mails für den Zusammenarbeitsprozess zu langsam und umständlich sind, insbesondere wenn es sich um die Arbeit an Schriftstücken handelte.

Darüber hinaus sind ungefähr jeweils 20 bis 30 Prozent der Mitarbeiter in Brighton nicht im Büro; oftmals befinden sie sich auf Auslandsreisen. Die Alliance gab allein für Flugreisen jährlich bis zu 700.000 Euro aus, wobei mehr als die Hälfte mit Geldern bezahlt wurde, die in die karitative Stiftung hätten investiert werden können.

Die Organisation versuchte, diese Punkte durch ein Videokonferenzsystem zu lösen, das sich in entlegenen Standorten als problematisch erwies und die Probleme noch vergrößerte, weil die Bandbreitenanforderungen die technischen Möglichkeiten sprengten. Die IHAA installierte eine Echtzeit-Kommunikationsplattform, durch die Instant Messaging, Webkonferenzen und Voice- und Video-Calling mit mehreren Parteien zwischen verschiedenen Orten möglich waren. Allerdings konnten Personen außerhalb des Sekretariatsnetzes nicht auf diese Plattform zugreifen. „Wir wussten, dass wir unsere Antwort im technischen Bereich finden würden, aber wir mussten die richtige Art der Technologie finden", sagte Paul Higgins, IT-Leiter der Alliance. „Wir brauchten eine Lösung, die jeder benutzen konnte, ungeachtet dessen, wo sie sind und welche Art von Computer sie benutzen."

Das Problem verstärkte sich erheblich, als im April 2010 ein Vulkan in Island ausbrach. Durch die dadurch entstehende Aschewolke war der europäische Luftraum mehr als eine Woche weitgehend geschlossen, wodurch für Tausende von Reisenden, darunter 30 Mitarbeiter der Alliance, Chaos entstand. Dazu Higgins weiter: „Für uns war der entscheidende Moment gekommen, als uns klar wurde, dass unsere Treuhänder nicht am jährlichen Board-Meeting teilnehmen können. Wir brauchten einen Notfallplan, durch den die Kommunikation und Zusammenarbeit zwischen Eingeladenen möglich ist, selbst wenn sie an verschiedenen Standorten in aller Welt festsitzen."

> Wir wollen die uns zur Verfügung stehende Technologie nutzen und eine kollaborative Organisation werden. Durch die Verwendung aller verfügbaren WebEx-Lösungen hoffen wir, unserer Vision einer Welt, in der Menschen nicht an Aids sterben, näher zu kommen (Sam McPherson, Associate Director, International HIV/AIDS Alliance).

Lösung Nach einer erneuten Marktanalyse fiel die Wahl schlussendlich nach intensiver Betrachtung auf die Cisco WebEx-Technologie.

„Cisco war für uns immer ein zuverlässiger Lieferant, und über das WebEx Meeting Center hatten wir ausgesprochen positive Meinungen gehört", meinte Higgins. „Wir entschieden, das jährliche Board-Meeting mittels der WebEx-Plattform durchzuführen. Das Ergebnis sprach für sich, insbesondere was die Leichtigkeit anbelangt, mit der Dokumente und Kommentare ausgetauscht werden können." Nach dem Erfolg dieses Meetings entschied sich die Alliance, das Cisco WebEx Training Center als Ersatz für ihre alten Schulungslösungen einzusetzen. Cisco WebEx Support Center und WebEx Event Center folgten.

„Unsere Organisation hängt in erheblichem Umfang von den Beziehungen mit unseren globalen Partnern ab", erklärte Higgins. „Und da wir unsere Präsenz in verschiedenen Gemeinden weiterhin ausbauen, müssen wir immer stärker zusammenarbeiten. Mit der WebEx-Technologie können wir unsere Benutzung der Software einfach und kosteneffektiv expandieren."

Die karitative Einrichtung verwendet jetzt Apple iPhones und iPads, um ihre WebEx-Zusammenarbeit auf eine noch höhere Stufe zu bringen. „Durch die WebEx Meeting Center-Anwendung kann unser Personal in Uganda sehr viel effektiver mit unserem Personal in Großbritannien kommunizieren", sagte McPherson. „Wir können eine produktive, gegenseitige Diskussion durchführen und den Zugriff vor Ort auf wichtige Gesundheitsinformationen verbessern. Unser gesamtes leitendes Managementteam hat iPhones und iPads, damit sie unterwegs effizienter arbeiten können."

Ergebnisse Dank des WebEx-Einsatzes ist die Zusammenarbeit der Alliance mit ihren globalen Mitgliedern jetzt flexibler und effizienter. „Ganz egal, ob es sich um Board-Meetings, Finanz- und Prüfungsgremien oder Richtlinien- und Befürwortungsgremien handelt – wir führen unsere wichtigen Zusammenkünfte jetzt online durch", sagte Alvara Bermejo, Executive Director der Alliance. „Sicherlich ist dies sehr viel nützlicher als ein einzelnes Videokonferenzsystem. Und wenn kein volles Meeting notwendig ist, können wir durch WebEx Connect IM kommunizieren, was viel kosten- und zeiteffektiver ist als ein Telefonat."

Die Ausgaben der karitativen Einrichtung sind erheblich gesunken, da viele persönliche Meetings nicht mehr notwendig sind. „Wir hoffen, in diesem Jahr Reisekosteneinsparungen von etwa 200.000 Euro zu erreichen, was für unsere Finanzen geradezu phänomenal ist", sagte Bermejo. „Je mehr wir an Reisekosten einsparen, desto mehr Geld haben wir, das wir direkt für die Unterstützung von Gemeinden verwenden können."

6.3 Personal trainieren – Onlinepräsentationen als interne Trainings

GIRA

Gira Giersiepen GmbH & Co. KG www.gira.de

Branche: Gebäudetechnik

E-Learning können sich nur Großunternehmen leisten, lautet eine weitverbreitete Ansicht. Dies mag für kostspielige Lernmanagementsysteme und WBTs (Web-Based Trainings) zutreffen. Deshalb schauen wir uns in dieser Fallstudie einen deutschen Mittelständler an, der schon seit Langem auf neue Kommunikations- und Trainingsmöglichkeiten setzt. Er nutzt Webinare vor allem für interne Personalschulungen seiner Außendienstmitarbeiter und kann so Kosten sparen und gleichzeitig mehr Menschen erreichen.

Herausforderung 4500 Produkte der Gebäudetechnik bietet die Firma Gira allein für das Elektroinstallationshandwerk an – ein großes Sortiment, das ihre 85 Außendienstmitarbeiter auf dem Markt platzieren. Die einschlägigen Produktinfos erhielten sie früher durch Präsenzschulungen, doch seit der Einführung komplexerer Produkte nahm der Schulungsaufwand überhand. Die Präsenzveranstaltungen kosteten zu viel Geld und Zeit, die für Kundenbesuche fehlte.

Noch mehr PDF-Dateien per E-Mail zu versenden war keine Lösung, die Produktion von WBTs zu langwierig und kostenintensiv. „Wir brauchten eine kostengünstige Plattform, die schnell eingeführt ist, das Training von Kunden und Mitarbeitern vereinfacht und ständig zur Verfügung steht", fasst Ralf Nolden, Leiter der Abteilung Kundenschulung, die Anforderungen seiner Firma zusammen.

Lösung Sehr schnell wandte sich Gira synchronen Kommunikationslösungen zu, die Lernende in einem virtuellen Raum zusammenführen und ihnen ähnliche Werkzeuge und Funktionalitäten bieten wie in einem „normalen Schulungsraum".

Warum sich Gira für das Centra-Produkt entschied, erklärt Ralf Nolden mit seiner einfachen Handhabung und der reibungslosen Integration in die bestehende IT-Landschaft:

„Bei uns im Außendienst gibt es nicht nur PC-Begeisterte. Es gibt auch leidgeprüfte Anwender, die zwar mit ihrem Laptop unterwegs sind, ihn aber so selten wie möglich anfassen. Um sie für die Nutzung einer Software zu gewinnen, darf technisch nichts schieflaufen und nichts zu kompliziert sein."

Implementierung Den Regelbetrieb der Centra-Lösung bereiteten LIVEPLACE und Gira in mehreren Schritten vor. Nach einer technischen Teststellung der Software ließen sich Gira-Mitarbeiter zu Moderatoren ausbilden. Das Schulungsteam identifizierte Key-User und lud sie zu einer ersten Veranstaltung ein.

Thema war eine neue Programmiersoftware für Türkommunikationsanlagen. Nach einer 10-minütigen Onlineeinführung in die Teilnehmeroberfläche konnte die Produktschulung beginnen.

Eine Erklärung, warum Gira das virtuelle Klassenzimmer einführt, konnte sich der Moderator am Ende der Veranstaltung sparen. Die Vorzüge lagen für die Teilnehmer auf der Hand – ihre Akzeptanz war gewonnen und die größte Hürde für die Einführung der virtuellen Lernumgebung genommen.

Ergebnis Schon im Jahr 2004 fanden bei Gira 40 Veranstaltungen mit insgesamt 600 live zugeschalteten Teilnehmern statt, die im Durchschnitt 2,5 Stunden dauerten. Etwa fünf Präsenzschulungen konnten durch Onlinemeetings ersetzt werden. Bei einem Stundenaufwand von 50 Euro im Außendienst konnte Gira dadurch allein an Reisekosten etwa 50.000 Euro einsparen.

Schwer messbar, aber dennoch offensichtlich ist der Gewinn, der durch den schnellen Informationsfluss zum Außendienst und von dort zum Werk zurück entsteht. „Das virtuelle Klassenzimmer hat unsere Schulungslandschaft revolutioniert wie kein anderes Medium. Es ist bei uns nicht mehr wegzudenken. Ich kann jedem mittelständischen Unternehmen nur empfehlen, sich früh genug damit zu beschäftigen", so Ralf Nolden.

6.4 Weiterbildende Webinare als kostenloses Informationsangebot und Kundenservice

Inplexis GmbH www.termintrader.com

Branche: Finanzinformationsdienstleister

Bei unserer vierten Fallstudie betrachten wir ein Unternehmen, das Webinare als kostenloses Mehrwertangebot für seine Kunden anbietet, aber auch kostenpflichtige Onlinepräsentationen als Weiterbildungstool vertreibt.

TerminTrader.com ist ein deutscher Finanzinformationsdienstleister, der Investoren und Tageshändlern Handelsvorschläge und Strategien für Termin- und Währungsgeschäfte sowie Optionen bietet. Die Onlineplattform bietet Aktienkurse in Echtzeit, tägliche

News, Daten und Analysen sowie Veranstaltungsübersichten. Das Unternehmen hat sich außerdem auf die Weiterbildung im Finanzwesen spezialisiert und bietet Onlineseminare zu verschiedenen Finanz- und Handelsthemen an. TerminTrader.com wurde im Jahre 2000 gegründet und wird von drei Angestellten sowie mehreren freien Mitarbeitern betrieben.

Herausforderung TerminTrader.com war auf der Suche nach einer skalierbaren, kosteneffizienten Webinar-Plattform. Der globale Devisenmarkt bzw. Währungsmarkt ist der weltweit größte Finanzmarkt und zeichnet sich durch seine Schnelllebigkeit und Unbeständigkeit aus. Um die Verfügbarkeit der Weiterbildungsangebote zu erweitern, plante TerminTrader.com die Einführung von Onlineseminaren, die sich speziell an Personen richten, die nebenher handeln. Das Unternehmen suchte nach einem benutzerfreundlichen und kosteneffizienten Tool zum Durchführen von Webinaren mit einer hohen Anzahl von Teilnehmern.

„Unser Plan war es, Live-Webinare durchzuführen, die beispielsweise die Grundlagen des Tageshandels in den USA erklären", erläutert Peter Müller, CEO bei TerminTrader.com. „Wir wollten in der Lage sein, eine große Anzahl von Teilnehmern zu bewältigen, die eine hochauflösende Grafik und hervorragende Sprachqualität erwartet. Im Vordergrund stand für uns, eine Lösung zu finden, die qualitativ hochwertige Bilder, Videos und Grafiken unterstützt, da wir Kursnotierungen in Echtzeit in unsere Webinare integrieren wollten."

> Das Finanzwesen ist schnelllebig und erlaubt keine Fehler. Wir möchten unseren Kunden die bestmögliche Vorbereitung und Training für dieses Umfeld bieten und vertrauen deshalb der GoToWebinar-Technologie (Peter Müller, CEO der Website TerminTrader.com).

Lösung Nachdem mehrere Möglichkeiten und Anbieter auf Messen und Konferenzen evaluiert worden waren, entschied sich TerminTrader.com für Citrix GoToWebinar. Ausschlaggebend hierfür war die Fähigkeit, bis zu 1000 Teilnehmer zu unterstützen. GoToWebinar ist speziell dafür ausgerichtet, Webevents durchzuführen, und bietet dies im unbegrenzten Umfang zu einer monatlichen Flatrate.

„Wir haben GoToWebinar getestet und waren vom Potenzial der Lösung überzeugt, besonders da GoToMeeting ebenfalls dazugehört", sagt Müller. Ein weiterer Vorteil war die Möglichkeit, GoToWebinar problemlos in das bestehende Customer Management System zu integrieren. Das unternehmensinterne Entwicklungsteam erstellte hierfür eine individuelle Schnittstelle.

Vorteile TerminTrader.com begann mit der Nutzung von Webinaren Anfang 2008 und veranstaltet heute zwischen vier und fünf verschiedene Webinare pro Monat. In Zukunft soll diese Anzahl auf zwei oder drei Events pro Woche wachsen.

„Unser erstes Webinar veranstalteten wir mit 150 Teilnehmern und erhielten von Anfang an ein durchweg positives Feedback von unseren Kunden und das, obwohl es für viele eine völlig neue Art von Meeting und Erfahrung war", erklärt Müller. „Für 2009 setzten wir es uns zum Ziel, ein Webinar mit 250 Teilnehmern zu halten; aber schon nach vier Monaten erreichten wir nahezu 1000 Teilnehmer."

Müller schätzt, dass TerminTrader.com etwa 10.000 Euro pro Monat aufgrund des Flatrate-Modells der Citrix Online-Technologie einspart.

Darüber hinaus sparen Webinar-Teilnehmer Reisezeit und Kosten und können bequem an Liveevents von überall her teilnehmen. Fragen können über Headset oder Livechat in Echtzeit gestellt und vom moderierenden Experten beantwortet werden.

6.5 Virtuelle Räume ersetzen den Hörsaal – Onlinepräsentationen im Studium

Fernuniversität Hagen www.fernuni-hagen.de

Branche: Bildungswesen

Unsere nächste Fallstudie bringt uns an die größte deutsche Hochschule: die FernUniversität Hagen. Hier ersetzen inzwischen immer mehr virtuelle Räume die klassischen Hörsäle und können das Studieren „aus der Ferne" weiter verbessern. Dank Onlinepräsentation werden Seminare zu echten Präsenzveranstaltungen mit persönlichem Kontakt.

Herausforderung Die fehlende Echtzeitkommunikation bei Onlinelehrveranstaltungen und das nicht vorhandene „Livegefühl" wie bei Präsenzveranstaltungen waren große Probleme der FernUniversität Hagen. Die mangelnden Möglichkeiten der Studenten Präsenzveranstaltungen aufgrund langer Anfahrt, hoher Reisekosten oder zeitlicher Probleme zu besuchen, schränkten die Möglichkeiten der Hochschule ein.

Lösung Die Einführung einer Webmeetinglösung zum Einsatz in Vorlesungen, Seminaren, Kolloquien, Informationsveranstaltungen und Sprechstunden, bei der Kommunikation per Bild und Ton die bereits vorhandene Lernplattform ergänzt. Außerdem virtuelle Lernräume zum selbstständigen Austausch der Studierenden.

Ergebnisse Die Qualität der Lehre konnte nachhaltig gesteigert werden. Die Universität kann mehr Veranstaltungen mit Präsenzcharakter anbieten sowie bestehende Präsenzveranstaltungen entlasten. Zusätzlich konnten auch die Studierenden durch flexible Lösungen entlastet und an sich mehr Studierende erreicht werden.

Virtuelle Räume ersetzen den Hörsaal Sandro Mengel ist immer auf der Suche nach innovativen Technologien. Er arbeitet für das Institut für Bildungswissenschaft und Medienforschung an der FernUniversität in Hagen. Sein Job ist es unter anderem, nach Techniken Ausschau zu halten, mit denen sich die Lehrtätigkeit der Hochschule wirksam unterstützen lässt. Über die Auswahl von Adobe Connect ist er besonders froh. „Studierende und Dozenten können jetzt in den Lehrveranstaltungen live miteinander kommunizieren. Über Bild und Ton", erklärt Mengel. „Das bedeutet einen hohen Mehrwert für uns und eine große Entlastung."

Denn an der einzigen staatlichen Fernuniversität im deutschen Sprachraum kommen die Studierenden nur sehr selten für Vorlesungen oder Seminare in einem Raum zusammen. Hauptsächlich studieren sie von zu Hause aus. Auf einer webbasierten Lernplattform liegen Lernmaterialien für die einzelnen Seminare bereit. Auf dieser Basis erstellen sie ihre Seminararbeiten oder bereiten sich auf Prüfungen vor. Für die Kommunikation mit Dozenten und Kommilitonen stehen unter anderem textbasierte Methoden zur Verfügung – wie etwa E-Mail oder Diskussionsforen. Die Kommunikation verläuft also zeitversetzt: Ein Studierender muss gegebenenfalls eine ganze Weile auf eine Antwort warten, nachdem er eine Frage gestellt hat. „Wir bieten nur wenige Präsenzveranstaltungen pro Semester an", berichtet Mengel. „Und die waren vor der Einführung von Adobe Connect immer sehr überfüllt."

Usability macht den Unterschied Nach einer neunmonatigen Testphase entschieden sich die Verantwortlichen, das Webkonferenzsystem Adobe Connect mit einer Lizenz für 60 Nutzer einzuführen. „Im Vergleich zu den Produkten anderer Anbieter ist Connect das benutzerfreundlichste", begründet Mengel die Wahl. Zudem sei der Aufwand für den Einsatz des Systems sehr gering. Die Anwender benötigen lediglich eine Internetverbindung, einen Webbrowser und ein Headset. Was die Nutzung von Adobe Connect für die Universität ebenfalls sehr einfach machte, war die Möglichkeit, die Lösung bei der reflact AG Oberhausen zu hosten. Der IT-Dienstleister übernimmt den Betrieb des Systems und stellt den technischen First-Level-Support. Zusätzlich leistet Adobe einen First-Level-Premium-Support. Für eine sichere Datenübertragung sorgt eine SSL-Verschlüsselung. Die Universität muss somit nur wenige eigene Mitarbeiter stellen, um den Nutzern bei technischen Problemen Hilfestellung zu geben und die Software zu warten.

Interaktiv in Echtzeit Seit Juli 2008 ist Adobe Connect an der FernUniversität in Hagen in den Studiengängen und vielen verschiedenen Szenarien im Einsatz. Mithilfe der Webkonferenzlösung werden Vorlesungen, Seminare, Klausurkolloquien oder Informationsveranstaltungen zu einzelnen Studiengängen abgehalten. Die Professoren nutzen Connect auch, um Onlinesprechstunden für ihre Studierenden anzubieten. Je nach Lernszenario wird entschieden, welche Lernwerkzeuge von Connect verwendet werden und wie viel Interaktivität die Software zulässt. So hält zum Beispiel in einer Onlinevorlesung der Dozent mithilfe von Connect seinen Vortrag. In dem Chatmodul laufen die Fragen der Zuhörer ein, von denen die Lehrkraft einige auswählt, sie für die anderen Teilnehmer sichtbar macht und dann beantwortet. In einem Seminar haben die Studierenden dagegen weitaus mehr Möglichkeiten, sich zu beteiligen. Sie stellen ihre Fragen per Bild und Ton und nicht über einen Textchat. So kommt die Kommunikation einer Präsenzveranstaltung sehr nahe. Zudem halten sie Referate und nutzen dafür ebenfalls die Bild-Ton-Übertragung sowie die Funktion, Präsentationen online zu veröffentlichen.

> Es wäre uns nicht möglich gewesen, die gleiche Anzahl an Unterrichtseinheiten als Präsenzveranstaltungen abzuhalten (Sandro Mengel, Institut für Bildungswissenschaft und Medienforschung, FernUniversität Hagen).

Insgesamt werden in der FernUniversität in Hagen alle Features eingesetzt, die Connect anbietet. Dazu zählen etwa Whiteboards, Frage-und-Antwort-Werkzeuge oder die Möglichkeit, Onlineabstimmungen durchzuführen. Besonders beliebt ist bei den Nutzern das Angebot, mithilfe von Connect virtuelle Räume für Lerngruppen einzurichten. In solchen kommen die Studierenden selbstständig und ohne einen Dozenten zusammen, um zum Beispiel für eine Klausur zu lernen. Jeder Teilnehmer erhält dabei automatisch Moderatorenrechte. Mittlerweile gibt es bereits über 50 solcher Lerngruppen. „Generell sind die Szenarien am beliebtesten, die den Studentinnen und Studenten möglichst viel Interaktivität ermöglichen", sagt Mengel. Von solchen Lehrformen profitierten die Anwender am stärksten.

6.6 Grüneres Arbeiten von Umweltschutzorganisation dank Onlinemeetings

WWF (World Wildlife Fund) www.wwf.de

Branche: Gemeinnützige Organisation, Naturschutz

Begleiten wir mit unserer nächsten Case Study den World Wildlife Fund (WWF) bei seinem Wirken weltweit und wir werden sehen, dass sich die Vorteile von Onlinepräsentationen und Webinaren nicht „nur" auf die Organisation oder das jeweilige Unternehmen beschränken, sondern auch die Umwelt schonen und CO_2 sparen können. Schauen wir uns gemeinsam an, wie der WWF Onlinepräsentationen zur Zusammenarbeit und Weiterbildung nutzt.

Herausforderung Der WWF wurde 1961 als World Wildlife Fund gegründet und ist eine der größten und angesehensten unabhängigen Naturschutzorganisationen der Welt. Mit einem Netzwerk aus mehr als 90 Büros in 40 Ländern setzt sich die Organisation auf örtlicher und internationaler Ebene für zwei Hauptziele ein: die Wahrung der biologischen Vielfalt und die Verringerung des menschlichen Einflusses auf die Natur.

Im Rahmen seiner Arbeit leitet der WWF örtliche Naturschutzprojekte in über 100 Ländern, bei denen die Zusammenarbeit von Teams aus verschiedenen Ländern erforderlich ist. Als umweltbewusste Organisation war sich der WWF darüber im Klaren, dass Flugreisen nicht sehr ökologisch sind, weder für die Zusammenarbeit bei internationalen Projekten noch für die Erledigung von Aufgaben im weltweiten Finanz- und Personalbereich.

Der WWF hatte bereits damit begonnen, einige seiner Meetings in Form von Audio- und Videokonferenzen abzuhalten. Allerdings stellte sich die Nutzung von Videokonferenzen mitunter als zu kompliziert heraus. Hinzu kam, dass sich Dokumente auf diese Weise nur schwer austauschen ließen. Auch kann diese Methode hohe Kosten verursachen, vor allem bei Nutzung einer ISDN-Leitung. Obwohl Videokonferenzen eine qualitativ hochwertige Alternative zu persönlichen Meetings darstellten, waren sie nicht die beste Lösung für einfachere Projektbesprechungen zwischen Teams. Dies brachte den WWF dazu, nach einer kostengünstigeren Onlinelösung zu suchen.

Lösung Angesichts der sensiblen Daten vieler WWF-Projekte und der Zusammenarbeit mit externen Partnern bedurfte es einer sicheren und zuverlässigen Lösung für Onlinemeetings, die diese zu einer echten Alternative zu Reisen macht. Ebenso wichtig war die Fähigkeit, Dokumente in Echtzeit gemeinsam einsehen zu können.

„Wir brauchten eine praktikable und zuverlässige Alternative zur Anreise mit dem Flugzeug", meinte Linda Humphrey, Global Technology Services Manager für den WWF. „Da Cisco WebEx Meeting Center die marktführende Kollaborationslösung ist, fassten wir den Entschluss, sie in einigen unserer Büros probeweise einzusetzen."

Besonders gut gefiel der Organisation, dass für die Audiokomponente von Cisco WebEx Meetings VoIP (Voice over IP oder Internettelefonie) verwendet werden kann, die wesentlich sicherer und zuverlässiger ist als kostenlose Videokonferenzanwendungen. Ebenso nützlich sind die Funktionen zur gemeinsamen Nutzung von Desktop und Dokumenten, was eine zeitgleiche Zusammenarbeit ermöglicht.

Der WWF gelangte zu der Überzeugung, dass Cisco WebEx Meeting Center alle Anforderungen der Organisation erfüllt, und installierte die Webkonferenzsoftware im gesamten Netzwerk in über 90 Büros, um allen Mitarbeitern dieselbe Anwendererfahrung bereitzustellen.

> Wenn wir weniger fliegen müssen, reduzieren wir unsere CO_2-Bilanz auf ein Minimum. Die WebEx-Technologie erfüllt damit nicht nur unsere Geschäftsanforderungen, sondern steht auch mit unseren Bemühungen um den Naturschutz im Einklang (Linda Humphrey, Global Technology Services Manager, WWF).

Ergebnisse WWF-Teams, die gemeinsam an weltweiten Programmen arbeiten, müssen in der Lage sein, sich mit Teammitgliedern in anderen Teilen der Welt zu verständigen. Die bis dahin von der Organisation verwendeten Videokonferenzlösungen waren jedoch nicht in allen Ländern im Netzwerk zugänglich. Dies traf ganz besonders auf abgelegene Standorte zu. Mit Cisco WebEx Meeting Center können diese Teams jetzt virtuelle Treffen durchführen und Flugreisen stark einschränken.

„Das Tolle an der WebEx-Technologie ist, dass wir jetzt auch in solch fernen Ländern wie Tansania, Kamerun und Vietnam darauf zugreifen können", meint Humphrey. „Im Ergebnis sehen wir, dass sie jetzt immer stärker eingesetzt wird. Im Laufe von zwei Jahren ist die Zahl der WebEx-Meetings in unserer Organisation um 58 Prozent gestiegen."

Treffen auf oberster Ebene Der WWF führt mit WebEx Meeting Center nicht nur reguläre Besprechungen durch, sondern setzt die Technologie auch für Meetings seines Führungsstabs ein. Die Teilnehmer können jetzt Präsentationen und Dokumente in Echtzeit vorstellen und einsehen, was laut Humphrey im Vergleich zu früheren Telekonferenzen den Arbeitsablauf effizienter macht. Der Erfolg dieser Führungstreffen mit WebEx brachte den WWF dazu, seinen Kollegen in der Branche über diese positiven Erfahrungen zu berichten.

„Auf der Jahreskonferenz des WWF nutzten wir die Gelegenheit, um die Vorteile der WebEx-Technologie für die Zusammenarbeit verstreuter Teams vorzustellen und zu zeigen, wie sie andere Formen der Zusammenarbeit fördert", so Humphrey. „Wir erklärten, dass sie nicht nur mit Reisen verbundene Kosten verringert, wie Taxigebühren, Ausgaben für Kost und Logis und die Abwesenheit im Büro, sondern auch enorm viel Zeit einspart, was wiederum die Produktivität erhöht."

Reduzierung der CO_2-Bilanz Die Verringerung des CO_2-Ausstoßes, die sich mit den WebEx-Lösungen erzielen lässt, ist für Naturschutzorganisationen wie den WWF von besonderer Bedeutung.

6.7 Interne Onlinecollaboration zur Steigerung der Produktivität

APCOA www.apcoa.com

Branche: Transport und Logistik

Das nächste Unternehmen nutzt Onlinepräsentationen vor allem intern, um Meetings einfacher zu planen und durchzuführen. Aber auch der Einsatz für Onlinetrainings und Support ist angedacht. Dabei braucht es nicht immer eine teure IT-Lösung mit eigenen

Servern. Bei der folgenden Case Study sind alle Dienste cloudbasiert, d. h. in einem Rechenzentrum eines Servicedienstleisters und nicht mehr im eigenen Unternehmen. Dadurch können massiv Kosten gespart und Profilösungen eingesetzt werden, die sich sonst nur extrem große Unternehmen leisten können.

Herausforderung Die APCOA Parking AG suchte nach einer einfachen Möglichkeit, Informationen innerhalb ihrer weitverbreiteten Niederlassungen zu teilen und Zugriff darauf zu gewähren. Außerdem sollte die Verfügbarkeit von Führungskräften schnell erkennbar sein, um Besprechungen besser planen zu können.

Situation Der in Deutschland beheimatete Parkplatz-Riese bietet Entwicklungs- und Planungsdienste für Städte und Großunternehmen ebenso wie die Verwaltung individueller Parkraumeinrichtungen in ganz Europa an. Aufgrund der unterschiedlichen Kunden und der wachsenden Nachfrage nach Beratungsleistungen benötigte das Unternehmen eine standardisierte Methode zur Kommunikation und Datenfreigabe zwischen den 18 Standorten in Europa.

Jeder Standort von APCOA verfügt über eine unabhängige IT-Lösung mit unterschiedlichen Tools für die Inhaltsverwaltung, wodurch eine Zusammenarbeit über Grenzen hinweg erschwert wird. Führungskräfte an einem Standort waren nicht in der Lage, die Verfügbarkeit der Manager an den verschiedenen anderen Standorten zu prüfen, wodurch die Planung von Besprechungen mühsam und ineffizient wurde. Das führte dazu, dass bei Besprechungen oftmals nicht alle erwarteten Teilnehmer anwesend waren.

Das Unternehmen wollte außerdem durch den Einsatz von Videokonferenztools die Reisekosten reduzieren. „Wenn Onlinebesprechungen effektiver gestaltet werden könnten, wären weniger Reisen zu Besprechungen notwendig", so Tibaldi.

Die Glück & Kanja Consulting AG, Anbieter von IT-Lösungen, empfahl APCOA, Microsoft Office 365 zu testen.

Lösung In Office 365 sah APCOA eine Möglichkeit, durch die Nutzung cloudbasierter Tools, auf die Benutzer von nahezu überall zugreifen können, Kommunikation und Zusammenarbeit über mehrere Standorte hinweg zu verbessern. „Glück & Kanja wussten genau, was wir brauchten. Wir könnten mit ihrer Empfehlung, Office 365 einzusetzen, nicht glücklicher sein!", so Tibaldi.

Mit den Funktionalitäten von Microsoft Exchange und Lync Online für Web- und Videokonferenzen kann das Unternehmen die Teilnahmequote bei wichtigen Besprechungen verbessern und gleichzeitig die Reisekosten reduzieren. „Wir benötigen deutlich weniger Zeit für die Terminplanung von Besprechungen und für die Anreise dorthin, seitdem wir Exchange und Lync nutzen", erläutert Tibaldi. Das Unternehmen geht davon aus, bis zu 15 Prozent an Reisekosten allein durch die Implementierung dieses cloudbasierten Dienstes einzusparen.

„Mit einer standardisierten Lösung haben die Mitarbeiter von nahezu überall Zugriff auf dieselben Tools und Dokumente. Das macht Freigabe und Zusammenarbeit einfacher und effektiver", merkt Tibaldi an. Neue E-Mail- und Webfunktionalitäten erlauben einen besseren Zugriff auf Dateien und ermöglichen die Durchführung von Onlinetrainings. „Office 365 wird uns dabei helfen, auch einige grundsätzliche Dinge zu verbessern", so Tibaldi.

Vorteile Office 365 bietet Kalenderfunktionen, ein Portal für die Freigabe von großen Dateien sowie virtuelle Konferenzen. Mit all diesen Funktionalitäten verschafft APCOA sich eine bessere Position, um aktuelle und zukünftige geschäftliche Herausforderungen zu meistern. Durch die Implementierung von Office 365 schafft APCOA einen „Präzedenzfall" für die Standardisierung von IT-Ressourcen über verschiedene Standorte hinweg.

Reduziert Reisekosten um 15 Prozent Lync Online ermöglicht APCOA die Reduzierung der Kosten für Geschäftsreisen. „Lync Online verleiht uns die notwendigen Funktionalitäten für Audio- und Videokonferenzen, um effektiver arbeiten zu können", sagt Tibaldi. „Und wir gehen davon aus, dass wir unser Reisebudget damit um bis zu 15 Prozent senken werden."

Steigert die Produktivität um 12 Prozent APCOA wird Exchange, Lync und SharePoint Online nutzen, um die Kommunikation zwischen den weltweit verteilten Standorten des Unternehmens zu erweitern und zu optimieren. Das Unternehmen vereinfacht außerdem die Zusammenarbeit mithilfe von Active Directory, das eine globale Liste der Kontaktinformationen und Kalender der Mitarbeiter erstellt. Durch die Möglichkeit, Kalender unter den Mitarbeitern freizugeben und schnell die Verfügbarkeit einer Person zu erkennen, wird APCOA bei der Planung von Besprechungen viel Zeit und Mühen sparen.

Reduziert IT-Kosten um 30 Prozent Für die Zukunft sieht APCOA Potenzial für ein zentralisiertes Callcenter, das den europäischen Standorten IT-Dienste im Remotemodus anbieten kann. Da alle Standorte dank Office 365 dieselben Tools nutzen, wird es einfacher sein, im Remotemodus die Probleme schnell zu identifizieren und zu lösen. „Wir stellen bereits eine bessere Kommunikation und Zeiteinsparungen durch Office 365 fest", so Tibaldi. „Auch die Sicherheit wurde verbessert, und es besteht jetzt ein geringeres Risiko für Datenverlust. Und das ist für jede IT-Abteilung, die verstärkt auf virtuelle Unterstützung setzen möchte, von entscheidender Bedeutung."

6.8 Onlinezusammenarbeit über Firmengrenzen hinweg

TGE Gas Engineering www.tge.com

Branche: Öl und Gas

Bei dieser Case Study lernen wir ein Unternehmen kennen, das mit Onlinepräsentationen und Onlinezusammenarbeit Entscheidungszyklen beschleunigte und international weit verstreute Teams und Mitarbeiter wieder zusammenbringen konnte. Auch hier konnte das Unternehmen durch eine cloudbasierte Lösung Infrastrukturkosten senken und die Ressourcen der IT-Abteilung sinnvoller nutzen.

Herausforderung Das in Deutschland ansässige Unternehmen TGE Gas Engineering bietet Design- und Planungsdienstleistungen rund um Gaslogistik- und Gasverarbeitungsanlagen sowohl für Erdgas als auch petrochemisches Gas in sieben Ländern. TGE wollte seine IT-Infrastruktur aktualisieren, ohne dass dies zu höheren Kosten führte, und es seinen Technikern ermöglichen, große Dateien freizugeben und mit Partnern und Kunden weltweit zusammenzuarbeiten.

Situation TGE verfügte zwar über ein Intranetsystem, wollte aber seine gesamte IT-Infrastruktur aktualisieren, ohne mehr Mitarbeiter einzustellen. Meistens verbrachten die IT-Experten ihre Zeit damit, den Technikern zu helfen, große Dateien zu verschicken, indem sie diese auf DVDs brannten oder eine Übermittlungsmethode per E-Mail fanden. „Das IT-Team verbrachte mehr Zeit mit täglichen Verwaltungsaufgaben, die die Aufmerksamkeit von größeren Projekten ablenkten", sagt Christian Domschke, IT-Leiter bei TGE. In Anbetracht seiner Akquisitionspläne wollte das Unternehmen seine Kommunikationsplattform standardisieren, um Kontakte auf diese Weise schnell integrieren zu können und eine komplette Migration auf eine einzige Lösung zu ermöglichen.

Obwohl Mitarbeiter bereits Microsoft SharePoint 2010 benutzten, konnten sie nicht mit Partnern an anderen Standorten zusammenarbeiten, die nicht auf dieselben Funktionen zugreifen konnten. Techniker schickten umfangreiche Dokumente häufig über FTP-Sites oder per Post an externe Kunden, was Zeit kostete und zu Verzögerungen bei wichtigen Entscheidungen führte.

Die Zusammenarbeit wurde dadurch weiter erschwert, dass TGE keine Webkonferenzen mit Partnern und Kunden durchführen konnte. Die Vereinbarung von Terminen mit geografisch weit verstreuten Partnern und Dienstreisen für Treffen mit Kunden kosteten wertvolle Zeit und erforderten sorgfältige Abstimmung. „Die Einführung eines Tools, durch das Techniker Bildschirme für jeden beliebigen Partner an jedem Standort freigeben können, würde es den IT-Mitarbeitern erlauben, täglich eine Stunde Zeit zu sparen, die sie sonst damit verbringen müssten, für Mitarbeiter andere Datenfreigabemethoden einzurichten und sie in diese einzuweisen – von den Tausenden Euros ganz zu schweigen, die für Flugtickets an unsere Standorte in Großbritannien und Asien ausgegeben werden müssen", sagt Domschke.

TGE wandte sich an seinen IT-Lösungsanbieter Glück & Kanja Consulting AG. Er empfahl Microsoft Office 365, einen cloudbasierten Dienst mit Messaging- und Zusammenarbeitstools, mit denen Techniker bei kritischen Projekten schnellere Entscheidungen treffen könnten. „Wir wussten, dass Office 365 TGE die Möglichkeit bieten würde, seine IT-Infrastruktur zu aktualisieren und die Zusammenarbeit zu verbessern, ohne dass dadurch neue Kosten entstünden. Allein für das Hosten von Office 365 wären dem Unternehmen Lizenzierungskosten von über 15.000 Euro entstanden", sagt Alexandra Hanke, Partner Alliance Manager bei Glück & Kanja.

Lösung TGE erkannte in Office 365 das Potenzial, seine IT-Infrastruktur ohne Zusatzkosten zu aktualisieren – und sich für weiteres Wachstum in Position zu bringen. „Eine neue IT-Lösung wird mit jedem Jahr, um das man das Upgrade verschiebt, drei Mal teurer. Wir wollten also selbstverständlich nicht warten. Zugleich wollten wir aber unser IT-Budget nicht erhöhen", sagt Domschke. „Da Office 365 einfach einzurichten und zu benutzen ist, sind wir in wenigen Minuten einsatzbereit – ohne uns auf unsere IT-Mitarbeiter verlassen zu müssen, um Webkonferenzen oder komplizierte Dateifreigabemethoden einzurichten."

Außerdem müssen die IT-Mitarbeiter des Unternehmens keine Zeit damit verbringen, den cloudbasierten Dienst zu verwalten, sodass sie sich stattdessen um zukunftsorientierte Initiativen kümmern können. Und durch die Benutzung von Microsoft Exchange Online kann TGE neue Kontakte schnell in seine bestehende Kommunikationsplattform einbinden und so einen nahtlosen Übergang ermöglichen. „Jeder Tag, der verstreicht, ohne dass eine Änderungsanfrage bearbeitet wird, ist vergeudete Zeit. Indem wir zeitnah mitteilen, was gekauft werden muss, könnten wir potenziell Tausende Euros einsparen", sagt Domschke.

TGE gewinnt durch Microsoft Lync Online weitere Möglichkeiten zur Zusammenarbeit hinzu. „Techniker können Zeichnungen jetzt mittels Bildschirmfreigabe anderen zugänglich machen – ein überaus wertvolles Tool, wenn es häufige Designänderungen gibt", sagt Domschke. TGE-Mitarbeiter fanden die Webkonferenztools auch viel einfacher zu benutzen, was den Bedarf an IT-Supportdienstleistungen bei der Einrichtung und Durchführung von Besprechungen weiter reduzierte.

Nutzen Office 365 bietet kostengünstige Kommunikations- und Zusammenarbeitstools sowie die Möglichkeit, von überall auf große Dateien zuzugreifen. TGE sparte durch seine Migration auf den cloudbasierten Dienst Zeit und Geld.

Standardisierung und Positionierung für mehr Wachstum Mit Office 365 kann TGE seine IT-Infrastruktur aktualisieren, ohne seine Ausgaben zu steigern oder mehr Personal einzustellen. „Durch das Upgrade spart TGE etwa eine Stunde pro Tag an IT-bezogenen Supportdienstleistungen", sagt Domschke. TGE betreibt zurzeit Exchange 2007 lokal und erhält durch die Einführung von Exchange Online jetzt eine einfache Möglichkeit, neu hinzugekaufte Unternehmen in seine Kommunikationsplattform zu integrieren. In Zukunft wird es komplett auf Exchange Online migrieren können, wodurch sich Kosten für lokale Hardware einsparen und Personalkosten deckeln lassen.

Kostensenkung durch Zusammenarbeit TGEs eigene Techniker können große Dokumente und Zeichnungen Partnern an anderen Standorten schnell zugänglich machen, was die Zusammenarbeit verbessert und die Kommunikation beschleunigt. Techniker können Designaktualisierungen jetzt leicht freigeben, sobald sie auftreten, anstatt auf eine IT-Fachkraft warten zu müssen, um komplizierte Konferenztools einzurichten. „Unsere Belegschaft ist über die ganze Welt verstreut, und wir mussten Techniker an andere Standorte schicken, damit sie dort mit Partnern zusammenarbeiten konnten. Wir können pro Jahr bis zu 30.000 Euro für Flugtickets und lange Fahrten zu externen Standorten sparen", sagt Domschke.

Verbesserung der Dienstleistungsqualität Dank der Bildschirmfreigabefunktion in Lync Online können Techniker mit ihren Kollegen vor Ort und mit Partnern und Kunden an anderen Standorten zusammenarbeiten. Das Webkonferenztool stellt eine weitere wertvolle Funktionalität dar, durch die das Unternehmen 16.000 Euro pro Jahr und 250 Stunden IT-Support einspart. „Lync Online ist so praktisch und leicht zu benutzen, dass wir Tausende Euros für Aufgaben wie die Aktualisierung und Wartung von Servern, die Ausbildung von Mitarbeitern und Datensicherung einsparen. Aber die größte Ersparnis bietet uns Office 365, indem es uns in die Lage versetzt, schneller Entscheidungen zu treffen. Jede Verzögerung kostet Geld, und mit diesen Tools können wir Probleme beheben, die uns bisher zu schaffen gemacht haben", sagt Domschke. „Office 365 passt perfekt zu unseren Anforderungen. Es ist zweifelsohne eine kostengünstige Lösung, die uns für längerfristiges Wachstum in Stellung bringt."

6.9 Innovative Weiterbildungsplattform, die Trainer und Lernende zusammenbringt

edudip GmbH www.edudip.com

Branche: Weiterbildung

In unserer vorletzten Fallstudie schauen wir uns eine Firma an, die mit ihrer Webinarplattform Lehrende und Lernende zusammenbringt und so Experten den Auftritt auf der großen virtuellen „Bühne" ermöglicht. Unter dem Motto „Weiterbild mal einfach" schafft es edudip mit eigener Webinar-Software und dem Komplettpaket von Vermarktung, Abwicklung und Zahlungsdienstleitung, neue Maßstäbe in der Onlineweiterbildung zu setzen.

Herausforderung Lernen, Weiterbildung und Kommunikation im Internet sind Bestandteil des Alltags geworden. Hilfe leisten dabei Plattformen für live Online-Seminare wie edudip, die es sich zum Ziel gemacht haben, die technischen Voraussetzungen für ein problemloses Zusammentreffen von Trainern und Teilnehmern in einer virtuellen Lernwelt zu schaffen. Hierbei werden die Kosten für teure Kurse und Seminare gespart, denn Webinare bieten eine kostengünstige Alternative, um bequem von zu Hause oder am Arbeitsplatz zu lernen. Dabei sollte eine Plattform geschaffen werden, die für jedermann leicht und intuitiv zu bedienen ist und das Teilnehmen ohne komplizierte Software-Installation ermöglicht.

Lösung Durch die einfache und kostenlose Registrierung auf der Plattform edudip.com können Wissbegierige oder Lehrende den ersten Schritt machen, um miteinander in Kontakt zu treten. Trainer können ihre eigene „Akademie"-Seite individuell gestalten und Informationen über sich und ihre Lehrinhalte präsentieren. Es besteht die Möglichkeit einen Expertenstatus zu erhalten, um Teilnehmern vorab zu zeigen, dass man über fundiertes Wissen verfügt. Beim Anlegen eines Online-Seminars kann der Trainer entscheiden, ob er das Seminar kostenlos oder kostenpflichtig, privat oder öffentlich anbietet. Zudem kann ausgewählt werden, ob es sich um einen Einzel- oder Serientermin handelt und ob eine Aufzeichnung erstellt werden soll.

Mit dem komfortablen Einladungsmanagement lassen sich schnell und gezielt Kontakte zum Webinar einladen. Dabei gibt es ebenfalls die Möglichkeit Mitglieder aus sozialen Netzwerken einzuladen. Ist das Seminar angelegt, kann es auf dem edudip-Marktplatz in verschiedenen Kategorien angeboten werden. Neben der Einladung und dem Marktplatz haben Trainer mit dem „Webinar-Partnerprogramm" eine weitere Optionen ihre Webinare zu vermarkten. Hierbei übernehmen Dritte die Vermarktung für ein Webinar und erhalten dafür eine Provision pro angemeldetem Teilnehmer. So kann man leicht die Reichweite erhöhen und einfach neue Interessenten für seine Webinare finden.

Umsetzung Teilnehmer können sich reibungslos und schnell zum gewünschten Webinar anmelden, wobei edudip sich um die gesamte Zahlungsabwicklung kümmert. 24 Stunden und eine Stunde vor dem Beginn der Veranstaltung erhalten alle angemeldeten Teilnehmer eine automatisch generierte Erinnerungsmail. Im virtuellen Seminarraum treffen Teilnehmer und Trainer schließlich aufeinander. Nützliche Feedback-Funktionen, Screensharing oder der Chat ermöglichen es den Teilnehmern das Seminar interaktiv zu gestalten. Nach der Veranstaltung haben diese die Möglichkeit es zu bewerten, um auch anderen Nutzern die Erfahrungen damit transparent zu machen.

Mit der Unternehmenslösung „edudip business" erhalten Firmen eine eigene werbefreie Plattform für Online-Seminare, die sie zur Mitarbeiterschulung oder Kundenkommunikation einsetzen können. Webinare können hier auf dem eigenen Marktplatz – oder auch auf dem edudip-Marktplatz angeboten werden. Somit können Unternehmen entscheiden, ob sie ihre Seminare nur für ihren eigenen Kunden- oder Mitarbeiterkreis anbieten, oder ob sie auch externe Interessenten erreichen wollen. Durch die Verbindung der Plattformen verfügt edudip business über dieselben Funktionen wie die öffentliche edudip-Plattform, sodass beide immer auf dem neuesten Stand der Technik sind. Zudem können Nutzer, die auch einen Account auf edudip.com besitzen, leicht und schnell mithilfe der übersichtlichen Navigation zwischen den Konten wechseln.

6.10 Ein Vertriebsteam rückt zusammen – Nähe schaffen durch Treffpunkte im virtuellen Raum

Bonvita GmbH www.bonvita.com

Branche: Ernährungsberatung

Virtuelle Meetings, Präsentationen und Trainings sind nur etwas für technikaffine Unternehmen? Weit gefehlt. Auch Unternehmen mit Mitarbeitern und Mitarbeiterinnen, die auf den ersten Blick eher skeptisch und vorsichtig an diese Themen herangehen, können mit der richtigen Strategie begeistert werden. Schauen wir uns hierzu das Unternehmen Bonvita Treffpunkt Wunschgewicht www.bonvita.eu an. Das Unternehmen vertreibt Spezial-Diätlebensmittel und unterstützt Menschen mit Diät- und Ernährungsprogrammen bei der Gewichtsreduktion.

Herausforderung Das Unternehmen hat Standorte und Bezirksleitungen in ganz Deutschland. Mehr als 190 freie – hauptsächlich weibliche und nicht immer technikaffine – Mitarbeiter beraten in Deutschland Kunden bei der Gewichtsreduktion. Der Verkauf der Spezial-Diätlebensmittel und die kompetente Beratung der Kunden bei der Ernährungsumstellung erfordert eine kontinuierliche Schulung.

Der Hauptsitz des Unternehmens liegt dezentral, sodass viel wertvolle Zeit auf der Strecke bleibt und hohe Reisekosten entstehen. Da das Unternehmen im Schwerpunkt den Direktvertrieb als Absatzkanal nutzt, müssen sehr viele Mitarbeiter erreicht werden. Da diese regional äußerst verteilt wohnen, stellt sich die herkömmliche Kommunikation als sehr zeit- und kostenintensiv dar.

Die Lösung Das Unternehmen suchte nach einer Lösung, die sowohl einfach als auch effektiv ist. „Thema war diese neue Meeting-Methode vorzustellen, Befürchtungen vor der neuen Technik auszuräumen und die Vorteile sowie Möglichkeiten dieser Plattform für den Außendienst deutlich zu machen“ so Dipl. Oecotropholgin Stefani Eisele, Leiterin Kommunikation und Training.

Bonvita entschied sich deshalb für die Citrix-Lösung (GotoMeeting und GotoWebinar) weil es, so Stefani Eisele, „einfach praktisch, superschnell und sehr kosten- sowie zeitsparend ist.“ Nun kam es darauf an die Mitarbeiter behutsam an die neue Technik heranzuführen. In einem ersten Schritt wurde eine spannende Ausbildung von Multiplikatoren zu den

Themen Online-Meeting, Online-Präsentation und Online-Schulung durchgeführt. Erst als diese sicher die Technik beherrschten und von der Methode begeistert waren, wurde der nächste Schritt eingeleitet. Spielerisch wurden die Anwender zuerst in Online-Meetings an die Technik herangeführt. Beherrschten sie diese sicher, wurden sie im Online-Präsentieren ausgebildet. Erst zum Schluss näherten sie sich dem anspruchsvolleren Online-Training.

Heute werden sowohl Vertriebsmeetings, als auch Produktschulungen und sogar Ausbildungen zum Bonvita-Berater virtuell durchgeführt. Die anfängliche Skepsis ist auch bei dieser eher technikfernen Zielgruppe großer Begeisterung gewichen.

„Visionen wurden wahr!“ so fasst es die Vertriebsleitung Kommunikation und Training Stefani Eisele zusammen, „Es war ein großes Hallo, denn auf einmal war Deutschland zusammengerückt. Erste Ideen und Erfahrungen wurden ausgetauscht und das unter Mitarbeitern, die sich bisher aufgrund der Rationalität höchstens 1 Mal im Jahr persönlich begegnet sind.“

Das Ergebnis Schon im ersten Jahr nach der Einführung fanden bei Bonvita 86 Veranstaltungen mit insgesamt über 950 Teilnehmern live statt.

1. Viele Besprechungen, die sonst in der Präsenz erforderlich wären:
   - Führungsmeetings (Vertriebsleitung + Geschäftsführung)
   - Besprechungen mit Lieferanten
   - Besprechungen mit den Bezirksleitungen
   - Aktions- und Tagungsbesprechungen mit Bezirksleitern und Beratern
   - Schulungsentwicklung
   - Aktionsentwicklung
   - Zahlen, Daten, Fakten
2. Basisausbildung und Weiterbildung:
   - Basisausbildung neuer Bonvita-Berater
   - Online-Auffrischungs-Termine für Themen und Präsentationen
   - zusätzlicher Bonvita-Treff (Erfahrungsaustausch, Aktivierungstreffen, To Do's)
3. In Planung:
   - Die Beratertätigkeit – Vorstellung für Interessierte
   - Kundensprechstunde zu bestimmten Themen

Die Vorteile Größere Nähe und tieferer Austausch unter allen Mitarbeitern von Flensburg bis zum Bodensee.

Kreativer Ideenaustausch ist immer und überall möglich

Hohe Kosten- und Zeitersparnis

Die Informationen fließen schnell und reibungslos von der Zentrale bis zu den einzelnen Standorten. Alle sind auf dem gleichen Stand.

Durch die Möglichkeit, die Meetings und Schulungen aufzuzeichnen, haben die Außendienstmitarbeiter jederzeit die individuelle Möglichkeit Verpasstes nachzuholen oder jederzeit wieder aufzufrischen.

Der unternehmerische Mehrwert von Webinaren 7

7.1 Collaboration als Zukunftstechnologie

Collaboration-Technologien sind auf dem Vormarsch. Es handelt sich hierbei um einen der wichtigsten Wettbewerbsfaktoren in der globalisierten, mobilen und virtuellen Welt. Collaboration wird maßgeblich über den Erfolg eines Unternehmens entscheiden. Wie hängt nun das Thema Collaboration mit Onlinepräsentationen zusammen? Onlinepräsentationen sind ein Teil dieser dynamischen Entwicklung unserer Arbeitswelt, sie sind also ein Unterbegriff von Collaboration. Schauen wir uns den Zusammenhang grafisch an. Collaboration wird erst einmal unterteilt in interne und externe Collaboration. Intern befördert sie die Zusammenarbeit und die interne Kommunikation – extern bezieht sie sich auf die Kommunikation mit Kunden, Lieferanten und Stakeholdern. In beiden Ästen spielt Onlinepräsentation eine Rolle, da sowohl intern als auch extern präsentiert wird. Ein neues Produkt können Sie beispielsweise sowohl Ihren Kunden, Lieferanten, Journalisten (extern) als auch Ihren Mitarbeitern, Kollegen oder Vorgesetzten vorstellen (intern).

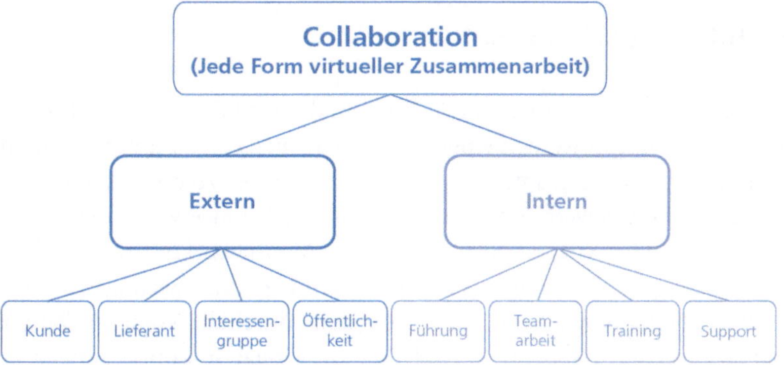

A. Hermann-Ruess und M. Ott, *Das gute Webinar*, X.media.press,
DOI 10.1007/978-3-658-03859-5_7, © Springer Fachmedien Wiesbaden 2014

Collaboration kann einmal die vorhandenen Web-2.0-Infrastrukturen wie Wikis, soziale Netzwerke, Blogs oder Webkonferenzlösungen nutzen, wie wir sie Ihnen in diesem Buch vorstellen (Kap. 2).

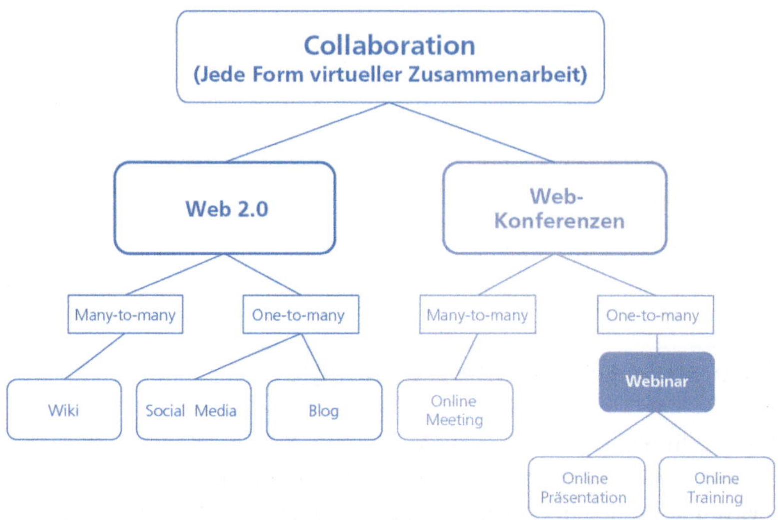

Webkonferenz wiederum ist der Überbegriff für die Möglichkeiten, die Ihnen die in Kap. 2 vorgestellten Programme bieten. Alle Tools, die Sie in diesem Buch lernen, können Sie in allen anderen Collaboration-Kontexten nutzen. Der Unterschied liegt nicht in der Technik, sondern in Ihrer Zielsetzung. Nutzen Sie die in Kap. 2 näher vorgestellten Collaboration-Programme in möglichst vielen Situationen, um Ihre Geschäftsprozesse zu verbessern, zu beschleunigen und Kosten und Zeit zu sparen. Sie können mit den Programmen nicht nur Onlinepräsentationen und Webinare abhalten. Sie können sie auch nutzen, um Webmeetings abzuhalten oder E-Learning-Konzepte zu konzipieren.

7.1.1 Was bringt Collaboration?

In kurzen Zügen möchten wir Sie nun einführen in die Welt der Collaboration.

Collaboration-Lösungen werden eingesetzt, um Teamarbeit zu unterstützen, die Kommunikation mit Kunden, Lieferanten und Interessengruppen zu optimieren.

Da im globalen Wettbewerb Schnelligkeit zählt, ist kaum etwas so wichtig, wie reale geografische Distanzen virtuell zu überbrücken. Menschen können über Länder und Kontinente hinweg in virtuellen Teams zusammenarbeiten und wichtige Entscheidungen schneller treffen. Die Effektivität von Teamarbeit steigt durch die Kommunikation in Echtzeit und die zusätzlichen Kanäle und Tools, die die Collaboration-Lösungen bieten, im Vergleich zur E-Mail oder dem Telefonat.

Mobile und räumlich verteilte Mitarbeiter erfordern eine neue Art der Zusammenarbeit und Führung. Collaboration-Lösungen sind die Summe aller Tools und Methoden, die diesen Wandel der Arbeitswelt durch Globalisierung und Mobilität fördern. Collaboration soll die neue Unternehmens- und Teamkultur fördern. Hierzu gehören nicht nur Softwarelösungen wie die, die Sie in diesem Buch kennenlernen, sondern auch alle Möglichkeiten, die das Web 2.0 bietet, wie z. B. Wikis, Blogs, Social Media und das Thema Unified Communications (Integration von Kommunikationsmedien in ein einheitliches Medium). Gemeinsam ist all diesen Lösungen:

- Menschen einfacher und unabhängig von Ort, Zeit und Endgerät zusammenzubringen
- physische Anwesenheit zu erübrigen
- Zeit und Reisekosten zu sparen
- CO_2-Emissionen zu verringern und dadurch die Umwelt zu entlasten
- die Produktivität zu steigern
- mehr Markt- und Kundennähe zu ermöglichen
- Entscheidungswege abzukürzen
- Innovationstempo zu beschleunigen
- kollektive Intelligenz zu nutzen

Collaboration kann als Überbegriff für jede Option zur virtuellen Zusammenarbeit gesehen werden. Es vernetzt isoliertes Wissen zu einer höherwertigen Form kollektiver Intelligenz und hat tief greifenden Einfluss auf Geschäftsprozesse und Unternehmenskultur. Collaboration verändert aber nicht nur einzelne Organisationen, sondern unsere ganze Lebens- und Arbeitswelt. Technisch verdanken wir diese Revolution sogenannten intelligenten Netzwerken. Netzwerke verbinden nicht mehr allein technische Systeme, sondern Menschen – jederzeit, an jedem Ort und über nahezu beliebige Endgeräte.

Laut Gartner-Analysten[1] nutzten im Jahr 2011 bereits 75 % der Unternehmen Webkonferenzen als Standardanwendung. Die Marktforscher von Frost & Sullivan prophezeien bis zum Jahr 2014 ein jährliches Marktwachstum von 20 Prozent für Webkonferenzen. Kein Wunder: Kein anderes Instrument eignet sich so gut zur Effizienzsteigerung und Flexibilisierung von Unternehmensprozessen wie Onlinemeetings.

Bemerkenswert sind auch die Ergebnisse des Forschungsprojekts „Collaboration 2020“, das von Dr. Marie Puybaraud, Johnson Controls Global[2], durchgeführt wurde:

Ergebnisse – Bürotechnologien und Arbeitsplätze heute (2011) versus 2020:

- häufige Nutzung von Webkonferenzen: heute 19 % vs. 57 % im Jahr 2020
- Teamarbeitsplätze mit fest installierten kollaborativen Technologien: 20 % vs. 52 %
- zweidimensionale Videokonferenzen: 18 % vs. 51 % im Jahr 2020
- dreidimensionale Videokonferenzen: 44 % erwarten im Jahr 2020 eine häufige Nutzung

[1] „Mit Online-Meetings in 8 Schritten zum Erfolg“, Whitepaper Citrix, o. J.

[2] „Collaboration 2020: Hype or competitive advantage?“, Dr. Marie Puybaraud, Johnson Controls Global WorkPlace Solutions, und Dr. Kjetil Kristensen, Kristensen Consulting, 2011.

- Instant Messaging: 33 % vs. 54 %
- Schreibtischtelefon: 50 % vs. 33 %
- spezielle Räume für die Zusammenarbeit mit Kollegen: 18 % vs. 36 %
- traditionelle Besprechungsräume: 40 % vs. 27 %

7.1.2 Welchen monetären Nutzen hat Collaboration?

Dass der Return on Invest außerordentlich hoch ist, haben uns sowohl die Studien als auch die Fallbeispiele als auch Gespräche mit Verantwortlichen bestätigt, die Onlinepräsentationen in ihrem täglichen Geschäft schon nutzen. Ein wichtiger Mehrwert ist, dass Sie die Software, die Sie brauchen, um Onlinepräsentationen zu halten, nicht nur hierfür nutzen können, sondern auch für diverse Onlinesessions. Sie können sie beispielsweise einsetzen, um virtuelle Teammeetings abzuhalten, um mit Kunden und Lieferanten zusammenzuarbeiten oder um Neukunden zu akquirieren. So potenziert sich natürlich der Nutzen und beschleunigt den Return on Invest. Dabei ist zwischen primärem und sekundärem Nutzen zu unterscheiden.

Der primäre Nutzen:

1. Kosten reduzieren
2. Zeit gewinnen
3. Gewinne erhöhen
4. zusätzliches Einkommen schaffen
5. Bekanntheitsgrad steigern (Marke/Experte)
6. Kontakte generieren
7. Prozesse beschleunigen

Der sekundäre Nutzen (der sich aus den Einsparungen, zusätzlichen Gewinnen und vielfachen Anwendungsfeldern der Software ergibt):

1. mehr Ressourcen für neue Projekte
2. mehr Zeit und Energie für wichtige Aufgaben
3. weniger Abwesenheit von Führungskräften und Teammitgliedern,
4. Innovations- und Wettbewerbsvorsprung
5. bessere Teamarbeit, höhere Qualität der Zusammenarbeit, zufriedenere Mitarbeiter, direktere Führung, schnellere und flächendeckendere Schulung aller Mitarbeiter

Ein unabhängiger Anbieter von Testberichten über Collaboration-Software[3] hat auf seiner Internetseite den Return on Invest von Webkonferenzen errechnet. Das Beispiel: ein

[3] Online-Meeting-Tools im Test, http://www.webconferencing-test.com/de/wirtschaftliche_vorteile/webkonferenz_kostenvergleich_RoI.html.

Tab. 7.1 Überdurchschnittlicher ROI von Webkonferenzen

	Meeting beim Kunden	Webkonferenz
Kosten pro Meeting	671,00 €	36,00 €
Kosten im Jahr	33.550,00 €	1800,00 €
Ersparnis in Prozent		95 %
Return on Invest		**1926 %**

Treffen zwischen Unternehmen A (Sitz in Frankfurt) und Unternehmen B (Sitz in München). Das Meeting dauert eine Stunde, zwei Mitarbeiter des Unternehmens A reisen nach München (400 km). Der durchschnittliche Stundensatz wird mit 40 € angesetzt. Es gibt 50 Meetings im Jahr. Tabelle 7.1 verdeutlicht die beeindruckenden Ergebnisse.

Nun stellen Sie sich die Einsparungen bei höheren Stundenlöhnen (Topmanager, hochkarätige Experten) oder bei einer größeren Anzahl (Webinar mit 1000 Teilnehmern) von Teilnehmern oder bei interkontinentalen Flügen vor. Der sekundäre Nutzen ist in diese Berechnung ebenfalls nicht eingeflossen. In allen Untersuchungen[4] gaben die Befragten an, einen überdurchschnittlich hohen Return on Invest zu erreichen. Einige Zahlen aus dieser Studie belegen eindrücklich, wie hoch die Einsparungen sind:

- amerikanisches Pharmaunternehmen: Einsparungen von 18.000 Dollar pro Monat und pro Team
- Versicherung: Einsparung von 2000 Dollar pro persönlichem Besuch durch dreistündige Webkonferenz
- Beratungsunternehmen: Reduktion der Geschäftsreisen um 60 %

Frost & Sullivan[5] konnten aufzeigen, dass in manchen Fällen virtuelle Präsentationen

- den Entscheidungsfindungsprozess von einigen Monaten auf 10 Tage reduzieren konnten,
- einen ROI von 235 % in nur zwei Jahren erreichten.

Doch Reisekosten sparen ist nicht alles. Analysten der Unternehmensberatung Forrester[6] beobachteten, dass die meisten Unternehmen Collaboration-Tools nutzen, aber nicht wissen, wie sie das Potenzial der Software auch ausschöpfen. Nach Ansicht der Analysten haben es die Anwender selbst in der Hand, mehr Nutzen aus ihrer Software zu ziehen. Ein zaghafter Einstieg würde sich in diesen Fällen nicht empfehlen, so TJ Keitt, der Leiter der Studie. Je mehr Collaboration-Tools, umso größer ist der Effekt. Jedoch beschränken sich zu viele Unternehmen auf einzelne Werkzeuge.

---

[4] Zum Beispiel „Steigerung der Team-Effizienz und des Outputs mithilfe von Webkonferenzen", Andy Nilssen und Alan Greenberg, Wainhouse Research, 2010.

[5] Zitiert nach „Virtual presentations that work", Joel Gendermann, New York 2010, S. 5.

[6] Studie „The State of Collaboration Software Implementation: 2011", JT Keitt, Forrester Research, 2011.

Die Studie konnte zeigen:

- Firmen, die sechs Tools nutzen, konnten ihre Reisekosten um 60 % reduzieren,
- bei Firmen, die sieben Tools nutzen, sind es 80 %.

Es ist also keine gute Strategie, mit nur einem Baustein anzufangen. Die Vielzahl der Kommunikationskanäle und deren richtige Nutzung machen den Unterschied. Um möglichst großen Nutzen aus den in diesem Buch vorgestellten Collaboration-Software und Tools zu ziehen, ist es wichtig, alle Anwender zu schulen, ein Regelwerk zu erarbeiten und Prozesse zu etablieren, die dafür sorgen, dass alle Mitarbeiter die richtigen Tools auch wirklich nutzen.

Hiermit untermauert diese Studie unsere These: Technik ist nicht alles, nur die Verknüpfung von Technik, strategischem Einsatz und methodischem Know-how bringt den gewünschten Erfolg. Nur wenn Technik und Emotion zusammengehen, nur dann werden sich die Investitionen in Collaboration-Lösungen nachhaltig rechnen. Wenn Mitarbeiter sich vor der Technik fürchten, Teilnehmer als Menschen übergangen oder überfordert werden und Onlinesessions zum Gähnen langweilig sind, dann können diese negativen Emotionen schnell die Investition zunichtemachen. Wie Sie negative in positive Emotionen umwandeln und so Angst, Stress und Langeweile in Sicherheit, Freude und Begeisterung umkehren – das ist *das* Thema, welches über Erfolg oder Misserfolg Ihrer Investition in Collaboration-Lösungen entscheidet:

7.1.3 So ziehen Sie den größten Nutzen aus den Collaboration-Lösungen

1. Treffen Sie zuerst wichtige strategische Entscheidungen, wofür Sie die Technik nutzen möchten und welche Ziele Sie erreichen möchten.
2. Wählen Sie die für Ihre Anforderungen passende Lösung aus (Kap. 2 wird Sie dabei unterstützen).
3. Erarbeiten Sie gemeinsam mit den Anwendern Regelwerke und Prozesse. Bestimmen Sie einen Verantwortlichen für dieses Thema.
4. Schulen Sie alle Mitarbeiter und nehmen Sie ihnen die Angst vor der Technik.
5. Verbinden Sie immer Technik & Emotion. Denken Sie daran, dass es auch im E-Business immer um Menschen geht.
6. Nutzen Sie von Beginn an möglichst viele Tools.
7. Setzen Sie die Tools ziel- und beziehungsorientiert zugleich ein.
8. Seien Sie kreativ und finden Sie immer wieder neue Möglichkeiten, die Technik gewinnbringend und beeindruckend zu nutzen.
9. Setzen Sie die Lösungen so oft wie möglich ein, um Routine zu bekommen.

7.2 Die Erfolgsfaktoren von Webinaren im Hinblick auf Leadgenerierung

▸ Gastaurorin: Christine Roth

Hintergrundinformationen
Gastautorin Christine Roth ist Marketing Managerin bei der Testo AG, einem weltweiten Marktführer von Messtechniklösungen. Das Spezialgebiet der Kommunikationsexpertin liegt auf der nahtlosen Verzahnung von Marketing- und Vertriebsstrategien. In beiden Gebieten sammelte sie jeweils mehrjährige Erfahrung in der Finanzdienstleistungs-, IT- und Versicherungsbranche. Das praktische Fachwissen ergänzt sie dabei regelmäßig mit den Methoden wissenschaftlicher Forschung.

Zurzeit befindet sich die Marketing-Kommunikation in Deutschland in einer Art Vakuum: Die klassischen Marketinginstrumente performen immer schlechter (insbesondere Post-Mailings, Telefon-Akquise oder Anzeigen) und es wird immer schwieriger, die Aufmerksamkeit der gewünschten Zielgruppen zu erreichen[7]. Gleichzeitig liefern Online-Marketinginstrumente (z. B. Banner), Mobile Marketing oder Social Media Marketing kaum bessere Ergebnisse, zumal sich deren Einfluss auf den Unternehmenserfolg nur mit großem Aufwand ermitteln lässt.[8]

Noch vor 20 Jahren fokussierten sich die Möglichkeiten von Einkäufern zur Informationsbeschaffung für Investitionen auf wenige Kanäle (siehe Abb. 7.1). Heute dagegen stehen sie vor der Herausforderung, die Flut an Nachrichten zu selektieren. Sie trennen scharf zwischen nützlichen und unnützen Informationen und beschaffen sich das nötige Wissen für ihre Investitionen autark per Internetsuchmaschine. Das belegt eine Studie der FH Münster

Abb. 7.1 Die Änderung im Verkaufsprozess

[7] Volpe, Mike/Meher, Jessica (2013), S. 15.
[8] Nichols, Wes (2013), S. 39.

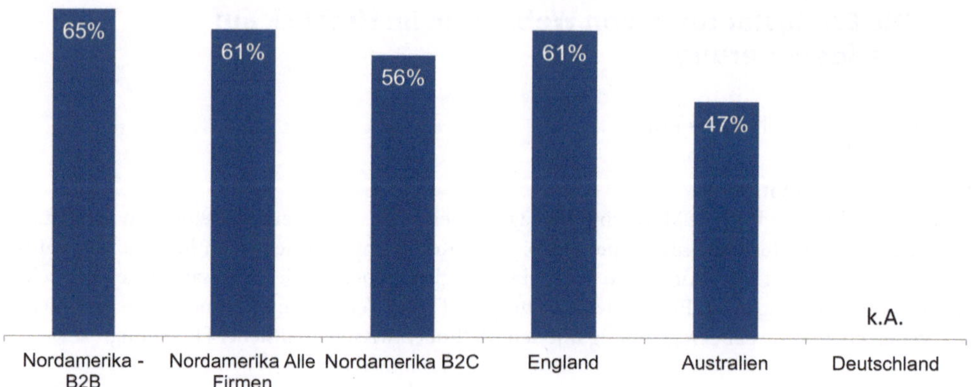

Abb. 7.2 Einschätzung der Effektivität von Webinaren (vgl. Pulizzi, Joe (2013), S. 7; Pulizzi, Joe/Handley, Ann (2012a), S. 7; Pulizzi, Joe/Handley, Ann (2012b), S. 6; Pulizzi, Joe/Combemale, Chris (2013), S. 6; Pulizzi, Joe/Sangster, Jodie (2013), S. 6.)

aus dem Jahr 2012, die das Einkaufsverhalten von B2B-Unternehmen ab einem Investitionsvolumen von 10.000,– Euro untersucht hat.[9]

Sie ermittelte auch die kurze Aufmerksamkeitsspanne, die Einkäufer heute für ihre Entscheidung benötigen: So nehmen sich knapp 30 % der Entscheider für die Recherche möglicher Anbieter maximal 2–3 Wochen Zeit, ca. 20 % erledigen das sogar in weniger als 2 Wochen.

Die Unternehmen sind also gezwungen umzudenken und ihren Verkaufsprozess an den Wünschen und Erwartungen ihrer potenziellen Kunden auszurichten. Um deren Aufmerksamkeit zu erlangen, müssen Unternehmen ihnen Informationen mit einem konkreten Nutzen bieten – und zwar zum Zeitpunkt und an dem Ort, an dem die potenziellen Kunden es wünschen. Das bedeutet für Unternehmen, dass sie ihre potenziellen Kunden nicht mehr mit Cold Calls, Mailings, etc. „stören", sondern ihnen nützliche Informationen an dem Ort bereitstellen, an dem ihre potenziellen Kunden bevorzugt suchen: Sie lassen sich im Internet finden.

Webinare eignen sich hervorragend für diese Art der neuen Kundenansprache. Marketing- und Vertriebskollegen aus den englischsprachigen Ländern haben das schon längst erkannt: ca. 60 % der Unternehmen aus USA, UK und Australien schätzen Webinare als effizientes Instrument zur Leadgenerierung ein (siehe Abb. 7.2).

Zum Vergleich: in Deutschland verwenden ca. 0,86 % der Unternehmen Webinare zur Leadgenerierung – wie eine Studie unlängst ermittelte.[10]

Die Bewerbung eines Webinars ist denkbar einfach: Ein guter Webinaranbieter liefert neben der Webinar-Durchführung auch automatisierte Vermarktungsinstrumente, wie beispielsweise Newsletter-Einladungen, eine Anmeldung per Landingpage oder

[9] Breyer, Michael/Schengber, Ralf (2012), Seiten 5 und 9.

[10] Fuderholz, Jens (2013), S. 3.

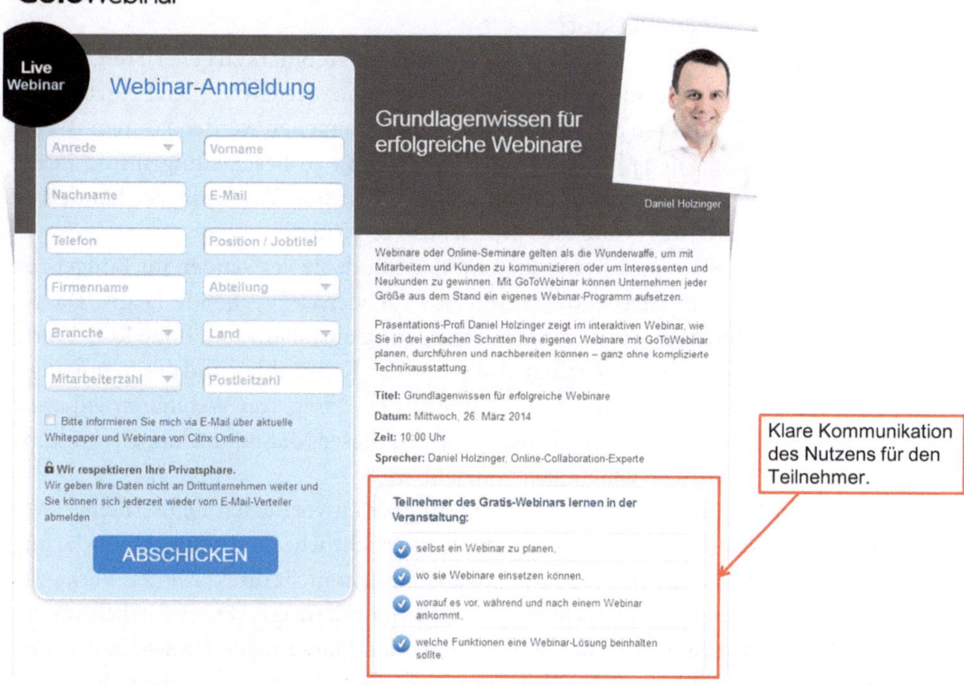

Abb. 7.3 Webinaranmeldung mit klarer Nutzenkommunikation

die Veröffentlichung der Aufzeichnung auf einer separaten Webseite. Werden in der Anmelde-Landingpage relevante Keywords verwendet, können sehr gute Suchmaschinen-Platzierungen erzielt werden. Aus diesem Grund kürte die Marketingplattform www.marketingsherpa.com Webinare vor kurzem als effizientestes Mittel für SEO (Search Engine Optimization).[11]

Mit Hilfe eines prägnanten Titels werden ausschließlich die Personen angezogen, die ein reges Interesse an einem speziellen Thema haben. Ca. 75 % der Webinarteilnehmer besuchen regelmäßig „How-To"-Webinare, knapp 50 % lassen sich regelmäßig von einem Fachspezialisten locken[12]. Da diese potenziellen Teilnehmer einen hohen Nutzen für sich erwarten, sind sie bei der Anmeldung bereit, einige Informationen über ihre Person preiszugeben. Besonders erfolgreich sind Anmeldeseiten, auf denen Nutzer bei der Preisgabe ihrer Daten ihren Nutzen auf einen Blick erkennen (siehe Abb. 7.3):

Ab dem Zeitpunkt der Registrierung sammelt eine gute Webinar-Software fortlaufend Informationen über die angemeldeten Personen: Nehmen sie am Webinar teil? Wenn ja: wie lange? Welche Fragen stellt der Teilnehmer? Wie lauten seine Antworten auf die Um-

[11] Burstein, Daniel (2013).

[12] Courville, Roger/Andersen, Greg/Jackson, Marc (2013), S. 2.

fragen des Presenters? Signalisiert er im Laufe des Webinars Interesse an weiterführenden Informationen oder an einem Rückruf?

Auf diese Weise ist es möglich, Leads mit Hilfe nur eines Webinars zu generieren, zu segmentieren (Lead Scoring) und soweit mit Informationen anzureichern (Lead Nurturing), dass diese als Hot Leads direkt in die Vertriebsabteilung übergeben werden können. Webinare sind also in der Lage, den Vertriebsprozess signifikant zu beschleunigen und Leads mehrere Stufen des Verkaufsprozesses überspringen zu lassen. Wohlgemerkt handelt es sich hier um ein optimales, aber durchaus mögliches Szenario.

Die Vorteile von Unternehmen liegen klar auf der Hand: Sie verwenden ihr Budget zur Leadgenerierung ohne hohe Streuverluste und nur für vielversprechende Leads. Da die Kosten für die Durchführung von Webinaren sehr gering ausfallen, sind hohe ROI-Werte von über 1300 % im Bereich des Möglichen. Aufgrund der Kennzahlen und des Reportings, die eine gute Webinar-Software mitliefert, lässt sich der Erfolg von Webinaren jederzeit analysieren und optimieren. Auch der konkrete Anteil dieser Maßnahme am Gesamtumsatz des Unternehmens wird so genau nachvollziehbar.

Die Gründe für die Zurückhaltung der Marketingverantwortlichen beim Thema „Webinar" in Deutschland sind auf den ersten Blick nicht ersichtlich. Eine mögliche Erklärung könnte darin bestehen, dass deutsche Marketingabteilungen nicht direkt für den Verkaufserfolg – und daraus abgeleitet auch nicht für die Lead Generierung – verantwortlich waren.

Für den Verkaufsprozess und die daraus resultierenden Marketingaktivitäten in den Unternehmen bedeutet das eine signifikante Änderung der bestehenden Aufgabenfelder, Verantwortlichkeiten und Prozessabläufe. Marketingverantwortliche müssen in Zukunft stärker die Auswirkungen ihrer Aktivitäten auf den Umsatz belegen und sich folglich stärker mit vertrieblichen Themen befassen, zum Beispiel der Leadgenerierung und dem Leadnurturing.

Unternehmen, die nicht auf das geänderte Einkaufsverhalten ihrer potenziellen Kunden eingehen, werden von diesen gar nicht mehr wahrgenommen und verschwinden schlussendlich vom Markt. Es ist also nur eine Frage der Zeit, bis sich Kommunikationsmethoden, die auf das geänderte Verhalten der potenziellen Kunden eingehen, fest im Marketingmix etablieren.

Anhang

Arbeitsmaterialien zu Kap. 1

Anhang A: Wie lassen sich kostenpflichtige Onlinetrainings abgrenzen, aufwerten und vermarkten

Kann man Webinare auch wie ein Produkt oder eine Dienstleistung verkaufen, um damit Geld zu verdienen, um Umsatz und Einkommen zu erhöhen? In den USA, die in puncto Webinare viel weiter sind als wir in Europa, haben sich zwei Begriffe für *kostenlose* und *kostenpflichtige* Webinare durchgesetzt: ***Freebinar*** (kostenlose) und ***Feebinar*** (kostenpflichtige). Feebinare gehören in den USA inzwischen zum Standardrepertoire vieler Experten, Trainer und Redner. Ein Vergleich der beiden Varianten können Sie Tab. A.1 entnehmen.

Sehr viele Webinare im Netz sind kostenfrei. Es handelt sich um Marketinginitiativen, die das Instrument Webinar nutzen, um das Unternehmensimage zu steigern, die Marke mit positiven Gefühlen zu assoziieren, Produkte zu verkaufen oder Kontakte zu generieren. Dabei nutzen diese kostenlosen Webinare die Überzeugungsstrategie: Zuerst (kostenlos) geben und dann (kostenpflichtig) nehmen (Reziprozitätsregel). Viele dieser Marketing-Webinare sind sehr gut gemacht, weil vor allem größere Unternehmen auf ihr Werbebudget zurückgreifen und es sich leisten können, Profis zu beauftragen. Andere kostenlose Webinare sind gesponserte Marketingevents. Ein Top-Redner oder Topexperte wird von der Marketingabteilung engagiert und bezahlt und hält im Namen des Unternehmens eine Präsentation für die Kunden und Interessenten des bezahlenden Unternehmens. So kommt es, dass auch außerordentlich hochwertige Seminare kostenlos angeboten werden und viele Teilnehmer sich daran gewöhnt haben, dass Webinare kostenlos sind.

A. Hermann-Ruess und M. Ott, *Das gute Webinar*, X.media.press,
DOI 10.1007/978-3-658-03859-5, © Springer Fachmedien Wiesbaden 2014

Tab. A.1 Unterschiede zwischen Freebinaren und Feebinaren

	Freebinar (kostenlos)	Feebinar (kostenpflichtig)
Ziel	Das eigene Unternehmen bekanntmachen	Geld verdienen
Zielgruppe	Möglichst viele (unbekannte) Teilnehmer Ausgewählte Interessanten oder Kunden	Konkrete Zielgruppe, begrenzte Teilnehmerzahl
Inhalte	Kennenlernen des Unternehmens und der Leistungen	Expertenwissen, Know-how, Insiderwissen
Fokus	Fokus auf Problem und Nutzen Lösung wird nur angedeutet, muss im Anschluss gekauft werden (Produkt/Dienstleistung, für die im Webinar geworben wird)	Fokus auf Lösung
Methodik	Wissensvermittlung Rhetorik-, Präsentations- und Verkaufswissen nötig Onlinemethodik	Vermittlung von Fertigkeiten Didaktik, Gruppendynamik Rhetorik, Präsentationswissen Onlinemethodik
Geeignet um:	Kontakte zu generieren Akquise zu vereinfachen (keine Anreise zum Kunden) Kundenkontakte zu verbessern (statt E-Mail, Telefon) Marke bekanntzumachen	Zusatzeinkommen zu generieren Vorhandene Inhalte auf neuem Kanal wiederzuvermarkten On-Demand-Katalog aufzubauen und Geld zu verdienen, ohne selbst anwesend sein zu müssen

Trotzdem gibt es einen Markt für kostenpflichtige Webinare. Die Frage ist nun: Was muss ein Feebinar bieten, dass die Teilnehmer bereit sind, ihren Geldbeutel zu öffnen bzw. ihre Kreditkarte zu belasten? Was erhöht den Wert Ihrer Webinare? Schauen wir uns die folgende Liste gemeinsam an:

Zwanzig bewährte Methoden und inspirierende Ideen, um den Wert eines Webinars zu steigern:

- Suchen Sie sich die Themen aus, in denen Sie ein ausgewiesener Experte sind.
- Bestimmen Sie Ihre Zielgruppe möglichst konkret und fassen Sie sie eng (z. B. Logistikleiter, Automobilzulieferer).
- Recherchieren Sie die Probleme Ihrer Zielgruppe genau und bieten Sie hierfür maßgeschneiderte Lösungen.
- Schreiben Sie eine motivierende Einladung mit dem Tenor „Dieses Webinar ist für Sie“.
- Positionieren Sie sich als Experte für genau dieses Thema und picken Sie aus Ihrer Biografie nur die Aspekte heraus, die für dieses Thema relevant sind.
- Konzipieren Sie das Webinar spezifisch, geben Sie tiefe Einblicke und verraten Sie Insidergeheimnisse.
- Konzentrieren Sie sich auf sofort umsetzbare Lösungen.

- Begrenzen Sie die Zahl der Teilnehmer, bieten Sie Exklusivität.
- Suchen Sie ein Zeitfenster, das für diese Zielgruppe angenehm ist.
- Bieten Sie den Teilnehmern die Möglichkeit, sich zu vernetzen (Networking) – auch über das Webinar hinaus.
- Bieten Sie eventuell Seminare auf Bestellung an, kommen Sie im Vorfeld mit Ihren Kunden ins Gespräch.
- Bieten Sie die Möglichkeit der Vertiefung an (Coaching, Präsenzseminare).
- Wenn Sie eine ganze Webinar-Reihe konzipieren, bieten Sie Abos, Flatrates oder Paketpreise an.
- Nutzen Sie viele interaktive Tools und lassen Sie die Teilnehmer selbst aktiv werden, um „Kennen“ in „Können“ umzuwandeln.
- Stellen Sie den Zuhörer in den Mittelpunkt und vermeiden Sie Selbstdarstellungen.
- Belohnungen für sofortige Anmeldung zum Beispiel mit einem exklusiven Geschenk (z. B. Whitepaper): „Die ersten 50 Anmeldungen erhalten exklusiv …“
- Give-aways: Bieten Sie Ihren Teilnehmern etwas ganz Besonderes an, das ein Freebinar nie bieten kann (15 Minuten Telefoncoaching, E-Mail-Hotline …).
- Downloads: Stellen Sie repräsentative Unterlagen, Checklisten, E-Books, Poster etc. her, die die Teilnehmer zur Vor- und Nachbereitung erhalten.
- Einfache Prozesse und kundenorientierte Technik: Entscheiden Sie sich für einen Anbieter von Collaborations-Software auch aus Sicht Ihrer Teilnehmer: Wie kundenorientiert ist der Anbieter? Wie einfach kann sich jemand einwählen?
- Aufzeichnungen: Schicken Sie Ihren Teilnehmern eine Aufzeichnung des Webinars. Verschenken Sie nie eine Aufzeichnung, für die Sie anderweitig Geld verlangt haben, das würde die Bezahlenden benachteiligen. Verkaufen Sie die Aufzeichnung lieber zu einem nur geringfügig geringeren Preis als die Livesession.

Auch in der Webinar-Vermarktung gilt: Gutes Marketing ist wichtig. Was nützt es Ihnen, wenn Sie Webinar-Produkte haben und keiner weiß es? Fragen Sie sich im Vorfeld, wie und wo Sie Ihre Zielgruppe erreichen. Kommen Sie im Vorfeld mit Kunden und Teilnehmern ins Gespräch, machen Sie Umfragen, um den Nerv Ihrer zukünftigen Zielgruppe genau zu treffen. Gehen Sie erst dann an die Webinar-Entwicklung und designen Sie ein relevantes, interessantes und nützliches Webinar für genau diese Teilnehmergruppe. Achten Sie bei der Auswahl der Software darauf, dass sie benutzerfreundlich ist und Sie bei der Organisation der Events unterstützt. Hilfreich ist auf alle Fälle eine integrierte Bezahloption für die Teilnehmer während des Anmeldevorgangs. Viele Anbieter haben inzwischen spezielle Versionen für Onlinetrainings in ihrem Programm, die genau auf die Bedürfnisse von Bezahlwebinaren abgestimmt sind. Zusammenfassend können wir festhalten: Nur für wirklich gute Webinare ist der Kunde bereit zu bezahlen. Und auch bei kostenlosen Webinaren sollten die Anbieter auf gute Qualität achten, schließlich möchten sie ja mit ihnen für ihr Unternehmen werben.

Anhang B: Wer kann von Webinaren profitieren?

Webinare sind für alle Organisationen von Bedeutung, für Profit- wie für Non-Profit-Organisationen. Unternehmen aller Branchen und aller Größen können gleichermaßen profitieren. Neben dem **allgemeinen Nutzen** beinhalten sie noch einen ganz **speziellen Nutzen** für jede Organisationsform, Abteilung oder Hierarchieebene und helfen hier, spezifische Unternehmensziele schneller und einfacher zu erreichen. Schauen wir uns erst diejenigen an, die von Webinaren im Sinne von Onlinepräsentationen profitieren, und dann diejenigen, die von Webinaren im Sinne von Onlinetrainings profitieren können.

Nutznießer von Onlinepräsentationen

Tab. B.1 Der spezielle Nutzen von Onlinepräsentationen

Mitarbeiter	Ideen und Konzepte im Team präsentieren Status eines Projekts Vorgesetzten präsentieren Produkte und Dienstleistungen Kunden präsentieren
Management	Mit Standorten Kontakt halten, als wäre man vor Ort Reden und Präsentationen an mehreren Orten gleichzeitig halten Erhöhung der Handlungsfähigkeit durch Einbeziehung von Experten oder Entscheidern
Topmanagement	Ansprachen an Führungskräfte und Mitarbeiter weltweit Bei wichtigen Inhalten und Projekten effektiv mitarbeiten Öffentlichkeitsarbeit gestalten Kommunikation mit Stakeholdern

Tab. B.2 Große und mittelständische Unternehmen (Auswahl)

Abteilung	Spezieller Nutzen
Marketing	Marke bekannt machen, mit positiven Emotionen aufladen Mit Webinar-Events Kontakte für Vertrieb generieren Verschlankt Abstimmung mit Agenturen
Vertrieb	Verkürzung von Verkaufszyklen Kunden erreichen, bei denen sich Anfahrt nicht rechnen würde Weniger Kaltakquise („warme" Kontakte durch Webinar) Ein hochwertiger Baustein mehr in einem mehrstufigen Akquiseprozess Schnelle Bearbeitung von Kundenanfragen Experten in Kundengesprächen schnell und einfach dazuschalten
Produktentwicklung, F&E	Schnellere Produktentwicklung, kürzere „time to market"
Projektmanagement	Reaktionen auf Projektänderungen beschleunigen Projektstatus-Präsentationen
Support	Bessere Betreuung durch Desktopsharing Schnellere Diagnose von Problemen, höhere Qualität der Lösungen
Human Ressources	Kommunikation in Change-Prozessen Vorstellung neuer Programme für die Entwicklung von Mitarbeitern
Produktion	Effektivere Schnittstellenkommunikation Echtzeitkontakte zu Lieferanten, Händlern, Kunden Effektive Kommunikation bei Problemen und Krisen
Öffentlichkeitsarbeit	Virtuelle Pressekonferenzen Kontakt mit Journalisten Content für Social Media

Tab. B.3 Non-Profit-Organisationen (Auswahl)

Vereine, Netzwerke/Klubs, gemeinnützige Organisationen	Teilnahme an Veranstaltungen erhöhen Spenden sammeln Effektivere Mitgliedergewinnung Öffentlichkeitsarbeit Kleinerer „CO_2-Foodprint"

Tab. B.4 Öffentliche Einrichtungen (Auswahl)

Verwaltungen, Ministerien	Kleinerer CO_2-Foodprint Schnellere Informierung der Bürger, Bürgernähe Schnelle Aufklärung bei Krisen (Information von Zielgruppen, z. B. Ärzte bei Seuchen)
Gesundheitswesen	Zusammenarbeit von Spezialisten, Ferndiagnosen, Fernbehandlung

Tab. B.5 Kleine Unternehmen, Selbstständige und Freiberufler (Auswahl)

Start-ups	Investoren gewinnen Elevator-Pitch (Selbstdarstellung in wenigen Minuten)
Rechtsanwälte, Steuerberater	In Echtzeit wichtige Gesetzes- oder Verfahrensänderungen präsentieren
Architekten	Präsentation von Entwürfen, Abstimmungen mit Bauherren verbessern
Ärzte	Hinzuziehung von Experten, Austausch bei schwierigen Diagnosen
Autoren	„Buchinare" – Lesungen im Netz Weltweite Vermarktung von Büchern („Das Webinar zum Buch")

Nutznießer Onlinetrainings Schulungsabteilungen, Bildungseinrichtungen, Trainingsinstitute und selbstständige Trainer kommen vor allem in den Genuss der Vorteile von Onlinetrainings – also von Webinaren im Sinne der zweiten Bedeutung: „nachhaltig etwas können".

Tab. B.6 Der spezielle Nutzen von Onlinetrainings

Organisationsentwicklung/ Personalentwicklung	Standortübergreifende Vermittlung organisationsrelevanter Themen Internationale Programme, um Mitarbeiter weltweit gezielt zu trainieren Wettbewerbsausgleich/Vorsprung: Auch kleinere Organisationen können international Mitarbeiter entwickeln
Schulungsabteilungen	Enorme Kosteneinsparungen Sehr spezifische Inhalte können genau definierter Zielgruppe angeboten werden Training „just in time" möglich Synergieeffekte durch Kombination mit Präsenztraining Einsatz bei Vertiefung, Vorbereitung, individuelle Förderung, Einzelcoaching
Öffentliche Bildungseinrichtungen Hochschulen	Fernstudiengänge Blended Learning E-Learning
Trainingsinstitute/Freie Trainer und Berater	Kundengewinnung Neue Zielgruppen erreichen Neues Trainingsformat für bestehende Inhalte Erweiterung des Produktportfolios Neue Einkommenswege Synergieeffekte durch Kombination mit Präsenztraining (Blended Learning)
Teilnehmer an Onlinetrainings	Gehirngerechtes Lernen durch multimediale Aufbereitung (anschaulich, interaktiv, sequenziell) Durch wiederholtes Ansehen der Aufzeichnung: flexibel, dem eigenen Lerntempo und Zeitplan angepasst Bequem: keine Reiseunannehmlichkeiten und Zeitverluste Kleine Lehreinheiten können passende Lösungen für konkrete Situationen bieten

Arbeitsmaterialien zu Kap. 3

Anhang C: Bestandteile einer motivierenden Webinar-Beschreibung

- **Titel:** Finden Sie einen motivierenden Titel. Gute Titel zielen auf den Nutzen, auf den „Return on Event", ab: *Eliminieren Sie im Vertrieb Zeitfallen. Beseitigen Sie Kostenfresser durch Onlinepräsentationen.*
- **Untertitel:** Heben Sie in Marketing-Webinaren den Aspekt „kostenlos" hervor, bei Onlinetrainings den „How-to"-Aspekt: „*Ein kostenloses Webinar mit XX, einer gefragten Expertin zum Thema YY*" oder „*Wie Sie überzeugende Onlinepräsentationen effektiv planen und durchführen*".
- **Kurzbeschreibung:** Beschreiben Sie, welche Probleme auf Ihren Kunden zukommen, nennen Sie die negativen Konsequenzen, wenn nicht gehandelt wird, und führen Sie die positiven Konsequenzen auf, wenn in Ihrem Sinn gehandelt wird. Je genauer Sie die Probleme Ihrer Zielgruppe benennen und je spezifischer die Lösungen sind, umso motivierender der Text.
- **Lernziele:** Führen Sie nun 3 bis 5 Unterpunkte auf, die aufzeigen, was die Teilnehmer in diesem Webinar erfahren oder lernen werden.
- **Zielgruppe:** Definieren Sie konkret Ihre Zielgruppe, vor allem wenn es sich um ein kostenpflichtiges Onlinetraining handelt. Sagen Sie in dem Fall auch, welche Wissens- und Technikvoraussetzungen die Teilnehmer haben müssen, um Ihrem Onlinekurs folgen zu können, und zeigen Sie, dass die Teilnehmerzahl streng limitiert ist. Listen Sie didaktische Methoden auf, um Ihr Webinar aufzuwerten gegenüber einer Verkaufspräsentation.
- **Mehrwert:** Bieten Sie evtl. Downloads, White-Papers, E-Books oder Give-aways an (vor allem wenn Sie ein kostenpflichtiges Webinar halten).
- **Biografie und Foto des Presenters:** Foto und kurze Biografie des Presenters. Zeigen, dass er genau für dieses Thema und für diese Zielgruppe Spezialist ist.
- **Referenzen/Testimonials zufriedener Teilnehmer** aus früheren Trainings zu genau diesem Thema und zu dieser Zielgruppe.
- **Anmeldeprozess:** So einfach wie möglich halten, am besten nur einen Link auf die Registrierungsseite. Auch hier wenige Daten abfragen.
- **Bitte um Weiterleitung an Kollegen:** Kann bei Marketingevents nützlich sein, um neue Adressen zu generieren und die Zahl der Registrierungen zu erhöhen. Kann bei Onlinetrainings nützlich sein, um neue Teilnehmer/Kunden zu generieren.
- **Kontakt:** E-Mail-Adresse für Nachfragen und Telefonnummer für Fragen bei Onlinetrainings.

Anhang D: Implizite Fragen in den Köpfen Ihrer Zuhörer mit dem LKM

Ziel: Treffende **Aussagen** generieren

Die Fragen sind sortiert nach Persönlichkeitstyp, weil jeder Typ unterschiedliche implizite Fragen gemäß seinen limbischen Belohnungsprogrammen stellt und somit unterschiedliche Antworten als Entscheidungsgrundlage benötigt. Die typgerechten Antworten stellen sicher, dass Sie wirklich treffende, überzeugende (belohnende) Argumente generieren. Sie stellen sicher, dass Sie nicht die Argumente und Überzeugungsmittel aussuchen, die Sie überzeugend finden, sondern solche, die für Ihre Zuhörer überzeugend und relevant sind.

Aussagen für den logischen Typ	Was genau ist es? Ist es logisch? Ist es durchdacht? Ist es bewiesen? Warum soll ich es haben/machen? Macht es mich erfolgreicher? Verhilft es mir zu Gewinn? Erhöht es meinen Status? Steigert es die Leistung? Gewinne ich Zeit oder knappe Ressourcen? Wie genau mache ich es? Wie ist es finanziert? Rechnet es sich? Wie schnell ist es? Wie wirkungsvoll? Wie rechnet es sich im Vergleich zu Alternativen?

Aussagen für den strukturierten Typ	Was genau ist es? Ist es bewährt? Ist es sicher? Ist es getestet? Warum soll ich es haben/machen? Verspricht es Sicherheit? Sichert es meine Position? Erhöht es meine Kontrolle? Ist es verlässlich? Ist es einfach? Minimiert es mein Risiko? Wie genau mache ich es? Wie ist die Lösung geplant und strukturiert? Wie genau mache ich es (How to …)? Ist es von den meisten anerkannt? Ist es genormt, getestet und garantiert? Wie sehen die Details aus? Wie aussteigen im Notfall? Wie Risiken begegnen und evtl. Probleme lösen? Wie sicher im Vergleich zu Alternativen?
Aussagen für den gefühlvollen Typ	Was genau ist es? Was sind das für Menschen? Woher kommen sie? Wer wendet es schon an? Warum soll ich es haben/machen? Macht es mich anziehender? Verhilft es mir zu Zufriedenheit, Wohlgefühl und Stimmigkeit? Ist es ethisch, sozial, gerecht? Steigert es die Motivation und Freude? Wie genau mache ich es? Wer macht es? Wie kommt es bei den Menschen an? Wie wird es kommuniziert? Ist es intuitiv bedienbar? Ist es schön und harmonisch? Wie fühlt es sich an? Wie akzeptiert im Team im Vergleich zu Alternativen?

Aussagen für den experimentellen Typ	Was genau ist es? Ist es innovativ/neu? Ist es anders? Was ist einzigartig? Warum soll ich es haben/machen? Macht es mich innovativ? Differenziert es mich vom Wettbewerb? Macht es mich einzigartig? Steigert es meinen Spaß? Wie genau mache ich es? Wie wenig habe ich mit der Implementierung zu tun? Wer kümmert sich für mich um die lästigen Details? Wie faszinierend ist es? Wie viel Spaß macht es? Wie aufregend im Vergleich zu Alternativen? Wie sieht das Design aus?

Im Literaturverzeichnis erhalten Sie weiterführende Literatur zum Limbischen Kommunikationsmodell (LKM), wenn Sie noch weitere Inspiration für (limbisch) belohnende Überzeugungsmittel suchen.

Anhang E: Visuelle, auditive und interaktive Evidenzmittel/Highlights (Auswahl)

Ziel: Sinnliche **Evidenzmittel** generieren

Visuelle Evidenzmittel und Highlights (Bilder)	Onlinetools: Webcam Screensharing (Charts) Poll Feedbacktools Statustools Zeichentools Video Whiteboard Diagramme (Studien, Statistiken, Messungen, Ergebnisse) Struktogramme (Ablauf, Reihenfolgen, Zusammenhänge, Logik, Matrix, Tabelle) Grafiken (Zusammenhänge, Logik, Big Picture) Fotos (Wort-Bild-Koppelung) Zeichnungen, Skizzen Siegel: Testergebnisse, Garantien, Siegel, Referenzen Visualisierte Metaphern
Auditive Evidenzmittel und Highlights (Ton)	Onlinetools: One-Way-Audio Two-Way-Audio Video Storytelling Testimonials Dialog Metapher
Taktile Evidenzmittel und Highlights (Interaktion)	Onlinetools: Chat Poll Whiteboard Gemeinsames Arbeiten über Desktopsharing (Übertragung des Bildschirms) Annotationstools Teilnehmer selbst etwas machen lassen Rollenspiele Aktivierungsübungen

Anhang F: Das Webinar mit HRP-Webinar-Strukturplan produzieren

1. **Laden Sie sich den HRP-Webinar-Strukturplan herunter** (www.dasgutewebinar.de). Füllen Sie ihn zuerst auf dem Papier aus, bevor sie ihn entlang der Storyline in PowerPoint übertragen.
2. **Beschreiben Sie die Situation.** Eröffnen Sie die Szene. Sagen Sie Ihren Teilnehmern, um welche Situation es geht. Die Situation beschreibt die Realität Ihrer Teilnehmer und hebt meist Veränderungen hervor.
3. **Zeigen Sie die Komplikationen auf.** Diese Veränderungen führen dazu, dass bisherige Lösungen nicht funktionieren oder es gar keine Lösung gibt. Steigen Sie mit einer emotional visualisierten und gut erzählten „Hölle-Story“ in das Webinar ein.
4. **Formulieren Sie explizit die brennende Frage Ihrer Zuhörer.** Stellen Sie nun explizit die Frage, die sich auch Ihre Zuhörer stellen.
5. **Sprechen Sie klar Ihre Empfehlung aus.** Sprechen Sie Ihre klare Empfehlung (Lösung) aus. Indem Sie die Empfehlung am Anfang aussprechen, wissen die Teilnehmer genau, worum es geht und was Sie tun können, um ihre brennende Frage zu lösen.
6. **Versetzen Sie sich in Ihre Zuhörer: Welche impliziten Fragen zur Empfehlung haben sie?** Welche Fragen tauchen in den Köpfen der Zuhörer nun auf? Welche Fragen genau auftreten, entscheidet Ihr konkretes Thema und Ihr Publikum. Da die meisten Webinare komplexe Themen vorstellen, tauchen im Normalfall drei Hauptfragen auf: (1) Was genau ist es? (2) Warum soll ich es tun/haben? Was bringt es mir? (3) Wie funktioniert es? Wie kann ich es umsetzen?
7. **Strukturieren Sie über 3 bis 4 Kernbotschaften.** Die Antworten auf diese Fragen sind Ihre Kernbotschaften. Die Nennung einer Kernbotschaft löst weitere implizite Fragen im Kopf Ihrer Zuhörer aus.
8. **Gehen Sie in die Tiefe über weitere implizite Fragen, die Ihre Zuhörer zu den Kernbotschaften haben.** Unterschiedliche Persönlichkeitstypen stellen unterschiedliche implizite (unbewusste/limbisch gesteuerte) Fragen. Variieren Sie bei Webinaren mit vielen heterogenen Teilnehmern die Fragen. In Seminaren mit homogenen Teilnehmern beantworten Sie nur Fragen der passenden Kategorie.
9. **Erzeugen Sie überzeugende Aussagen.** Notieren Sie nun die Antworten auf die impliziten Fragen.
10. **Verpacken Sie die Aussagen visuell, auditiv und taktil mit Evidenzmitteln.** Überlegen Sie, mit welchen Evidenzmitteln Sie die Aussage sinnlich belegen können.
11. **Erzeugen Sie Abwechslung und Begeisterung mit Highlights.** Suchen Sie nun nach passenden Highlights und Onlinemethoden. Achten Sie darauf, dass auch diese einen Link zum Thema haben und die Argumentation im Gesamten stützen.

12. **Motivieren Sie mit einer Zusammenfassung.**
    Fassen Sie nun alle Kernbotschaften zusammen, um eine Entscheidung im Publikum herbeizuführen.
13. **Schaffen Sie Ergebnisse; indem Sie den nächsten Schritt einleiten.**
    Sagen Sie den Teilnehmern, wie der nächste Schritt genau aussieht. Was genau sollen Ihre Teilnehmer nun tun, um in den Genuss der Lösung auf ihre brennende Frage zu kommen?
14. **Übertragen Sie den HRP-Webinar-Strukturplan in PowerPoint.**
    Legen nun für jedes Kästchen eine Folie an. Tragen Sie jede Aussage in den Bereich der Notizenseiten ein. Tragen Sie die Evidenzmittel in den Bereich der Charts ein.
15. **Erzeugen Sie Ihre Evidenzmittel.**
    Nutzen Sie hierfür die NewPowerPoint-Regeln.
16. **Erzeugen Sie Ihr Manuskript.**
    Wie das ganz genau funktioniert, beschreibt *Schritt 7: Manuskript, Feinschliff und Stimmübungen.*
17. **Checken Sie die Gesamtdramaturgie Ihrer Onlinepräsentation.**
    Ist sie für alle Teilnehmertypen „belohnend“?
18. **Üben Sie offline, online und mit Publikum.**
    Nutzen Sie hierfür den Probenplan.

Anhang G: Beispiele belohnender dramaturgischer Elemente

Belohnungen für den logischen Typ	Stilistik: Präzise formulierte Ideen, kurz, klar, direkt, viele Zahlen
	Aufsehenerregende Zahl raten lassen („Schätzen Sie mal, um wie viel lässt sich der Gewinn steigern?") – Antwort per Chat oder per Poll
	Powerranking („Die 10 besten Methoden, um Besucherströme auf Ihre Internetseite zu lenken")
	PowerPoint: Visualisierte Zahlen (aufsteigende Balkendiagramme, satte Kuchenstücke)
	Storytelling: Erfolgsgeschichten, wissenschaftliche Experimente, aber auch Statistik als Geschichte
	Statushebende Botschaften: Sie als Vertriebsleiter … Führungskräfte wie Sie, die täglich komplexe Situationen meistern …
	Statistik untermauern mit einer Umfrage unter den Teilnehmern (Polls)
	Gewinne/Gewinnspiele mit Belohnung
	Kostenloser Mehrwert (Downloads etc.)
Belohnungen für den strukturierten Typ	Stilistik: detaillierte Angaben, strukturiert, systematisch, sorgfältig
	Storytelling: Traditionsgeschichte („Schon damals hatte … Schon seit 1852 gibt es …")
	Praktische Beispiele (Best Practice, Case Studies, Referenzen, Theorie am praktischen Beispiel erläutern)
	Vorher-nachher-Inszenierungen (Dos & Dont's; Hölle-Bild – Himmel-Bild; Hölle-Story – Himmel-Story)
	Konkrete Tipps („How to"), z. B.: „Die sieben Schritte, um Social Media nachhaltig zu nutzen"
	Sequenzen: 3 Schritte, 5 Stufen, 7 Module, 30 Tipps, 5 Stolpersteine, 6 Sünden etc.
	PowerPoint: Struktogramme, Ablaufpläne, Meilensteine, Organigramme
	Sicherheit geben durch Aussagen von anerkannten Autoritäten, Vorgesetzten, Experten
	Sicherheit geben durch Testergebnisse, Garantien, Siegel, Referenzen
	Demonstrationen, wie man etwas richtig macht (Vorher-Nachher, „5 Schritte", Video, Vormachen, Checklisten, Teilnehmer selbst etwas ausprobieren lassen)
	Chat, um jederzeit Fragen zu stellen
	Whiteboard, um Ideen zu strukturieren
	Annotationstools, um Themen zu strukturieren oder Abläufe anzuzeigen

Belohnungen für den gefühlvollen Typ	Stilistik: freundlich, zwanglos, zuhörend und austauschend, narrativ
	Persönliche Aussagen: Geschichten über die eigene Person, den Werdegang, Lebenseinstellungen, persönliche Details, Niederlagen und Erfolge (immer als Legitimation „Warum spreche gerade ich über dieses Thema?")
	Direkte Ansprache und Dialog: Immer wieder Publikum direkt ansprechen, Fragen beantworten, in Dialog treten, Two-Way-Audio zulassen
	Storytelling: Geschichten zufriedener Kunden, Motivationsgeschichten
	PowerPoint: Foto von Presenter, glückliche Menschen, begeisterte Anwender, Zitate mit schöner Schrift, Cartoons, Fotos von Kindern, Fotos von Teams
	Testimonials: persönliche Rede von zufriedenen Anwendern
	Viel Interaktion und Austausch, Dialog, gemeinsames Erarbeiten von Themen
	Freundlich lächelndes, wohlwollendes Gesicht des Presenters über Webcam
	Austausch mit anderen, Gruppenarbeit in Break-out-Rooms
	Kennenlernspiele mit Fotos und Two-Way-Audio
	Offene Diskussion mit Chat oder Two-Way-Audio
Belohnungen für den experimentellen Typ	Stilistik: bildhaft, farbig, modellhaft fantasievoll, assoziativ
	Fantasie anregen: „Stellen Sie sich einmal vor, Sie sind ..." „Angenommen, wir befinden uns im Jahr 2030, welche Kommunikationskanäle ..."
	PowerPoint: Design, Prototypen, visualisierte Metapher oder Analogie, Big Picture (Konzept auf einem Chart), Alleinstellungsmerkmale visualisiert
	Storytelling: Heureka-Geschichten, Blick hinter die Kulissen, spannende Geschichten, verblüffende Experimente und Studien, Science-Storys, Insidergeschichten
	Bilder von aufsehenerregenden Projekten und beeindruckenden Kunden
	Ironische Hitparade („Die fünf besten Wege, alle Kunden zu vergraulen")
	Überzeugende Metapher oder Analogie (wenn möglich visualisiert)
	Polls, um Spannung zu erzeugen (Warten auf Auflösung)
	Whiteboard, Chat, Two-Way-Audio, um gemeinsam Ideen zu generieren
	Annotationstools, um zu malen, zu experimentieren
	Verblüffung: etwas tun, womit die Teilnehmer nicht rechnen

Anhang H: Stimmübungen

1. Stimmübung: Mein persönliches Stimmoptimum finden Jeder Mensch hat seine ganz persönliche optimale Stimmlage. Spricht er in dieser, so strengt ihn das viel weniger an, als wenn er zu hoch oder zu tief spricht.

So finden Sie Ihre persönliche Indifferenzlage:

- Entspannt stehen oder sitzen
- Kopf und Hals bilden einen 90-Grad-Winkel, leicht nicken
- „Hmmmm" brummen – so lange, bis der Ton bei mehrmaligem Brummen gleich erklingt. Aus dieser Tonlage heraus sprechen.

2. Stimmübung: Präziser sprechen durch die Korken-/Karottenübung Wer nuschelt oder Endsilben verschluckt, wirkt schlampig. Üben Sie deshalb, präzise zu sprechen. Sprechen Sie immer die Endsilben aus. Unterscheiden Sie Konsonanten deutlich voneinander und öffnen Sie den Mund bei Vokalen. Eine gute Übung ist die Korkenübung aus dem Schauspielunterricht. Nehmen Sie einen Sektkorken (es kann auch ein Stück Karotte sein) zwischen die Zähne und lesen Sie am besten täglich einen kurzen Text. Ihre Aussprache wird schnell viel deutlicher und präziser.

3. Stimmübung: Kutschersitz-Übung Wichtig beim Sprechen ist, dass der Mundraum geschmeidig ist und nicht verspannt. So wird die Stimme voller, und Sie werden besser verstanden. Ziel dieser Übung ist es, Ihre Muskelpartien zu stärken, um Konsonanten sauberer zu sprechen, und Ihren Mundraum zu vergrößern, um Vokale deutlicher zu sprechen.

Machen Sie die Übung während der Vorbereitungszeit täglich und auf jeden Fall eine Stunde vor Ihrem Webinar.

1. *Kutschersitz einnehmen*
   - Kopf nach vorne beugen
   - Blick auf den Boden
   - Hände auf die Schenkel
2. *Wangen kräftig ausschütteln*
3. *Zungenspitze zwischen Lippen und Zähnen kreisen lassen*
   - zuerst nach rechts
   - dann nach links
4. *Lippenbeweglichkeit trainieren*
   - Zuerst zu spitzem Mund vorstülpen
   - dann zu breitem Mund zurückziehen
5. *(3) bis (5) wiederholen*

6. *Gähnen, um den Mundraum zu vergrößern*
   - O formen, wie beim Daumenlutschen
   - Oberlippe herunterziehen
   - Luftkugel im Mund einschließen
   - Unterkiefer nach unten ziehen

Übung so oft wie möglich wiederholen. Kombinieren mit Korkensprechen und Zungenbrecher.

4. Stimmübung: Zungenbrecher Zungenbrecher schärfen die Aussprache von Konsonanten und trainieren Ihre Sprechmuskeln. Sie wärmen den ganzen Sprechapparat auf und machen viel Spaß.

- Der Cottbusser Postkutscher putzt den Cottbusser Postkutschkasten. Den Cottbusser Postkutschkasten putzt der Cottbusser Postkutscher.
- Auf den sieben Robbenklippen sitzen sieben Robbensippen, die sich in die Rippen stippen, bis sie von den Klippen kippen.
- Brauchbare Bierbrauerburschen brauen brüderlich brausendes berauschendes Braunbier.
- Fiesling Fietje fälscht frische Fritten fantastisch filigran. Fantastisch filigran fälscht Fiesling Fietje frische Fritten.
- Jung jodelnde Jodler-Jungen jodeln jaulende Jodel-Jauchzer.
- Mischwasserfischer heißen Mischwasserfischer, weil sie im Mischwasser Mischwasserfische fischen.
- Schnecken erschrecken, wenn Schnecken an Schnecken schlecken, weil zum Schrecken vieler Schnecken Schnecken nicht schmecken.
- Russische Russen rutschen russische Rutschen russisch runter.
- Spinnende spanische Spanner verspannen spannende spanische Spinner.
- Zwanzig Zwerge zeigen Handstand, zehn im Wandschrank, zehn am Sandstrand.
- Zwischen zwei Zwetschgenzweigen sitzen zwei zechenschwarze tschechisch zwitschernde Zwergschwalben.
- Am zehnten Zehnten um zehn Uhr zehn ziehen zehn zahme Ziegen zehn Zentner Zucker zum Zug. Zum Zug ziehen zehn zahme Ziegen am zehnten Zehnten um zehn Uhr zehn zehn Zentner Zucker.
- Der Flugplatzspatz nahm auf dem Flugplatz Platz. Auf dem Flugplatz nahm der Flugplatzspatz Platz.
- Ein plappernder Kaplan klebt Papp-Plakate. Papp-Plakate klebt ein plappernder Kaplan.
- Wenn du Trottel zu mir Trottel noch mal Trottel sagst, sag ich Trottel zu dir Trottel so lange Trottel, bis du Trottel zu mir Trottel nicht mehr Trottel sagen kannst, du Trottel!
- Wer gegen Aluminium minimal immun ist, besitzt Aluminiumimmunität, Aluminiumimmunität besitzt, wer minimal gegen Aluminium immun ist.

- Der Leutnant von Leuten versprach seinen Leuten, nicht eher zu läuten, bis dass der Leutnant von Leuten das Läuten seinen Leuten befahl.
- Fischer, die als Floßfahrer auf Flussflößen auf Floßflüssen fahren, sind fischende Floßflussflussfloßfahrer. Wenn die fischenden Floßflussflussfloßfahrer aus den Floßflüssen Fische fischen, sind's nicht Floßfische – auch nicht bloß Fische – es sind Floßflussfische, es sind Flossenfische: es sind Floßflussflossenfische.
- Der Grabengräber gräbt die Gräben. Der Grubengräber gräbt die Gruben. Graben Grabengräber Gruben? Graben Grubengräber Gräben? Nein! Grabengräber graben Gräben. Grubengräber graben Grube

Die Autoren

Anita Hermann-Ruess ist Präsentations- und Rhetorikexpertin. Seit vielen Jahren schreibt sie Bücher über wirkungsvolles Präsentieren und fesselnde Rhetorik. Sie ist Inhaberin der Kommunikationsberatung Hermann-Ruess und Partner und berät Unternehmen in allen Fragen überzeugender Businesskommunikation, angefangen von den richtigen Worten bis hin zur Wahl der richtigen Kommunikationskanäle. Inzwischen ist sie vom virtuellen Präsentieren und Trainieren als Ergänzung zu Präsenzveranstaltungen restlos überzeugt und unterstützt ihre Kunden und Teilnehmer darin, dieses virtuelle Format so sinnvoll und so gut wie möglich zu nutzen. In diesem Buch gibt sie ihr gesammeltes Know-how, ihre Erfahrungen und speziell entwickelte Webinarmethoden an die Leser weiter, damit diese lernen, ein überzeugendes und fesselndes Webinar zu organisieren, zu produzieren und durchzuführen.

Koautor Max Ott ist Spezialist für visuelle Kommunikation und Experte für PowerPoint. Er findet für Unternehmen die passende Bildsprache, illustriert komplexe Zusammenhänge und gestaltet PowerPoint-Charts nach den neuesten Erkenntnissen aus Rhetorik und Design. Sein Anliegen ist es, die Leser dabei zu unterstützen, mit einfachen Mitteln herausragende und wirkungsvolle Charts zu gestalten.

Webinar-Glossar

Affiliate-Marketing Affiliate-Marketing (engl. Affiliate = „angliedern") sind internetbasierte Vertriebslösungen. Unternehmen vermarkten ihre Produkte und Dienstleistungen durch Verlinkung auf Partner-Webseiten. Nur bei tatsächlichem Umsatz oder messbarem Erfolg werden Provisionen bezahlt. Affiliate-Systeme basieren auf dem Prinzip der Vermittlungsprovision. Webinare können auf Webseiten von Partnern veröffentlicht werden. So werden neue Kontakte (Leads) generiert.

Anapher Die Anapher ist ein rhetorisches Wirkmittel. Sie bezeichnet die (einmalige oder mehrfache) Wiederholung eines Wortes (oder einer Wortgruppe) am Anfang von Sätzen oder Satzteilen. So dient sie der Strukturierung und Rhythmisierung von Texten. Ihre Verwendung in einem Webinar hebt wichtige Dinge hervor und erzeugt Prägnanz. Die Anapher kann auch plakativ, ordnend oder nachdrücklich wirken. Sie zählt zu den einfachsten und am häufigsten gebrauchten rhetorischen Stilmitteln.

Brainstorming Brainstorming ist eine Methode zur Ideenfindung, die die Erzeugung von neuen, ungewöhnlichen Ideen in einer Gruppe von Menschen fördern soll. die Teilnehmer nennen spontan Ideen zu einem Thema und inspirieren sich dabei wechselseitig. Die Ideen werden protokolliert und erst in einer zweiten Phase bewertet. Das Ziel: möglichst viele ungewöhnliche, neue Ideen und Lösungsansätze kreieren. In einem Webinar lassen sich mithilfe der Chatfunktion oder des Whiteboards Brainstormings durchführen.

Break-out-Rooms Break-out-Rooms sind separate virtuelle Räume, die vom Veranstalter eines Onlineevents eingerichtet und verwaltet werden können. Sie ermöglichen Gruppenarbeit im virtuellen Raum. Bisher bietet ausschließlich Adobe Acrobat Connect Pro diese Funktion an. Durch den Einsatz der Arbeitsraum-Funktionen können die Teilnehmer eines Webinars spezifische Probleme in kleineren Gruppen besprechen und so rascher zu Ergebnissen kommen. Wenn die Arbeitsgruppen wieder zusammengeführt wurden, kann der Veranstalter die Inhalte der Arbeitsräume in den Hauptraum verschieben, um sie mit allen Teilnehmern gemeinsam zu besprechen.

Bullet-Point-Chart Bullet-Point bedeutet Spiegelstrich. Mit Bullet-Point-Charts ist ein PowerPoint-Chart gemeint, das hauptsächlich aus durch Spiegelstriche strukturierten Sätzen oder Satzfragmenten besteht. Sie sind vor allem durch neuere Erkenntnisse der Lernforschung in Verruf geraten. Die gleichzeitige verbale und visuelle Präsentation derselben Information – also das typische Ablesen des Texts auf einem Slide – überfordert das Gehirn. Besser ist es laut Prof. Richard Mayer, den Text zu sprechen und parallel dazu passende Bilder zu zeigen. Dies erhöht die Verständlichkeit um 48,8 % im Vergleich zu einem reinen Bullet-Text-Chart.

Chart Chart (aus dem englischen: Diagramm) wird zur graphischen Darstellung von Zahlenreihen verwendet. Heute wird der Begriff im Bereich der Präsentation genutzt, um eine einzelne PowerPoint-Folie zu bezeichnen.

Chat Chat (von englisch to chat = „plaudern, sich unterhalten") bezeichnet elektronische Kommunikation in Echtzeit, meist über das Internet. Die Kommunikation im Chat findet fast zeitgleich (synchron) statt und nicht über eine lange Zeit versetzt (asynchron) wie z. B. in der E-Mail-Kommunikation. Die teilnehmenden Chatter tippen ihre Gesprächsbeiträge in ein Eingabefeld und schicken sie durch eine Eingabe ab. In einem Textfeld ist sie dann für alle im Chatraum Anwesenden sofort sichtbar. In der Regel wird sehr schnell geantwortet, so dass sich ein regelrechtes „Gespräch" daraus entwickeln kann. Zu beachten ist die Chatiquette. Hierbei handelt es sich um spezielle Regeln für die Umgangsformen in einem Chat. In einem Webinar wird im Vorfeld vom Organisator festgelegt, welche Chat-Rechte die Teilnehmer, aber auch der Moderator und der Presenter haben.

Collaboration Collaboration ist die Mitarbeit bzw. Zusammenarbeit mehrerer Personen oder Gruppen von Personen. In diesem Sinne stellt eine Collaboration bzw. Zusammenarbeit eine starke Form einer Kooperation dar. Collaboration wird zunehmend verwendet, um jede Form der virtuellen Zusammenarbeit zu beschreiben, angefangen von E-Mails, Instant Messaging, Team-Portalen, dem Austausch von Dokumenten und Contentverwaltung über Wikis oder soziale Netzwerke bis hin zu Webkonferenzen.

Collaborations-Lösungen Als kollaborative Software bzw. Collaborations-Lösungen bezeichnet man Software zur Unterstützung der Zusammenarbeit in einer Gruppe über zeitliche und räumliche Distanz hinweg. Die Funktionalität und das Ausmaß der Collaborations-Lösungen können sich von Anbieter zu Anbieter essenziell unterscheiden, ebenso wie die benötigten Ressourcen.

Corporate Design Der Begriff Corporate Design (CD) umfasst das gesamte, einheitliche Erscheinungsbild eines Unternehmens oder einer Organisation. Dazu gehören die Gestaltung der Kommunikationsmittel (Logo, Signet, Schrift, Bilderwelt), aber auch Geschäftspapiere, Werbemittel, Verpackungen, Internetauftritt sowie die Produktgestaltung. Es dient dem geschlossenen Auftreten in der Öffentlichkeit sowie dem schnellstmöglichen Erreichen eines hohen Bekanntheitsgrades (Wiedererkennungswert). PowerPoint-Vorlagen unterliegen oft dem Corporate Design, das meist von der Marketingabteilung festgelegt und den anderen Abteilungen zur Verfügung gestellt wird.

Corporate Social Responsibility Der Begriff Corporate Social Responsibility beschreibt den freiwilligen Beitrag der Wirtschaft zu einer nachhaltigen Entwicklung, die über die gesetzlichen Forderungen hinausgeht. CSR steht für verantwortliches unternehmerisches Handeln in der eigentlichen Geschäftstätigkeit (Markt), über ökologisch relevante Aspekte (Umwelt) bis hin zu den Beziehungen zu Mitarbeitern (Arbeitsplatz) und dem Austausch mit den relevanten Anspruchs- bzw. Interessengruppen (Stake Holder). Virtuelle Präsentationen wirken sich besonders positiv auf diese Art von unternehmerischem Handeln aus, da sie durch Reduktion der Geschäftsreisen die CO2-Emmission senken.

Cross-Selling Querverkauf (auch Kreuzverkauf, engl. Cross-Sellin) bezeichnet im Marketing den Verkauf von sich ergänzenden Produkten oder Dienstleistungen. Durch Querverkäufe kann der Umsatz pro Auftrag erhöht werden. Kunden kaufen lieber von einem bereits bekannten Anbieter ein weiteres Produkt, wenn sie im Vorfeld mit dessen Leistungen zufrieden waren. Finden die Teilnehmer das Webinar überzeugend, sind sie beispielsweise auch bereit, ein Seminar des Anbieters zu buchen (Up-Selling) oder seine Bücher oder CDs zu kaufen (klassisches Cross-Selling).

E-Learning Unter E-Learning (elektronisch unterstütztes Lernen) werden alle Formen von Lernen verstanden, bei denen elektronische oder digitale Medien zum Einsatz kommen. Für E-Learning finden sich als Synonyme auch Begriffe wie: Online-Lernen (Onlinelernen), Telelernen, multimediales Lernen, computergestütztes Lernen, Computerbased Training, Open and Distance-Learning u. a. E-Learning zeichnet sich durch folgende Facetten aus: Multimedialität (E-Books, Video, Spiele etc.), Multicodalität (Text, Bild, Flash, Animation), Multimodalität (visuell, auditiv, haptisch) und Interaktivität (Austausch zwischen Sender und Empfänger). Die Collaboration-Software schafft virtuelle Hörsäle, indem sie räumlich verteilte Lernende und Vortragende miteinander kommunizieren lässt und über Bild und Ton Interaktion ermöglicht.

Entscheider Ein Entscheider ist diejenige Person in einem Überzeugungsprozess, die mithilfe einer Argumentation bzw. virtuellen Präsentation von den Vorteilen bzw. der Richtigkeit einer Empfehlung überzeugt werden soll. Da Entscheider unterschiedliche Entscheidungskriterien besitzen, ist es notwendig die Entscheidungskriterien im Vorfeld zu recherchieren oder mithilfe eines Persönlichkeitsmodels (siehe auch LKM) zu antizipieren. Argumente und Präsentationsmittel sollten auf die Entscheidungskriterien der Entscheider abgestimmt werden, nur so entfalten sie die notwendige Überzeugungskraft. Ein überzeugendes Webinar wird inhaltlich entlang der Fragen der Entscheider produziert und stellt so die Relevanz der Inhalte sicher.

Event(-management) Events bezeichnen im Marketing Live-Veranstaltungen mit hohem Erlebnischarakter. Klassische Events sind Messen, Kongresse, Verkaufsveranstaltungen, aber auch Galas und Sportveranstaltungen. Ziel von Events ist es, das Unternehmensimage zu formen und den Verkauf zu fördern. Eventmarketing spricht (potenzielle) Kunden sehr direkt und persönlich an und übermittelt unternehmens- oder produktbezogene Inhalte erlebnisorientiert. Die klassischen Kommunikationsaufgaben des Marketing-Events lauten: Information, Emotion, Aktion und Motivation. Webinare können als Event im Marketingmix eingesetzt werden, da sie alle diese Voraussetzungen mitbringen. Sie bilden eine gute Ergänzung zu klassischen Werbeformen (Werbung in Zeitung, Radio, Fernsehen oder Internet), da sie die Zielgruppe direkt erreichen und mit ihr aktiv und emotional interagieren können.

Evidenz(-mittel) Evidenz bezeichnet das dem Augenschein nach Unbezweifelbare, das durch unmittelbare Anschauung oder Einsicht Erkennbare. Evident ist ein Sachverhalt, der unmittelbar ohne besondere methodische Aneignung klar auf der Hand liegt. Evidenzmittel machen Inhalte (Aussagen) einleuchtend und erhöhen die Beweiskraft einer Argumentation. Ein Webinar eignet sich besonders gut dazu, Inhalte evident zu machen, da es fast alle Sinneskanäle ansprechen kann. In einer virtuelle Präsentation kommen auditive (gesprochenes Wort, Musik, Geräusche), visuelle (Bilder, Charts, Videos, Bild über Webcam) und taktile Evidenzmittel (Demonstrationen, Chat) zum Einsatz.

Feebinar Fee bedeutet englisch Gebühr, Honorar, Beitrag. Feebinare sind kostenpflichtige Webinare. Sie werden hauptsächlich im Trainingskontext eingesetzt, um relevantes Wissen oder umsetzbares Know-how zu vermitteln.

Follow-up Eine Follow-up-Aktion ist eine Folgeaktion, Wiederholung oder Nachbeobachtung. Im Marketing/Vertrieb bedeutet Follow-up: Nachfassen. Die wenigsten Menschen kaufen nach einem einmaligen Werbekontakt. Sie müssen für einen Kauf erst reifen und mehrere Kontakte mit einer Marke gemacht haben, bevor sie sich zum Kauf entscheiden. Wer sich für ein Webinar angemeldet hat und ihm bis zum Schluss folgt, ist somit bereiter für den Abschluss. Ein Nachfassen des Vertriebs kann zum Abschluss oder zum Einleiten des nächsten Schrittes im Verkaufsprozess führen.

Freebinar Free bedeutet englisch kostenfrei. Freebinare sind kostenlose Webinare, die hauptsächlich zu Marketing- und Vertriebszwecken gehalten werden. Ihr Ziel ist es, möglichst viele (potenzielle) Kunden zu erreichen und zu gewinnen. Freebinare werden auch eingesetzt, um Kontakte zu generieren, das Image eines Unternehmens zu erhöhen oder als Marketingevent, um die Marke mit positiven Emotionen aufzuladen.

Headset Ein Headset (dt. Kopfsprechhörer) ist eine Kombination aus Mikrofon und Kopfhörer, um ein beidseitiges Kommunizieren, d. h. Sprechen und Hören, zu ermöglichen. Ein Headset erfüllt die gleichen Aufgaben wie ein Telefonhörer und bringt dabei einen höheren Komfort mit sich, da die Hände, insbesondere bei der Arbeit am Rechner oder Mobiltelefon, frei bleiben.

Home-Office Home-Office (Heim-Büro) bedeutet Arbeiten von zu Hause aus. Collaboration-Software unterstützt diese Form der Arbeit, da sie die Kommunikation zwischen dem Home-Office und dem übrigen Team fördert.

Internettelefonie Siehe VoIP

Lead Lead (von engl. to lead = (an)führen) bedeutet im Marketing/Vertrieb die erfolgreiche Kontaktanbahnung eines Anbieters zu einem potenziellen Interessenten. Bekräftigt die Person das Interesse, spricht man von einem „qualified lead", entsprechend einer noch unverbindlichen Kaufabsicht. Webinare sind ein effektives Medium, um Leads zu generieren.

Limbisches System Das limbische System ist eine Funktionseinheit des Gehirns, die der Verarbeitung von Emotionen dient. Das limbische System ist Ursprung der Gefühle und mit einem „Belohnungszentrum" und einem Bestrafungszentrum versehen. Wenn wir etwas denken, fühlen und wahrnehmen, bewerten wir automatisch: positiv, neutral oder negativ. Diese Bewertungen laufen innerhalb von einigen Tausendstel Sekunden im Unterbewusstsein ab und heißen somatische Marker. Das limbische System entscheidet also darüber, ob eine Botschaft mit positiven oder negativen Emotionen markiert im Großhirn und im Gedächtnis ankommt. Emotion, Motiv und Denken sind also eng miteinander verzahnt. Was ein Mensch denkt und wie er denkt, ist untrennbar mit seinen unterbewusst arbeitenden Emotionsprogrammen, den sogenannten limbischen Instruktionen, im limbischen System verbunden. Schlussendlich kann man sagen, das limbische System ist das eigentliche Machtzentrum in unserem Kopf.

LKM® Das Limbische Kommunikationsmodell (LKM®) (vgl. Hermann-Ruess 2006 ff.) bringt die Welt der Rhetorik mit den Erkenntnissen der Neurowissenschaften zusammen. Die Neurowissenschaft gibt Antworten auf die Frage nach den Motiven und Entscheidungskriterien von Entscheidern. Die Rhetorik stellt dann das auf die Entscheider abgestimmte Set an Überzeugungsmitteln (Aussagen, Evidenzmittel, Highlights, Stilmittel) zur Verfügung. Das LKM erhöht so die Wirksamkeit, Überzeugungskraft und Effektivität von Kommunikation. Es basiert auf den Erkenntnissen von Hans-Georg Häusel zu den limbischen Instruktionen, Ned Herrmanns Denkstilmodell und den Erkenntnissen der Rhetorik.

NewPowerPoint NewPowerPoint ist ein Konzept von HR&P, das auf neuesten Erkenntnissen aus Gehirn- und Lernforschung und Rhetorik basiert mit dem Ziel, PowerPoint-Charts gehirngerechter, überzeugender und anziehender zu gestalten. Es setzt sich kritisch mit der gängigen textlastigen Benutzung von Bullet-Charts auseinander. Es basiert vor allem auf den Arbeiten von Prof. Richard Meyer, der in vielen Studien nachweisen konnte, dass Textfolien eine negative Wirkung auf Verständlichkeit, Überzeugungskraft und Einprägsamkeit besitzen.

Poll Ein Poll (dt. Umfrage, Abstimmung) ist eine sehr gute Möglichkeit, um mit dem Publikum zu interagieren und Informationen zu sammeln. Die meisten Programme unterstützen eine Vielzahl von Polls, von einfachen Umfragen mit vier verschiedenen Antwortmöglichkeiten, von denen nur eine gewählt werden kann, bis hin zu einer großen Auswahl an Antwortmöglichkeiten mit Mehrfachnennungen.

Präsentations-Programm Präsentationsprogramme helfen dem Nutzer dabei, seine Ideen, Konzepte und Produkte visuell aufzubereiten, und sind bei Webinaren das einzig Visuelle, welches das Publikum sehen wird. Gängige Präsentationsprogramme sind Microsoft PowerPoint oder Keynote von Apple, es gibt jedoch auch noch weitere vergleichbare OpenSource-Lösungen.

Q&A Q&A ist die Abkürzung für Question & Answer = Frage und Antwort. In einem Webinar befindet sich häufig die Q&A-Phase im Schlussteil. Hier haben die Teilnehmer die Möglichkeit, über Audio oder über Chat Fragen an den Veranstalter, Moderator oder Presenter eines Webinars zu stellen.

Rhetorik Unter Rhetorik versteht man das auf Erfolg, Effektivität und Überzeugung gerichtete, praktische Kommunikationsverhalten von Menschen. Die Frage, auf die die Rhetorik Antwort findet, lautet: Wie können Menschen in der Kommunikation erfolgreich sein, und wie können sie andere überzeugen? Sie analysiert erfolgreiche Kommunikation und leitet daraus Regeln und Empfehlungen ab. Auch virtuelle Kommunikation lässt sich rhetorisch analysieren und optimieren.

Social Media Social Media bezeichnet digitale Medien und Technologien, die es Nutzern ermöglichen, sich untereinander auszutauschen und mediale Inhalte einzeln oder in Gemeinschaft zu gestalten. Genutzt werden sie hauptsächlich für soziale Interaktionen oder Collaboration. Das gemeinsame Erstellen, Bearbeiten und Verteilen von Inhalt, unterstützt von interaktiven Anwendungen, betont auch der Begriff Web 2.0. Im Bereich der Kommunikation gibt es Weblogs, Mikroblogging, soziale Netzwerke wie Facebook oder Google+, Event-Portale, Newsgruppen/Foren und Instant Messenger. Für die Collaboration existieren Wikis, Social Bookmarks/Social Tagging, Bewertungsportale und Auskunftsportale, Foto-Sharing, Video-Sharing, Livecasting und Podcasts.

Testversion Eine Test- oder Demoversion einer Software soll bei der Kaufentscheidung helfen, indem sie dem Verbraucher zu Demonstrationszwecken für eine bestimmte Zeit kostenlos überlassen wird. Üblich sind meist 30 Tage oder 2 Wochen, in denen der Nutzer kostenlos eine begrenzte Auswahl an Funktionen oder das gesamte Programm ohne Gebühren nutzen kann.

Up-Selling Up-Selling ist eine Unterform des Cross-Sellings, bei der eine bessere Variante des Produkts oder eine höherwertige Lösung verkauft wird. So kann in einem Webinar beispielsweise ein Online-Trainer seine (aufwendigeren/teureren) Präsenz-Trainings als Zusatzverkauf anbieten.

Virales Marketing Virales Marketing ist eine Marketingform, die soziale Netzwerke und Medien nutzt, um mit einer meist ungewöhnlichen oder hintergründigen Nachricht auf ein Produkt oder eine Marke aufmerksam zu machen. Sie ist eine Unterform des Empfehlungsmarketings. Da Webinare meist das Potenzial haben, Inhalte ansprechend zu verpacken, ist die Chance groß, dass sie weiterempfohlen werden. Vor allem Aufzeichnungen von Webinaren lassen sich viral verbreiten.

VoIP Voice over Internet Protocol, Internet-Telefonie-Protokoll oder kurz Internettelefonie ist das Telefonieren über Computernetzwerke, welche nach Internet-Standards aufgebaut sind. Dabei werden Sprache und Steuerinformationen zum Verbindungsaufbau bzw. -abbruch über ein für die Datenübertragung nutzbares Netz übertragen. Die Gesprächsteilnehmer können sowohl von ihrem Computer, einem auf IP-Telefonie spezialisierten Telefongerät, als auch über mit speziellen Adaptern modifizierte klassische Telefone untereinander kommunizieren bzw. telefonieren.

Whiteboard Das Whiteboard (dt. Weißtafel) ist die digitale Tafel in jedem Webinar. Wie auf der konventionellen Tafel mit Kreide gezeichnet, geschrieben oder gemalt werden kann, können auf dem Whiteboard mittels Maus oder Grafiktablett kleine Skizzen angefertigt werden oder durch Software-Unterstützung einfache geometrische Formen oder Bilder eingefügt und bearbeitet bzw. visuell kommentiert werden.

Whitepaper Ein Whitepaper (dt. Weißbuch) ist ein Dokument, das in einer flüssigen Sprache ohne Marketingfloskeln spezifische Themen behandelt: als Fall-Studie, Anwenderbeschreibung, Analyse oder Marktforschung. Das eingegrenzte Thema wird auf bis zu 15 Seiten behandelt, längere Dokumente sind eher selten. Von konventionellen Werbeformaten unterscheiden sich Whitepapers nicht nur durch ihren Umfang, sondern auch durch ihren konkreten Nutzwert. Der Leser benötigt in einer bestimmten Situation eine Problemlösung. Diese Erwartung sollte ein Whitepaper erfüllen. Whitepapers werden immer häufiger auch als Werbeform eingesetzt, um durch zielgruppengenaue Kampagnen die Generierung hochwertiger Kundenkontakte (Leads) zu erreichen.

Weiterführende Literatur

Webinare

Burstein, Daniel (2013): Marketing Research Chart: Webinars, webpages, e-books among most effective places to create content, http://www.marketingsherpa.com/article/chart/webinars-webpages-ebooks-content

Clay, Cynthia (2009): Great Webinars. How to Create Interactive Learning that is Captivating, Informing and Fun. Seattle

Courville, Roger (2009): The Virtual Presenter's Handbook. Troutdale

Gendelman, Joel (2010): Virtual Presentations that Work. New York

Häfele, Hartmut/Maier-Häfele, Kornelia (2010): 101 e-Learning Seminarmethoden. Methoden und Strategien für die Online- und Blended-Learning-Seminarpraxis. Bonn

Horenfeldt, Chad (2012): B2B Webinar Best Practices from VMware, http://anythinggoesmarketing.blogspot.de/2012/01/b2b-webinar-best-practices-from-vmware.html

Musekamp, Claudia/Staemmler, Daniel (2010): Webinare für Einsteiger. Online-Seminare lebendig gestalten. Hamburg

Pluth, Becky Pike (2010): Webinars with Wow-Factor. Tips, Tricks and Interactive Activities for Virtual Training.

Salz, Lee B. (2010): Stop Speaking for Free. The Ultimative Guide to Making Money with Webinars. Thomson, Georgia

Rhetorik und Präsentation

Ammon, Ingrid (2004): Die Macht der Stimme. Persönlichkeit durch Klang, Volumen und Dynamik. Frankfurt/Wien

Atkinson, Cliff (2005): Erzählen statt aufzählen. Neue Wege zur erfolgreichen PowerPoint-Präsentation. Unterschleißheim

Atkinson, Cliff/Mayer, Richard E. (2004): Five Ways to Reduce PowerPoint Overload. www.beyondbullets.com

Braun, Roman (2001): Die Macht der Rhetorik. Besser reden – mehr erreichen. Frankfurt und Wien

Breyer, Michael/Schengber, Ralf (2012): Information und Kommunikation im Kaufprozess von Unternehmen, http://de.slideshare.net/Messe-Interactive/120918-dmi-b2bstudieexecutivesummaryprs

Coblenzer, Horst (1999): Erfolgreich sprechen. Fehler und wie man sie vermeidet. Wien

Coblenzer, Horst/Muhar, Franz (2006): Atem und Stimme. Anleitung zum guten Sprechen, 20. Auflage. Wien

Duarte, Nancy (2009): slide:ologie – oder die Kunst, brillante Präsentationen zu entwickeln. Köln

Duarte, Nancy (2012): resonate – oder wie Sie mit packenden Storys und einer überzeugenden Inszenierung Ihr Publikum verändern. Weinheim

Fuderholz, Jens (2013 a): Content Marketing Studie 2013, http://www.tbnpr.de/content-marketing/cm-downloads/

Hermann-Ruess, Anita (2006): Speak Limbic! Wirkungsvoll präsentieren. Präsentationen effektiv vorbereiten, überzeugend inszenieren und erfolgreich durchführen. Göttingen

Hermann-Ruess, Anita (2010): Wirkungsvoll präsentieren! Das Buch voller Ideen. 400 Seiten Rhetorik-Highlights, Argumente, Formulierungen und Methoden für emotionale Präsentationen. Göttingen

Hermann-Ruess, Anita (2014): Emotionale Rhetorik. Mit Worten begeistern, beeindrucken und berühren. Offenbach

Hermann-Ruess, Anita/Ott, Max (2014): Ideen visualisieren: Charts richtig visualisieren. Lernen Sie, schnell und einfach überzeugende Präsentationen zu erstellen und zu visualisieren. München

Mayer, Richard E. (2001): Multimedia Learning. University Press, Cambridge

Mayer, Richard/Moreno, Roxana (2005): Cognitive-Affective Theory of Learning with Media

Minto, Barbara: The Pyramid Principle. New York: Financial Times Prentice Hall, 2002 (deutsch: Das Prinzip der Pyramide, Pearson Studium, 2005)

Nichols, Wes (2013): Wirksam werben, in: Harvard Business Manager, Nr. 04, 35. Jg., S. 30–41

Pöhm, Matthias (2002): Vergessen Sie alles über Rhetorik: Mitreißend reden – ein sprachliches Feuerwerk in Bildern. München

Pulizzi, Joe (2013): B2B Enterprise Content Marketing: 2013 Benchmarks, Budgets and Trends in North America, http://contentmarketinginstitute.com/wp-content/uploads/2013/04/Enterprise_Research_2013_CMI1.pdf

Pulizzi, Joe/Combemale, Chris (2013): Study – Content Marketing in the UK: 2013 Benchmarks, Budgets and Trends, http://contentmarketinginstitute.com/wp-content/uploads/2013/03/UK_Research_CMI_2013_Final-3.pdf

Pulizzi, Joe/Handley, Ann (2012a): B2B Content Marketing: 2013 Benchmarks, Budgets and Trends – North America, http://contentmarketinginstitute.com/wp\penalty\@M-\hskip\z@skipcontent/uploads/2012/11/b2bresearch2013cmi-121023151728-phpapp01-1.pdf

Pulizzi, Joe/Handley, Ann (2012b): B2C Content Marketing: 2013 Benchmarks, Budgets and Trends – North America, http://contentmarketinginstitute.com/wp-content/uploads/2012/11/b2cresearch2013cmi-121113201300-phpapp02.pdf

Pulizzi, Joe/Sangster, Jodie (2013): Content Marketing in Australia: 2013 Benchmarks, Budgets and Trends, http://contentmarketinginstitute.com/wp-content/uploads/2013/02/AUS_Research_2013_CMI.pdf

Quintilian (2011): Ausbildung des Redners. Darmstadt

Reynolds, Garr (2008): ZEN oder die Kunst der Präsentation. Mit einfachen Ideen gestalten und präsentieren. München

Reynolds, Garr (2010): ZEN oder die Kunst des Präsentationsdesign. Mit einfachen Techniken packend gestalten. München

Reynolds, Garr (2011): Naked Presenter. Wirkungsvoll präsentieren – mit und ohne Folien. München

Sarnoff, Dorothe (1990): Auftreten ohne Lampenfieber. New York

Volpe, Mike/Meher, Jessica (2013): http://de.slideshare.net/HubSpot/enterprise-inboundmarketingwebinarhub-spot

Neurokommunikation

Häusel, Hans-Georg (2003): Think Limbic! Die Macht des Unbewussten verstehen und nutzen für Motivation, Marketing, Management. München

Häusel, Hans-Georg (2004): Brain Script. Warum Kunden kaufen. München

Häusel, Hans-Georg (2009): Emotional Boosting. Die hohe Kunst der Kaufverführung. München

Herrmann, Ned (1991): Kreativität und Kompetenz. Das einmalige Gehirn. Paida Verlag, Fulda

Herrmann, Ned (1997): Das Ganzhirn-Konzept für Führungskräfte: welcher Quadrant dominiert Sie und Ihre Organisation? Ueberreuter, Wien

Herrmann International Deutschland: Seminarunterlagen und Charts. Weilheim, www.hid.de

Hermann-Ruess, Anita (2006): Speak Limbic! Wirkungsvoll präsentieren. Präsentationen effektiv vorbereiten, überzeugend inszenieren und erfolgreich durchführen. Göttingen

Hermann-Ruess, Anita (2007): Sell Limbic. Einfach verkaufen. Entdecken Sie täglich neue Verkaufspotenziale – werden Sie zum Spitzenverkäufer. Göttingen

Hermann-Ruess, Anita (2010a): Wirkungsvoll präsentieren! Das Buch voller Ideen. 400 Seiten Rhetorik-Highlights, Argumente, Formulierungen und Methoden für emotionale Präsentationen. Göttingen

Hermann-Ruess, Anita (2010b): Highlight-Rhetorik. Anleitung zur Emotionalen Rhetorik mit 70 Highlights. Offenbach

Roth, Gerhard (2007): Persönlichkeit, Entscheidung und Verhalten. Warum es so schwierig ist, sich und andere zu ändern. Frankfurt

Scheier, Christian/Held, Dirk (2006): Wie Werbung wirkt. Erkenntnisse des Neuromarketings. München

Scheier, Christian/Held, Dirk (2009): Was Marken erfolgreich macht. Neuropsychologie der Markenführung. München

Sachverzeichnis